Mietmutterschaft

Renate Klein

Mietmutterschaft
Eine Menschenrechtsverletzung

Mit einem aktualisierten Vorwort zur Neuauflage

Aus dem australischen Englisch von Doris Hermanns

Erste Auflage 2018 Marta Press, Hamburg

Neuauflage 2022 Spinifex Press, Mission Beach
c/o KOFRA, Baaderstrasse 30, 80469 München

ISBN Paperback 978-1-9259507-7-9
ISBN eBuch 978-1-9259507-5-5

Umschlaggestaltung: Deb Snibson, MAPG

Es ist eine grundlegende Prämisse
des internationalen Rechts,
dass Menschenrechte auf
Menschenwürde beruhen müssen.

– Gena Corea, 1989, S. 263

Inhalt

Aktualisiertes Vorwort zur Neuauflage...ix

Danksagungen...1
Anmerkungen zur Sprache in der deutschen Ausgabe 5
Einleitung 7
Kapitel 1: Was ist Mietmutterschaft? 11
Kapitel 2: Kurz- und Langzeitschäden bei Mietmutterschaft 19
Kapitel 3: Was bedeutet Mietmutterschaft für die Kinder?..............37
Kapitel 4: Kann Mietmutterschaft ethisch verantwortbar sein?........49
Kapitel 5: Kann Regulierung die Lösung sein?..................................71
Kapitel 6: Widerstand – in der Vergangenheit und heute...............107
Schlussfolgerungen 159
Bibliografie 185

Renate Klein

Vorwort zur Neuauflage

Seit Erscheinen dieses Buches im Jahr 2018 hat sich einiges getan in Sachen Mietmutterschaft. Vieles davon ist gut, anderes bedenklich.

Fangen wir mit dem Positiven an. Es ist höchst erfreulich, dass der internationale Widerstand gegen Mietmutterschaft ständig grösser und lauter wird. Ob in Spanien, Frankreich oder Italien, neue Stimmen – vor allem von feministischen Gruppen – schliessen sich den bereits bestehenden Netzwerken an wie beispielsweise Stop Surrogacy Now, Stoppt Leihmutterschaft, FINRRAGE und ABSA sowie ICAMS (die Internationale Koalition für die Abolition von Mietmutterschaft, mit Sitz in Paris), die ich alle im letzten Kapitel dieses Buches vorstelle. In Italien hat Silvia Guerini 2022 ein neues feministisches Netzwerk gegründet – das Internationale feministische Netzwerk gegen künstliche Reproduktion, Genderideologie und Transhumanismus – das nicht nur für die Abschaffung von Mietmutterschaft plädiert, sondern auch andere wichtige Fragen wie z. B. synthetische Biologie diskutiert (<https://www.finaargit.org>).

In Grossbritannien, wo eine vom Staat beauftragte Rechtskommission seit Jahren versucht, die dortige „altruistische" Mietmutterschaft der kommerziellen anzugleichen, leistet Object, eine feministische Aktivistinnengruppe gegen Prostitution, Pornografie und Mietmutterschaft, dezidierten Widerstand. An ihrer Konferenz in London am 21. April 2022 lautete ihr Motto „Mietmutterschaft: Stoppt das Unrecht an Menschen." Wichtige AbolitionsbefürworterInnen nahmen daran teil wie beispielsweise Kajsa Ekis Ekman aus Schweden, Jennifer Lahl aus den USA, Kellie-Jay Keen (aka Posie Parker), Grossbritannien, und Gary Powell als Vertreter von Stop Surrogacy UK.

Es ist gut zu sehen, dass die Abschaffung von Mietmutterschaft von immer mehr internationalen feministischen Organisationen nachdrücklich gefordert wird. So steht im Artikel 3b der Women's Declaration International (WDI):

> Die Vertragsstaaten sollen anerkennen, dass schädliche Praktiken wie beispielsweise die erzwungene Schwangerschaft oder die kommerzielle oder altruistische Ausbeutung der reproduktiven Fähigkeiten von Frauen in der Praxis der „Leihmutterschaft" einen Verstoß gegen die körperliche und reproduktive Unversehrtheit von Mädchen und Frauen darstellen und dass sie als Formen der auf dem Geschlecht beruhenden Diskriminierung von Frauen beseitigt werden müssen.
> (<http://womensdeclaration.com/de/declaration-womens-sex-based-rights-full-text-de/>)

Auch in Deutschland organisiert das deutsche WDI Webinare zu Mietmutterschaft wie z. B. am 2. Februar 2022 einen Vortrag von mir zu „Mietmutterschaft als Menschenrechtsverletzung" und am 2. April 2022 mit Eva Maria Bachinger aus Wien zum Thema „Leihmutterschaft: Kinderhandel für den guten Zweck?"

Als weitere positive Entwicklung muss die kontinuierliche Veröffentlichung von neuen Büchern zu Mietmutterschaft genannt werden. 2019 erschien der Sammelband *Broken Bonds. Surrogate Mothers Speak Out*, in dem 15 Mietmütter und Eizellen"spenderinnen" ihre eigenen Erlebnisse aufgeschrieben haben. Kaum ein Auge bleibt trocken, wenn wir von der Ausbeutung, den Lügen und dem Leid lesen, das diese Frauen an Körper und Seele erfahren haben. Oft sehnen sie sich noch nach vielen Jahren nach dem Kind, das ihnen bei der Geburt weggenommen wurde.

Broken Bonds räumt auch mit dem Mythos auf, dass „altruistische" Mietmutterschaft in Ordnung gehe und nur die „kommerzielle" Probleme mache. Das stimmt nicht. Wie beschrieben von „Odette" (ein Pseudonym), Mietmutterschaft „aus Liebe" für ein unfruchtbares Familienmitglied führte bei ihr zu Grausamkeiten und Hass, langjährigen Gerichtsverfahren und einer hässlichen Aufspaltung der Groß-Familie, die auch heute noch, sechs Jahre nach der Geburt ihres Sohnes – den Odette übrigens noch nie gesehen hat! – andauert. Es ist erfreulich, das *Broken Bonds* 2022 ins Japanische übersetzt (こわれた絆——代理母は語る) im. Oktober 2022 veröffentlich wird

Ein weiteres wichtiges Buch ist der 2021 veröffentliche Sammelband *Towards the Abolition of Surrogate Motherhood*, der von Marie-Josèphe Devillers und Ana-Luana Stoicea-Deram herausgegeben wurde. Es gibt bereits eine französische Übersetzung, *Ventres à Louer. Une Critique Féministe de la GPA*. Im November 2022 wird das Buch unter dem Titel *Per L'Abolizione della Maternità Surrogata* auch auf Italienisch erhältlich sein.

In diesem internationalen Buch kommen 16 AutorInnen aus Frankreich, Indien, Österreich, den USA, Grossbritannien, Japan, Spanien, Italien und Australien mit weitgreifenden Argumenten zu unserem Widerstand zu Wort. Die mehrsprachigen Ausgaben bringen das wichtige Thema „Abolition, nicht Regulation" an ein breites Publikum was heisst, dass die LeserInnen dieser Bücher gut informiert sind und sich in nationale Diskussionen in ihren Ländern einmischen können.

Besonders hervorheben möchte ich die Beträge von Laura Isabel Gómez García aus Spanien, Taina Bien-Aimé aus den USA und Catherine Lynch aus Australien: Laura Isabel Gómez García beschreibt das Phänomen des „Mikrochimärismus," das heißt den Austausch von Zellen von Mutter zu Fötus *und* von Fötus zu Mutter. Das sind wichtige Verbindungen; diese Zellen sind oft noch viele Jahre nach der Geburt im Körper des Kindes *und* seiner/ihrer Mutter zu finden. Dieser Austausch von körpereigenen Substanzen ist eine gute Antwort auf das Beharren von BefürworterInnen der Mietmutterschaft, wenn sie sagen, dass die Geburtsmutter gar keine Gemeinsamkeiten mit dem wachsenden Kind habe, da sie keine genetische Information mit ihm teile. Das ist nicht nur falsch, sondern zeigt auch die Ignoranz der „Bestelleltern," für die die Mietmutter nichts anderes ist als ein „Brutofen."

Taina Bien-Aimés zorniger Artikel berichtet von den unethischen Geschehnissen in der Nacht des 2. April 2021 zur Zeit der Covid-19 Epidemie in New York. Der damalige Gouverneur, Andrew Cuomo, legalisierte kommerzielle Mietmutterschaft, die er geschickt in den 400-seitigen „Etats des Haushalts" eingebracht hatte. Wegen Covid waren viele der Abgeordneten nicht anwesend, und es fand keine Diskussion statt trotz der vielen Einreichungen von Mietmutterschafts-Opfern und feministischen Gruppen. Taina Bien-Aimé vergleicht die Legalisierung von kommerzieller Mietmutterschaft mit dem Verkauf von Sklavinnen, die oft gezwungen wurden Kinder für die *weißen* Sklavenhalter auszutragen, die dann verkauft wurden. Dass Gouverneur Cuomo wenige Monate später, im August 2021, gezwungen wurde, zurückzutreten, da elf Frauen ihn anklagten, sie sexuell belästigt zu haben, ist nur ein kleiner Trost. Kommerzielle Mietmutterschaft in New York ist nun im Gesetz festgelegt und New York wird mit Kalifornien rivalisieren, wer mehr „Reproduktionstouristen" anziehen kann für diesen Kinderhandel, der arme Frauen ausbeutet als Brüterinnen für reiche Leute, besonders für schwule Männer, die sich massiv für dieses Gesetz eingesetzt haben.

Catherine Lynchs bewegender Betrag befasst sich mit der Ungerechtigkeit von Mietmutterschaft für Kinder. Als adoptierte Frau weiß sie wovon sie spricht, wenn sie erzählt, dass sie während ihrer ganzen Kindheit trotz „guter" Adoptiv-Eltern nach etwas suchte, von dem sie gar nicht wusste, was es war. Als sie endlich erfuhr, dass sie als neugeborenes Baby ihrer Mutter weggenommen worden war, war das die Erklärung für ihr jahrelanges Gefühl „nicht dazu gehören," und unglücklich zu sein. Catherine und viele ihrer internationalen MitstreiterInnen, die Adoption abschaffen wollen, sind geschätzte und wichtige MitgliederInnen unserer Organisationen für die Abolition von Mietmutterschaft, wie ich das bereits in Kapitel 3 beschrieben habe.

In Australien hat sich die Regierung 2008 für das Stehlen von Kindern von Indigenen Frauen entschuldigt, die sogenannte „Stolen Generation." Und 2013 hielt die damalige Premierministerin, Julia Gillard, eine aufrichtige nationale Entschuldigungsrede für die unverheirateten Frauen, denen zwischen 1950 und 1980 ihre Kinder weggenommen wurden. Mit großer Überzeugung sagte sie, dass solche Praktiken nie mehr wiederholt werden würden.

Und trotzdem ist „altruistische" Mietmutterschaft in Australien nach wie vor erlaubt. Dabei ist Mietmutterschaft schlimmer als Adoption, da die Kinder ja noch gar nicht existieren, sondern speziell „hergestellt" werden, indem ein im Labor produzierter Embryo in die Gebärmutter des Brutkastens (aka Frau) eingesetzt wird. Es ist nichts anderes als ein Handel mit zukünftigen Kindern, festgelegt in einem Vertrag, der von zwei sehr ungleichen Parteien unterschrieben wird.

Als der russische Krieg gegen die Ukraine im Februar 2022 begann, wäre das ein guter Moment gewesen, die Unmenschlichkeit von Mietmutterschaft zu entlarven, die in Ukraine seit Jahren ein lukratives Geschäft war, weil es billiger als in den USA ist, sich dort ein Kind zu kaufen.

Leider war das Gegenteil der Fall. In einem Artikel den ich zusammen mit Helen Pringle verfasste, schrieben wir, dass die Mietmütter in Ukraine die „Kollateralschäden" des Krieges wurden (Pringle und Klein, März 2022). In den australischen Medien gab es mehrere Artikel, in denen es nur um die Schwierigkeiten der verzweifelten „Bestelleltern" ging, ihr Eigentum – das Baby – im ausgebombten Land zu finden und zu retten. Wo die Mietmutter war und wie es ihr ging, wurde in keinem Artikel erwähnt. Ebenso wenig, was mit den noch schwangeren Frauen passieren wird. In internationalen Medien wurden wir mit Reihen von Kinderbetten in Hotels konfrontiert, in denen nicht abgeholte Säuglinge lagen: ein weiterer Moment, um grundlegende Kritik an der Mietmutterschaftsindustrie zu äußern. Die fand leider nicht statt. Es ist anzunehmen, dass die Praxis weitergehen wird, wenn sich die Verhältnisse normalisiert haben, denn die ukrainischen Frauen sind jetzt noch ärmer – und die internationalen „Baby Buyers," also die KäuferInnen, genauso ruchlos wie früher. Vielleicht gibt es sogar einen Rabatt, da man diesen Frauen ja eigentlich einen guten Dienst tut, wenn man sie jetzt als Brutkasten beschäftigt!

Mit diesen bedrückenden Nachrichten aus der Ukraine bin ich bereits in der zweiten Hälfte dieses neuen Vorworts angelangt: den bedenklichen Entwicklungen in Sachen Mietmutterschaft in den letzten Jahren.

Die neue Koalitionsregiering in Deutschland hat eine Kommission eingesetzt, die prüfen soll ob „altruistische" Leihmutterschaft und Eizellen"spende" in Zukunft legal sein sollen: im Moment ist beides verboten und zwar seit dem Embryonenschutzgesetz von 1991. Die FDP ist die treibende Kraft bei diesem Vorstoß auf „reproduktive Selbstbestimmung," die geschickterweise zusammen mit der Überlegung, ob Schwangerschaftsabbrüche ganz generell auf eine andere rechtliche Grundlage gestellt werden könnten, diskutiert werden soll. Vor allem Feministinnen werden es sicher begrüssen, dass Abtreibungen nicht mehr im Strafgesetzbuch zu finden sein werden; die Argumente für oder gegen Mietmutterschaft und Eizellen"spende" haben damit allerdings gar nichts zu tun. Es ist zu hoffen, dass feministische Gruppen wie WDI Deutschland sich in diese Diskussionen einmischen können (wie auch in die zum geplanten Self-ID – Gender-Selbstidentifizierunggesetz – das der Bundestag ebenfalls prüft).

Die größte Gefahr, die auf AbolistInnen von Mietmutterschaft zukommt ist ein Zusammenschluss von Gruppen, die sich alle intensiv darum bemühen, die *Regulierung* von Mietmutterschaft und Eizellenbeschaffung in Verordnungen und Gesetze einzubringen, die Mietmutterschafts-freie Länder wie Frankreich, Deutschland, Spanien und die Schweiz dazu zwingen sollen, die *Kinder* aus solchen Transaktionen anzuerkennen. Wie ich in meinem Buch im Detail beschreibe, versucht das Ständige Büro der Haager Konferenz für Internationales Privatrecht (HCCH) seit 2011 ein internationales Abkommen über transnationale Mietmutterschaft zu entwerfen. Da ihnen dazu viele „logistische Hindernisse" im Wege stehen (d. h. die Abgeordneten können sich nicht einigen!), konzentrierten sie sich seit 2015 auf das „Abstammungsprojekt," indem es um die „Elternschaft" (parentage) der Kinder aus Mietmutterschaften geht (s. S. 95-96). Sie hoffen, ihren Schlussbericht 2023 vorstellen zu können.

Die 2020 gegründete und in Genf ansässige Gruppe CHIP (Child Identity Protection) verfolgt die gleichen Ziele. In ihrer simplistischen Analyse sagen sie, dass es gute und schlechte Arten von Mietmutterschaft gibt. Sie wollen die schlechte Art ausmerzen und sich auf die *gute* Art konzentrieren in der jedes Kind weiß, wie es heißt, und was seine Nationalität, Familienzugehörigkeit und seine „origins" sind. Mit dem Haschtag #Originsmatter geht es ihnen aber nicht darum, dass das Kind die Mutter, die es neun Monate in ihrer Gebärmutter wachsen ließ und dann auf die Welt brachte, kennenlernt, sondern sie sagen, dass es die *Bestelleltern* sind, vor allem der Bestellvater, die identifiziert werden müssen, damit die Elternschaft (parentage) der Kinder ein für alle Mal festgelegt werden kann. Was mit den Gefühlen und Gesundheit der Mietmutter und der Eizellen"spenderin" passiert, ist für sie kein Thema.

Dieser, wie sie sagen, pragmatische Standpunkt – „die Kinder sind ja bereits geboren, also müssen wir sie beschützen" – ist Manna für die Armee der BefürworterInnen einschliesslich IVB Kliniken, Mittelmänner, JuristInnen, und natürlich die Bestelleltern. Letztere beharren darauf, dass ihre Herkunftsländer sie und „ihr(e)" Kind(er) akzeptieren, auch wenn Mietmutterschaft dort verboten ist.

Hand in Hand mit CHIP' gehen die im März 2021 von den International Social Services (ISS) herausgebrachten „Verona Principles" die „Anleitungen für Gesetze und praktische Reformen offerieren, um die Rechte von Kindern die durch Mietmutterschaft geboren werden zu sichern" (s. Verona Principles in Zitierten Quellen).

CHIP, ISS und HCCH arbeiten zusammen und sind eng vernetzt – nicht zuletzt durch ihre Angestellten, die von einer zur anderen Organisation wechseln. Darunter gibt es einige bekannte VertreterInnen für internationale Adoption, die doch eigentlich die für die Kinder oft katastrophalen Folgen von Adoption bestens kennen sollten. So hat beispielsweise Maud de Boer-Buquicchio, eine ehemalige UN-Berichterstatterin für Kinderhandel, Kinderprostitution und Pornografie, wie auch stellvertretende

General-Sekretärin des Europarats, Zugang zu Gremien und Finanzen, von denen wir nur träumen können.

Auch die Europäische Kommission ist mit der HCCH (als nicht stimmberechtigtes Mitglied) vernetzt und daran interessiert ein allgemein gültiges europäisches „Vater-Zertifikat" zu entwickeln. Auf die Nachfrage von García del Blanco Iban, einem spanischen Abgeordneten des Europäischen Parlaments, wie die HCCH überhaupt auf die Idee käme, Mietmutterschaft zu institutionalisieren – das sei doch Sklaverei – antwortete eine sehr defensiv tönende Angestellte des HCCH, dass es ihnen nur darum gehen würde, zwischen verschiedenen juristischen Zuständigkeitsbereichen „Brücken zu bauen." Es gehe der HCCH nicht um „materielle Rechte," also ob Länder Mietmutterschaft legalisieren oder nicht. Das mag rechtlich stimmen, aber so harmlos sind diese geplanten Rechtsinstrumente wohl doch nicht!

Den Frauen der ICAMS in Paris ist zu verdanken, dass alle diese Zusammenhänge untersucht und dokumentiert sind, damit feministische Strategien entwickelt werden können, um gegen sie vorzugehen. Es braucht permanente feministische Wachsamkeit, um solche regulierenden Gesetze, Zertifikate und Vereinbarungen der breiten Öffentlichkeit bekannt zu machen, um sie letztlich verhindern zu können.

Zum Schluss dieses neuen Vorworts will ich einige Strategien gegen Mietmutterschaft erwähnen, die ich in meinem Artikel im Buch *Towards the Abolition of Surrogate Motherhood* detaillierter beschreibe (Klein, 2021, S. 157-180).

Wann immer Mietmutterschaft in Gesprächen positiv erwähnt wird, müssen wir uns einmischen: „Findet Ihr das wirklich ethisch vertretbar, dass reiche Leute sich ein Kind bestellen und dabei arme Frauen ausbeuten?" Das ist besonders wichtig, wenn es um schwule Männer geht, die auf diese Art zu ihrem „Wunschkind" kamen. Von Vorwürfen von Homophobie dürfen wir uns nicht entmutigen lassen, unsere Meinung zu äußern. Schwule Männer haben genau so wenig Recht auf ein Kind wie heterosexuelle Männer oder andere Gruppen: ein solches Recht gibt es nicht. Es ist auch sehr wichtig, dass wir mehr schwule Männer als Verbündete finden, die den Mut haben, sich öffentlich gegen Mietmutterschaft auszusprechen und nicht nur privat.

In Ländern wo Mittelmänner eine grosse Rolle spielen (wie „Families through Surrogacy"; neuer Name „Growing Families" in Australien) ist es ganz wichtig, sie in der Öffentlichkeit bloßzustellen, vor allem wenn sie Gesetze brechen indem sie Mietmutterschafts-ÄrztInnen aus demAusland als Konferenz-SprecherInnen einladen, die australische StaatsbürgerInnen überzeugen sollen, ein Kind bei ihnen zu bestellen, obwohl das in einigen australischen Staaten illegal ist (s. S. 91).

In Deutschland gibt es die sogenannten „Kinderwunschtage" in Berlin, Köln und München zu denen ausländische Firmen deutsche StaatsbürgerInnen einladen, eine Straftat zu begehen, indem sie bei ihnen ein Kind bestellen. Es wäre erfreulich, wenn feministische Gruppen es fertigbrächten, dass diese Veranstaltungen verboten würden.

Je nach Wissensstand, juristischer Ausbildung, und persönlichem Interesse sollten sich viele von uns in die Machenschaften der oben beschriebenen HCCH, ISS und CHIP einmischen. Und in Deutschland muss die erwähnte Regierungskommission, die 2022 Mietmutterschaft und Eizellen"spende" untersucht, mit feministischen Einreichungen überflutet werden, damit es nicht nur solche von Liberalen und Schwulen sind, die der Kommission ihre rosa gefärbten Ideen vom Traum des eigenen Kindes vorschwärmen.

Letztlich glaube ich auch, dass wir das schwierige Thema der „Mitleidsfalle" (Compassion Trap) nicht vermeiden können. Wir müssen uns fragen, warum es denn immer Frauen sind, die unter dem Motto „etwas Gutes zu tun" bereit sind, ihre Gesundheit, manchmal sogar ihr Leben zu riskieren, um anderen Leuten zu ihrem (genetischen) Kind zu verhelfen. Wir wissen, dass gutherzige Frauen die sich aufopfern und ausbeuten lassen, gelobt – und Frauen, die „nein" sagen, als kalt, egoistisch, und ohne

Mitgefühl kritisiert werden. Ich bin der Meinung, dass sich das ändern muss, und dass dieses Verhalten von Frauen, das uns schon als kleine Mädchen eingeschärft wird, mit ein Grund ist, warum Frauen sich selbst oft so schlecht behandeln. Im Zusammenhang mit Mietmutterschaft und Eizellen"spenden" würde sich die Zahl von willigen Frauen garantiert verringern (abgesehen von finanziellen Nöten), wenn sie sich dieser „Mitleidsfalle" bewusst wären.

Das bereits erwähnte Buch *Towards the Abolition of Surrogate Motherhood* schliesst mit dem Text einer „Feministischen Konvention zur Abolition von Mietmutterschaft." Unter anderem steht dort (S. 191), dass wir Bewusstsein und Bildung verbreiten müssen und dass Mietmutterschaft

- eine Praxis ist, die den Prinzipien menschlicher Würde widerspricht;
- eine Praxis ist, die der Geschlechtergleichheit widerspricht;
- eine Form von Gewalt gegen Frauen ist;
- eine Form von Kindesmissbrauch ist.

Es gibt viel zu tun und desto schneller wir mit unserem Widerstand beginnen, desto besser. Ich hoffe, dass mein Buch und dieses neue Vorwort dazu einen Betrag liefern können.

Dr Renate Klein
Mission Beach, Australien
August 2022

Zitierte Quellen

Broken Bonds. Surrogate Mothers Speak Out. (2019). Jennifer Lahl, Melinda Tankard Reist und Renate Klein (Hg). Mission Beach: Spinifex Press.

こわれた絆——代理母は語る (Broken Bonds). (2020). Übersetzt von Yoshie Yanagihara. Tokyo: Seikatsushoin.

“'Collatoral Damage”: The invasion of Ukraine reminds us of the cost of surrogacy, and who pays the price.” (8 März 2022). Helen Pringle and Renate Klein. ABC Religion and Ethics. <https://www.abc.net.au/religion/invasion-of-ukraine-reminds-us-of-the-cost-of-surrogacy/13787532>

Declaration on Women’s Sex-Based Rights, Webinar Deutschland. (2 Februar 2022). Renate Klein „Mietmutterschaft: Eine Menschenrechtsverletzung“ <https://www.youtube.com/watch?v=Tht0p5NMLDo&list=PLI4HORFy__WmTcQJnDLy7xR4XGr1HczC6&index=17>

Declaration on Women’s Sex-Based Rights, Webinar Deutschland. (2 April 2022). Eva Maria Bachinger „Leihmutterschaft: Kinderhandel für den guten Zweck?“ <https://womensdeclaration.com/en/country-info/germany/wdi-deutschland-mehr-informationen/>

Internationales feministische Netzwerk gegen künstliche Reproduktion, Genderideologie und Transhumanismus. <https://www.finaargit.org>

Per L’Abolizione della Maternità Surrogata. (2022). Marie-Josèphe Devillers und Ana-Luana Stoicea-Deram (Hg). Aprilia: Ortica Editrice Societá Cooperativa.

“Strategies for Stopping International Surrogacy: Beyond the Compassion Trap.” (2021). Renate Klein. In *Towards the Abolition of Surrogate Motherhood*, S. 157-180.

Towards the Abolition of Surrogate Motherhood. (2021). Marie-Josèphe Devillers und Ana-Luana Stoicea-Deram (Hg). Mission Beach: Spinifex Press.

Ventres à Louer. Une Critique Féministe de la GPA. (2022). Marie-Josèphe Devillers und Ana-Luana Stoicea-Deram (Hg). Paris: Les Éditions L'échapee.

Verona Principles. (März 2021). International Social Services (ISS). <https://www.iss-ssi.org/index.php/en/news1/459-march-2021-iss-launches-the-verona-principles-for-the-protection-of-the-rights-of-the-child-born-through-surrogacy>

Danksagungen

Ich arbeite seit Anfang der 1980er Jahre als Kritikerin von Reproduktions- und Gentechnologien einschließlich Mietmutterschaft. Es ist daher unmöglich, alle meine FreundInnen und KollegInnen zu nennen, mit denen ich bei Demonstrationen gelacht und geweint und mit denen ich seit über 30 Jahren auf Konferenzen gesprochen habe. Und Arbeiten und Bücher geschrieben, Zeitschriften herausgegeben und zahlreiche Briefe gewechselt habe (vor allem vor der Zeit der E-Mails). Und mit denen ich unsere Vision einer besseren und faireren Welt teile, in der patriarchale Gewalt nicht mehr existiert. Ich kann euch nicht alle erwähnen und danken, aber hier wenigstens einige Namen: meine Mitgründungsmitglieder von *Feminist International Network of Resistance to Reproductive and Genetic Engineering (*FINRRAGE*; Feministisches Internationales Netzwerk des Widerstandes gegen Gen- und Reproduktionstechnologien*) und liebe Freundinnen Janice Raymond, Robyn Rowland, Farida Akhter, Jalna Hanmer und Maria Mies, meine Inspirationen Gena Corea und Rita Arditti: Mein Leben wäre so viel leerer ohne euch. Und viel weniger glücklich, denn trotz unseres herzzerreißenden Themas und unserer beharrlichen harten Arbeit haben wir viele gute Zeiten und leidenschaftliche Kampagnen mit Verlusten und Erfolgen geteilt. Weitere FINRRAGE-Mitglieder und Freundinnen, die meine Lebensreise mitgemacht und unterstützt haben sind Lariane Fonseca, Melinda Tankard Reist, Annette Burfoot, Erika Feyerabend, Kathy Munro, Delanie Woodlock, Laurel Guymer, Ana Regina Gomes Dos Reis, Mary Sullivan, Selena Ewing, Simone Watson, Helen Pringle, Isla MacGregor und Coleen Clare.

Die reproduktive Ausbeutung von Frauen geriet im ersten Jahrzehnt des 21. Jahrhunderts erneut in die Schlagzeilen, als Klonen als der neueste Gral der wissenschaftlichen Forschung bejubelt wurde, um uns von all unseren Unvollkommenheiten zu befreien. Dies erforderte den

Zugang zu Tausenden von Eizellen aus Frauenkörpern für die Stammzellenforschung an Embryonen. Deshalb schloss ich mich 2006 mit alten und neuen Freundinnen zu einer Schwesterorganisation von FINRRAGE zusammen: *Hands Off Our Ovaries* (*Hände weg von unseren Eierstöcken*). Als der Trubel über diese Wundertechnologie abebbte (wie wir vorhergesagt hatten), begann die internationale Mietmutterschaft ihr hässliches Haupt zu erheben und zwar grandioser als je zuvor. Also starteten wir 2015 eine weitere AktivistInnen-Kampagne, um dieser neuesten Phase rücksichtsloser Ausbeutung von verletzlichen Frauen und deren Kindern entgegenzuwirken: *Stop Surrogacy Now* (SSN; *Stoppt Mietmutterschaft jetzt*). Mitglieder gibt es auf der ganzen Welt, und ich möchte wieder einige Frauen hervorheben. Vor allem geht mein großer Dank an Jennifer Lahl, ohne deren Vision und unbändige Energie *Stop Surrogacy Now* nicht in Gang gekommen wäre und sich bis Juli 2018 auf mehr als 8.000 Mitglieder vergrößert hätte. Aber ich möchte mich auch bei Kajsa Ekis Ekman, Kathy Sloan, Penny Mackieson, Jo Fraser, Julie Bindel, Sheela Saravanan und wiederum bei Janice Raymond und Melinda Tankard Reist für ihre kontinuierliche großartige Arbeit bedanken. Wir sind wahrscheinlich nicht in der Lage, das schmutzige Geschäft der globalen Mietmutterschaft kurzfristig zu beenden. Aber hoffentlich können wir die rücksichtslosen Aktionen ihrer BetreiberInnen ins Licht der Öffentlichkeit bringen und denjenigen einen Spiegel vorhalten, die am Rande stehen, den „wischiwaschi" Liberalen, die die Schäden der Mietmutterschaft herunterspielen, statt mit uns zusammenzuarbeiten, so dass wir mit unseren Kampagnen wirklich Berge versetzen können!

Ein spezieller Dank gilt Stevie de Saille, die nicht nur harte Arbeit, sondern auch ihr Herz und ihre Seele in ihre Promotion über FINRRAGE gesteckt hat und anschließend in ihr Buch *Knowledge as Resistance: The Feminist International Network of Resistance to Reproductive and Genetic Engineering* (2017) (*Wissen als Widerstand: Das Feministische Internationale Netzwerk des Widerstandes gegen Gen- und Reproduktionstechnologien*). Als Stevie 2010 mit einem Stipendium nach Australien kam, haben Robyn Rowland und ich viele glückliche Stunden mit ihr in

Erinnerungen geschwelgt. Wir sind dankbar für und begeistert über dein Buch. Danke, Stevie!

Und zum Abschluss möchte ich Susan Hawthorne danken, meiner Partnerin seit dreißig Jahren, und Mitverlegerin von *Spinifex Press* seit 27 Jahren, für ihre unglaubliche Geduld, meinem Toben über Reproduktionstechnologien und Mietmutterschaft zuzuhören … seit über dreißig Jahren. Es erfordert eine ganz besondere Liebe und Freundschaft, um Entwürfe zu lesen, meinen Wutanfällen über die neuesten Auswüchse von frauenverachtenden Technologien zuzuhören, wunderbare Mahlzeiten zu kochen, und gleichzeitig ihren inspirierenden Roman *Dark Matters* zu Ende zu schreiben. Ich kann Susan nicht genug danken. Sie ist meine beste Freundin und große Liebe, sowie Mitgefährtin unserer Hunde-Freundinnen River und Freya.

Dass dieses Buch auf Deutsch erscheint verdanke ich Jana Reich von *Marta Press* in Hamburg sowie der Übersetzerin Doris Hermanns, die lange Stunden damit verbracht hat, mein Schweizer-Australisches Englisch in deutsche Sätze umzuwandeln. Es ist sicher nicht einfach mit einer Autorin zu arbeiten, die schon Jahrzehnte lang in englischsprachigen Ländern lebt, aber trotzdem auf Satzformulierungen beharrt, die, wie ihr in behutsamer Weise gesagt wurde, „schlechtes Deutsch“ sind. Ich danke Doris (und Jana), dass sie einige Sätze und Ausdrücke so gelassen haben, wie ich das gerne wollte. Meine „Stimme“ muss ja im Buch drin sein, auch wenn sie schweizerisch tönt. Selbstverständlich übernehme ich die volle Verantwortung für solche „Swissisms“. Ich habe mein Buch auch auf den neusten Stand gebracht und überarbeitet. Doris hat sehr viel zusätzliche Arbeit in das Buch hineingesteckt, da es wegen der vielen medizinischen Ausdrücke schwierig zu übersetzen war. Du bist die beste Übersetzerin Doris, und ich danke dir von Herzen. Mein Dank geht ebenfalls an meine Freundinnen Maria Mies und Hanni Wiederkehr für eure finanzielle Unterstützung dieser Übersetzung.

Im Übrigen danke ich der Gemeinde Nilüfer Belediyesi und im Besonderen Nazan und Fatma, für die Möglichkeit, im Juni 2018 zwei wunderbare störungsfreie Wochen im idyllischen *Gölyazi Writers House* in der schönen Türkei zu verbringen und an Doris` Übersetzung zu arbeiten. Die prächtigen Störche im Dorf Gölyazi brachten mir jeden Tag so viel Freude, dass ich ernsthaft daran dachte, eine Gruppe *Störche gegen Mietmutterschaft* zu gründen. Sie wären damit ganz sicher einverstanden.

Renate Klein,
Mission Beach, Far North Queensland, August 2018

Anmerkungen zur Sprache in der deutschen Ausgabe

Das englische Wort für Mietmutterschaft ist „surrogacy“. Eine Mietmutter wird „surrogate mother“ genannt, was sich von „surrogate“, also Ersatz, ableitet. Das ist ein frauenverachtender Begriff für eine Frau, die ein Baby neun Monate lang in ihrem eigenen Körper wachsen lässt und dann gebiert. Sie ist die Geburtsmutter und an diesem Prozess ist nichts „Ersatz“. Auch die deutschen Begriffe „Mietmutter“ oder „Leihmutter“ sind nicht ganz richtig, aber da es das Wort „Kaufmutter“ nicht gibt, benutze ich Mietmutter. Mietmutter ist treffender als Leihmutter: „Ich leihe Dir meinen Körper“ klingt, als ob es die Frau wäre, die sich entschließt, ein Kind für andere Leute auszutragen und dann wegzugeben. Das ist aber ganz selten der Fall, auch bei sogenannten „altruistischen“ Mietmutterschaften. Es sind fast immer die „Bestelleltern“, die den Körper einer Frau „mieten“ oder „kaufen“, um sich so ein „eigenes“ Kind zu beschaffen.

Im Text gibt es einige englische Wörter, die schwer zu übersetzen waren. Deshalb werden sie beim erstmaligen Gebrauch auf Englisch in einer Klammer hinter dem deutschen Wort erwähnt.

Ich setze den Begriff Eizellen„spenderin“ in Anführungszeichen, da das Spenden von Eizellen nicht mit dem Spenden von Sperma oder Blut verglichen werden kann. Wie ich in Kapitel 1 bespreche, ist die Eizellen„spende“ eine invasive und gefährliche Prozedur, mit der große Mengen von reifen Eizellen künstlich in einem Eierstock produziert und dann „geerntet“ werden. Diese Anführungszeichen machen das Lesen etwas schwerfällig und dafür möchte ich mich entschuldigen. Aber es ist notwendig. Ich setze auch „altruistisch“ immer in Anführungszeichen, da ich große Probleme mit unbezahlter Mietmutterschaft habe, die uns als barmherziger „Liebesdienst“ verkauft wird, das heißt als etwas Gutes, das Frauen tun sollten. Meiner Ansicht nach werden Frauen auch in dieser Art von Mietmutterschaft ausgebeutet und beschädigt.

Manchmal sind Wörter oder Begriffe, die wir problematisch finden (oder über die wir eine sarkastische Bemerkung machen wollen), in

Anführungszeichen. Da es sehr viele solche Ausdrücke in der Diskussion über Mietmutterschaft gibt, ist dieses Buch übersät damit. Auch hierfür bitte ich als Autorin um Entschuldigung, aber, liebe Leserinnen und Leser, die kritischen Aspekte von Mietmutterschaft, die mein Buch problematisiert, sind selten in Mainstream-Medien und -Literatur zu finden. Deshalb habe ich dieses Buch geschrieben.

Wann immer möglich haben wir bereits auf Deutsch übersetzte Bücher benutzt, um Zitate zu reproduzieren. Allerdings war in einigen Fällen die Übersetzung so weit weg entfernt vom englischen Original, dass wir uns erlaubten, sie zu verändern.

Zum besseren Verständnis wurden von der Übersetzerin einige Anmerkungen hinzugefügt, die mit (DH) gekennzeichnet sind.

Renate Klein und Doris Hermanns

Einleitung

Das 21. Jahrhundert erlebt eine rasante Ausbreitung der Mietmutterschaft-Industrie, sowohl der kommerziellen als auch der sogenannten „altruistischen". Auch wenn Mietmutterschaft bereits seit den 1980er Jahren in den USA und kurz darauf in Indien ein profitables und größtenteils ungeregeltes Gewerbe war, so erlebte die kommerzielle Mietmutterschaft, einschließlich der Eizellen„spende" während des letzten Jahrzehnts in vielen armen Ländern Osteuropas und Asiens einen großen Aufschwung.

Wenn eine Katastrophe eintritt – wie das traurige Beispiel von Baby Gammy, das mit Down-Syndrom geboren und von seinem Vater, einem Sexualstraftäter, der es in „Auftrag" gegeben hatte, in Thailand zurückgelassen wurde, oder die indische Regierung, die 2013 homosexuelle Paare und 2015 alle ausländischen Paare von Mietmutterschaften ausgeschlossen hat[1] – reagiert die Industrie mit einer Verlagerung in neue Länder wie Nepal, Malaysia und Kambodscha. Und wenn dann ein weiteres Land Mietmutterschaften für AusländerInnen verbietet (wie Nepal und die mexikanische Provinz Tabasco 2015) oder ein neuer Skandal losbricht – wie es 2016 in Kambodscha geschah[2] – geht es weiter in ein anderes Land, in diesem Fall Laos. Und die Ukraine mit ihren vielen hightech IVF-Zentren wetteifert seit einigen Jahren mit verlockenden Videos um KundInnen. Auch Russland wird zunehmend zu einem Ort, an dem junge, gesunde Mietmütter und Eizellen„spenderinnen" zu finden sind.

Mietmutterschaft wird sehr stark von der stagnierenden IVF-Industrie gefördert, die neue Märkte sucht, sowie auch von homosexuellen Männern, die glauben ein „Recht" auf ein eigenes Kind und „Familiengründung" zu haben. Außerdem sind es private KonsumentInnengruppen

---

1 'India bans gay foreign couples from surrogacy' (18. Januar 2013); http://www.telegraph.co.uk/news/worldnews/asia/india/9811222/India-bans-gay-foreign-couples-from-surrogacy.html; 'Foreign Couples in Limbo After India Restricts Surrogacy Services' (16. November 2015); https://www.wsj.com/articles/foreign-couples-in-limbo-after-india-restricts-surrogacy-services-1447698601

2 'Australian nurse Tammy Davis-Charles arrested in Cambodian surrogacy crackdown' (20. November 2016); http://www.smh.com.au/world/australian-nurse-tammy-charles-caught-up-in-cambodian-surrogacy-crackdown-20161120-gstd23.html

von MietmutterschaftsbefürworterInnen in reichen Ländern wie Australien und Westeuropa (welche nur „altruistische“ Mietmutterschaft erlauben oder gar keine), die auf eine Erweiterung der Gesetze drängen, so dass kommerzielle Mietmutterschaft erlaubt wird. Ihr neoliberales Argument ist, dass eine gut geregelte Fertilitäts-Industrie die ausbeuterischen Praktiken in den armen Ländern vermeiden würde. BefürworterInnen von (kommerzieller) Mietmutterschaft in reichen Ländern sind neoliberale RechtsanwältInnen, AkademikerInnen, KonsumentInnengruppen und liberale Feministinnen. Eines ihrer Ziele ist die Schaffung einer globalen Haager-Konvention zu Mietmutterschaft – und die privatrechtliche Regulierung der Kommerzialisierung von Frauen und Kindern, in der Mietmutterschaft als „Arbeit“ unter dem Deckmantel von transnationaler Arbeitsgesetzgebung institutionalisiert würde.[3]

Wesentlich für das Projekt der (internationalen) Mietmutterschaft ist die Ideologie, dass legalisierte kommerzielle Mietmutterschaft unfruchtbaren Paaren und homosexuellen Männern ein legitimes Mittel bietet, ein Kind zu bekommen, das alle oder wenigstens einen Teil ihrer eigenen Gene enthält. Frauen, ohne deren Körper dieses Projekt nicht möglich ist – bis jetzt zumindest noch nicht, da es die künstliche Gebärmutter (noch) nicht gibt – werden als Brutkästen, als Öfen, als Koffer angesehen. Und das Produkt Kind ist eine handelbare Ware, das natürlich nie zugestimmt hat, ein „take-away“-Baby zu sein, das heisst ihrer/seiner Geburtsmutter weggenommen und dann Fremden alias „Wunscheltern“ übergeben zu werden. Und trotzdem glauben BefürworterInnen dieser Praxis, die ich „reproduktive Sklaverei“ nenne, dass sie reguliert und eine „fair gehandelte internationale Mietmutterschaft“ (Humbyrd, 2009; Pande 2017) und eine „verantwortungsvolle Mietmutterschaft“[4] werden kann.

Der Vergleich mit dem Sexhandel ist offensichtlich: Gut organisierte Sex- (oder Fruchtbarkeits-)Industrien führen laut ihren Förderern zu

---

3 http://www.abc.net.au/news/2014-08-21/van-whichelen-what-chance-for-international-surrogacy-laws/5683746. In Kapitel 5 werde ich die Ideen für eine privatrechtliche Haager-Konvention zu Mietmutterschaft und „Abstammungsfragen” besprechen.

4 Die Webseite für „Verantwortliche Mietmutterschaft” enthüllt, dass sie nichts anderes anbietet, als die Regulierung dieser Praxis, siehe Kapitel 5 für meine Kritik an Regulierung; http://www.r-surrogacy.org/en/

glücklichen Prostituierten (glücklichen Mietmüttern) und glücklichen Sexkäufern (glücklichen BabykäuferInnen). Zuhälter und Bordelle gleichen IVF-Kliniken, Mietmutter-AnwältInnen/VermittlerInnen, KonsumentInnengruppen wie auch Mietmutterschaft- und Eizellen„spende“-Agenturen. Der Unterschied ist, dass abgesehen davon, dass Frauen in beiden Industrien zutiefst beschädigt werden, das „Endprodukt“ bei der Prostitution ein „fingiertes Freundinnen-Erlebnis“ ist, während es bei der Mietmutterschaft um die Erschaffung von neuen menschlichen Wesen geht: Kindern.

Ich hoffe, dass diese einleitenden Zeilen deutlich machen, dass ich der Theorie und Praxis der Mietmutterschaft vollkommen widerspreche, sowohl als reguliertes kapitalistisches Unternehmen, wie auch als einer Form von unbezahltem „altruistischem Liebesdienst“. Stattdessen insistiere ich, dass es eine Menschenrechtsverletzung der Eizellen„spenderin“, der Geburtsmutter, als auch der entstehenden Kinder ist.

Auf den folgenden Seiten werde ich meine Kritik an der Mietmutterschaft genauer beschreiben, indem ich erst einmal frage, „Was ist Mietmutterschaft?“. Danach untersuche ich die Kurz- und Langzeitschäden, die den sogenannten Mietmüttern, Eizellen„spenderinnen“ und den Partnerinnen der heterosexuellen auftraggebenden Paaren zugefügt werden und spreche kurz die (ermüdende) Frage an, ob hier von einer „Wahl“ die Rede sein kann. Dann werde ich mir die Rechte der Kinder ansehen und Mietmutterschaft mit den Praktiken (erzwungener) Adoptionen vergleichen. Andere entscheidende Fragen sind: Kann Mietmutterschaft je moralisch vertretbar sein? Wäre es ethisch und moralisch vertretbar, wenn wir es `Arbeit` nennen würden? Ist Regulierung die Antwort?

Als Nächstes werde ich die vergangenen und derzeitigen internationalen Formen des Widerstandes gegen Mietmutterschaft – und unsere Erfolge – diskutieren. In den Schlussfolgerungen schaue ich mir den „Hintergrund“ der Reproduktionstechnologien an und gehe der Frage nach, wie weit wir mit der Entwicklung einer künstlichen Gebärmutter und anderen „Fortschritten“ wie CRISPR-Genmanipulationen sind. Zum Schluss appelliere ich dafür, diese entmenschlichende kapitalistische Industrie zu stoppen, so dass sie keine Unterstützung mehr von der patriarchalen

Mainstream-Gesellschaft erhält. Abolition – Abschaffung – ist die einzige Antwort, Regulierung macht alles nur schlimmer.

In Deutschland, der Schweiz und Österreich sind alle Formen von Mietmutterschaft und Eizellen„spenden" verboten. Es gibt aber viele Gruppen, die für Gesetzesänderungen plädieren. Wie in anderen Ländern sind dies auch hier IVF-Kliniken, die neue Klientinnen suchen, und InteressentInnengruppen – homosexuelle wie heterosexuelle Paare, die dem Staat vorwerfen, ihrem unerfüllten Kinderwunsch im Weg zu stehen.

Es gilt also, wachsam zu sein, und ich hoffe, dass dieses Buch einen Beitrag zu leidenschaftlichen Diskussionen über die dubiose Praxis der Mietmutterschaft und Eizellen„spende" leisten wird, so dass sie in deutschsprachigen Ländern erst gar nicht eingeführt wird.

Kapitel 1:
Was ist Mietmutterschaft?

Deutlich formuliert ist Mietmutterschaft das in Auftrag geben/kaufen/mieten einer Frau, in deren Gebärmutter ein Embryo eingesetzt wird und die daher eine „Brüterin“ für eine dritte Partei wird, die glaubt ein „Recht“ darauf zu haben, Frauen auf diese Art auszubeuten.

Bei der „traditionellen“ Mietmutterschaft wird die Mietmutter mit dem Sperma des Ehemanns oder Partners des bestellenden heterosexuellen Paares inseminiert. Das Sperma verschmilzt mit einer ihrer eigenen Eizellen, und es entwickelt sich ein Embryo, der sich dann im günstigsten Falle in ihrer Gebärmutter einnistet und zu einem Kind entwickelt.

Wenn die Partnerin/Ehefrau unfruchtbar ist, wird eine Eizellen“spenderin” Eizellen zur Verfügung stellen, die in einem Labor mit dem Sperma des Ehemannes/Partners befruchtet werden. Dies wird „Eizellenspenden-Mietmutterschaft“ genannt, auf Englisch „gestational surrogacy“. Im Falle von zwei homosexuellen Männern, die ja nur Sperma zur Verfügung stellen können, wird immer eine Eizellenlieferantin benötigt.

„Traditionelle” Mietmutterschaft wird heute kaum noch durchgeführt, da bei dieser Methode die Gene der Geburtsmutter die Hälfte des genetischen Erbes des Kindes ausmachen, was sie offenbar anfälliger dafür macht, sich der Abgabe ihres Kindes zu widersetzen.

Außerdem ist die „gestationelle“ Mietmutterschaft für Fruchtbarkeitskliniken eine bessere Einkommensquelle, da dafür immer In-Vitro-Fertilisation (IVF) benutzt werden muss. So bekommen sie neue Kundschaft: die Eizellenlieferantinnen und die Mietmütter. Außerdem können die Embryonen, die aus Eizellen„spenden“ und Sperma entstehen, teuren pränatalen genetischen Untersuchungen (PND) unterzogen werden, bevor sie in den gemieteten Frauenkörper eingesetzt werden. Auf diesem Weg kann viel Geld durch zahlreiche Screenings nach Fehlbildungen und Geschlechterselektion (in Ländern, in denen sie erlaubt ist) gemacht werden, was nichts anderes ist als praktizierte Eugenik. Da IVF- Schwangerschaften weiterhin eine hohe Misserfolgsquote haben – noch immer etwa 80

Prozent laut Lord Robert Winston, dem britischen IVF-Pionier[5] – können überzählige Embryonen eingefroren und weitere Mietmutterschafts-Zyklen verkauft werden.

Zu den Beteiligten an diesen Transaktionen gehören eine Fruchtbarkeitsklinik mit IVF-ÄrztInnen, eine Mietmutterschaft-Anwaltskanzlei (in den USA häufig ein „broker", ein Mietmutterschaft-Vermittler), eine Mietmutterschaft-Agentur mit einem Register der zur Verfügung stehenden Mietmütter und eine Eizellen„spenderinnen"-Agentur mit geeigneten jungen und gut aussehenden Frauen auf ihrer Webseite. Es gibt auch noch Drittparteien, die als VermittlerInnen die transnationalen Eizellen- und Embryonen-Transporte organisieren, und in manchen Fällen auch psychologische BeraterInnen. So gibt es lukrative neue Geschäftsmöglichkeiten für Unternehmen wie z. B. *Complete Surrogacy Solutions* (Vollständige Mietmutterschafts-Lösungen), *Surrogacy Beyond Borders* (Grenzenlose Mietmutterschaft), *Family Inceptions International* (Internationale Familiengründungen) und viele andere.

Darüber hinaus ist es wichtig zu verstehen, dass es KonsumentInnen-Gruppen wie *Families Through Surrogacy* (Familien durch Mietmutterschaft) gibt, die jährlich von Australien aus (inter-)nationale Seminare und Konferenzen in der ganzen Welt organisieren, Beratung über transnationale Mietmutterschaft und „altruistische" Mietmutterschaft anbieten,

---

[5] Die beiden berühmten IVF-„Pioniere" Robert Winston und Robert Edwards warnen inzwischen davor, dass die hormonartigen Medikamente, die bei „assistierter Reproduktion" benutzt werden, bei mindestens der Hälfte, wenn nicht sogar 70% der Eizellen zu einem Chromosomenschaden führen (Winston, zitiert in Marsh 2006). Das ist ein erstaunliches Eingeständnis, nachdem sie jahrzehntelang den Gebrauch von immer größer werdenden Mengen Fruchtbarkeitsmedikamenten verteidigt haben (und radikal-feministische Forschung verdammten, die bereits in den 1980er Jahren Beweise für große Probleme fand, s. z. B. Klein/Rowland 1988). In einem Interview zum 40. Geburtstag des ersten Retortenkinds, Louise Brown, in *The Irish News* am 11. Juli 2018, erklärte Robert Winston, dass die heutige IVF-„Erfolgsrate" bei 21% liegt: Endlich eine realistische Einschätzung, die zusammen mit den besorgniserregenden Nachrichten über Gesundheitsprobleme bei Kindern, die mit Hilfe von IVF geboren wurden, hoffentlich dazu führen wird, dass Menschen mit einem unerfüllten Kinderwunsch es sich zweimal überlegen, ob sie sich auf IVF oder Mietmutterschaft einlassen. Zudem gilt die 21% Erfolgs- (oder 79% Misserfolgs-)Rate nur für Frauen bis 35 Jahre. Für Frauen über 40 reduzieren sich diese Zahlen bis auf 2-3%. https://www.irishnews.com/lifestyle/2018/07/12/news/professor-robert-winston-couples-being-misled-about-the-dream-of-ivf-treatment-1378545/

zukünftige Eltern mit Eizellenlieferantinnen und Frauen, die sich bereit erklären, als Mietmutter tätig zu werden, in Kontakt bringen. Ein anderer Begriff, diese Aktivitäten zu benennen, ist im Englischen „Grooming“[6], dem gezielten ausbeuterischen „Grooming“ von nichtsahnenden Kindern sehr ähnlich, die dann später als Pornografie- oder Sexualdeliktsopfer misshandelt werden. In den Mietmutterschafts-Seminaren werden uninformierte Paare mit einem unerfüllten Kinderwunsch mit Versprechungen, wie wunderbar einfach es sei, ihr Wunschkind zu bekommen, in die Falle gelockt, bzw. dazu gebracht, ihre (teure) Mietmutterschafts„reise“ anzufangen, die leider oft in Tränen endet.

Obwohl in Deutschland Mietmutterschaft wie auch Eizellen„spende“ verboten sind, gab es bereits 2017 eine Publikumsmesse: die *Kinderwunsch Tage*. Sie wurde im März 2018 in Berlin wiederholt:

> „Die einzige Veranstaltung ihrer Art in Deutschland, bei der Sie Rat von Experten, Unterstützung, Produkte und zuverlässige Informationen zur Vergrößerung ihrer Familie erhalten – alles unter einem Dach.“[7]

IVF-ExpertInnen aus Deutschland, aber auch Spanien und Tschechien, sowie den USA, Griechenland und Bulgarien informierten über ihre Programme inklusive Mietmutterschaft. Und weil die Messe offensichtlich so erfolgreich war, wird sie im Oktober 2018 in Köln und im März 2019 in Berlin wiederholt.

Zurück zu den AkteurInnen der Mietmutterschaft: Die wichtigste Person ist natürlich die sogenannte Mietmutter – eine Frau, die ein Baby neun Monate lang in ihrem eigenen Körper wachsen lässt und dann gebiert. In der kommerziellen Mietmutterschaftstransaktion, in der das „Produkt“ Baby gekauft wird, gehört eine Mietmutter meistens einer niedrigeren sozialen Klasse und häufig auch einer anderen Ethnizität an als das auftraggebende Paar. Probleme mit „Rasse“ und Klasse gibt es zuhauf: Ich suche immer noch nach einem Beispiel, bei dem eine weiße Direktorin ein Baby für ihre schwarze Putzfrau austrägt! Die Mietmutterschaft/Eizellen-

---

[6] Im Deutschen hingegen hat sich der Begriff „Grooming“ inzwischen für Situationen eingebürgert, in denen Erwachsene (meist Männer) gezielt Kinder und Jugendliche ansprechen (meist Mädchen) mit dem Ziel, sexuellen Kontakt mit ihnen zu haben. (DH)

[7] https://kinderwunsch-tage.de

„spende"-Transaktionen finden zwischen gutsituierten und ärmeren bzw. armen Frauen statt. Aufgrund viel niedrigerer Preise in Länder wie Indien, Kambodscha oder Ukraine zu gehen, bedeutet, dass Mietmütter unweigerlich arme Frauen mit geringer Bildung sind, die häufig für die Zeit ihrer Schwangerschaft in gefängnisartigen Lagern leben. Oft führen sich ihre Ehemänner wie ihre Zuhälter auf. Sie sehen Mietmutterschaft als lukratives Einkommen und bringen ihre Ehefrauen dazu, wiederholt in Mietmutterschaften einzuwilligen (Sangari 2015, S. 120).

Bei der „altruistischen" Mietmutterschaft, bei der kein Geld für das Kind bezahlt wird (außer erheblichen Summen für „Aufwandsentschädigungen"), sind es häufig fruchtbare Familienmitglieder wie Schwestern, Cousinen oder Tanten, die so berührt von der Lage ihrer unfruchtbaren Verwandten sind – oder homosexuellen Familienmitgliedern –, dass sie ihren Körper (und ihre Seele) für diesen selbstaufopfernden „Service" zur Verfügung stellen. Es ist dann fast unmöglich, dass sie ihre Meinung während der Schwangerschaft ändern können, da sie ansonsten von ihrer Familie geächtet würden. Wenn es keine Familienmitglieder sind, die Mietmütter werden, sondern andere „altruistische" Frauen, die Gutes tun wollen, versuchen diese sich von dem wachsenden Kind in ihrem Körper zu distanzieren:

> „Es ist nicht mein Baby, sondern mein Passagier, er hat nur eine Zeitlang in meinem Bus gesessen."[8]

Nach neun Monaten wird das resultierende Baby entfernt, meist mit Kaiserschnitt, und den „auftraggebenden Eltern" überreicht, die die letzte Rate für ihr(e) Produkt(e), häufig Zwillinge, bezahlen.

„Kauf von Kindern" oder „Kinderhandel" sind passende Ausdrücke für solche Transaktionen. Kontakt zwischen der Geburtsmutter und den neuen Eltern ist ab dem Tag der Geburt entweder gar nicht vorhanden oder nur von kurzer Dauer. Die Kinder werden deshalb nur selten eine Verbundenheit zu der Frau haben, aus deren eigenem Fleisch, Knochen und Blut sie sich entwickelt haben und die einige der Zellen ihrer Babys noch

---

[8] Eine Erklärung der australischen „altruistischen" Mietmutter Renée Gollard, die sie 2015 bei einer Podiumsdiskussion nach einer Aufführung des Theaterstücks „e-Baby" von Jane Cafarella am 8. März 2015 in Melbourne abgab. Siehe auch http://www.abc.net.au/radionational/programs/drawingroom/e-baby/6273604

jahrzehntelang in sich trägt, genauso, wie auch die Kinder Mutterzellen behalten (Dawe, Tan und Xiao 2007).

Die KäuferInnen des Kindes setzen ihren Namen auf die Geburtsurkunde[9] und bezeichnen sich jetzt als die „Eltern" des Kindes. Sie argumentieren, das Kind hätte die Gene des Spermaspenders und somit keine Verbindung zu seiner Geburtsmutter. Merkwürdigerweise werden in dieser Geschichte der vermeintlichen Überlegenheit der Gene im Vergleich zu neun Monaten Schwangerschaft, die zu diesem Kinderbesitz führt, die andere Hälfte der Gene, nämlich die der Eizellenlieferantin (falls es eine gab), grundsätzlich „vergessen" – die zweite Frau, die eine zentrale Rolle spielt, dass es überhaupt zu einer Schwangerschaft kommt – aber die zählt nicht. Dass die Kinder vielleicht eines Tages wissen möchten, von wem sie den zweiten Teil ihrer Gene bekommen haben, scheint egal zu sein.

Selbstverständlich hat diese Version der Mietmutterschaft ein Happy End: Die auftraggebenden Eltern sind völlig in ihr(e) Kind(er) vernarrt und lieben es/sie unendlich. Sie kaufen ihnen rosa oder blaue Designer-Kleidung und schreiben sie für Programme für talentierte Vorschulkinder ein. Die Kinder werden furchtbar intelligent und benehmen sich immer anständig. Weder fragen sie nach den beiden Frauen, die zu ihrer Existenz beigetragen haben – die Geburtsmutter und die Frau, die die Eizellen zur Verfügung gestellt hat –, noch vermissen sie sie und werden glückliche, ausgeglichene, leistungsstarke Teenager und Erwachsene.

Diese „Fakten" der Mietmutterschaft lassen natürlich die Traumata aus, die während des „Herstellungsprozesses" auftreten können: Die Qualität des Spermas oder die Eizellen der Lieferantin sind „minderwertig", der Embryotransfer misslingt, der sich entwickelnde Embryo ist „fehlerhaft" und muss abgetrieben werden, die Mietmutter lehnt eine Abtreibung ab und ein „defektes" Kind wird geboren (wie es im Fall von Baby Gammy in Thailand passierte), die Mietmutter wird krank, hat eine Fehlgeburt oder stirbt, die Mietmutter ändert ihre Meinung während der Schwangerschaft und möchte das Kind behalten. Oder das Paar hat seine Hausaufgaben nicht

---

[9] Dies kann sofort nach der Geburt geschehen oder die auftraggebenden Eltern müssen erst beim Gericht einen Antrag auf Ersatzelternschaft stellen, wie im Bundesstaat Victoria in Australien. Siehe https://www.varta.org.au/information-support/surrogacy/commissioning-parents/surrogacy-australia/legal-side-surrogacy

gemacht und sitzt in einem weit entfernten Land mit „seinem" Baby, für das ihr Heimatland kein Visum ausstellt – wie es StaatsbürgerInnen aus der Schweiz, Frankreich und Norwegen passiert ist.[10]

Natürlich werden diejenigen, die Mietmutterschaft unterstützen und glauben, dass die *Sehnsucht* (desire) nach einem Kind dem *Bedürfnis* (need) nach einem gleichkommt und ihnen das *Recht* auf ein Kind gibt, egal, wie hoch der Preis ist und wer auch immer bei diesem Prozess zu Schaden kommt, meiner bisherigen Beschreibung der Mietmutterschaft heftig widersprechen. Für sie ist Mietmutterschaft ein wertvoller Akt der Wunder und Güte.

Menschen im liberalen Lager, die die Schäden verharmlosen, werden meine Worte ähnlich hart finden: Sicher können diese Praktiken reguliert und Ausbeutung minimiert werden. Sie werden mir Lieblosigkeit vorwerfen: Ich muss eine herzlose Person sein, die kein Verständnis hat für das abgrundtiefe Leid und die Verzweiflung, die Unfruchtbarkeit mit sich bringen können, oder, im Falle von zwei Männern, deren Unfähigkeit, selber Kinder zu gebären. Dazu kann ich nur sagen, dass ich den Schmerz eines unerfüllten Kinderwunsches nur allzu gut verstehe. Sowohl meine Forschungsresultate über Erfahrungen australischer Frauen mit IVF in den 1980er Jahren (Klein 1989a), als auch die von mir herausgegebenen wichtigen feministischen Sammelbände über neue Reproduktionstechnologien (Arditti, Duelli Klein und Minden 1984/1985; Klein 1989b) enthalten viele Interviews mit Frauen, die sich einer IVF-Behandlung unterzogen haben. Ihre Verzweiflung, unbedingt ein Kind bekommen zu wollen, war oft herzzerreißend. Eine IVF-Behandlung war (und ist) traumatisch und die Misserfolgsquoten waren (und sind) enorm (damals 90 Prozent, heute 80 Prozent, abhängig vom Alter der Frauen und den wahrheitsgemäßen Angaben der Kliniken). Allerdings war es in den 1980er Jahren für viele Frauen noch möglich, die brutale IVF-Reise abzubrechen und einen anderen Weg zu finden, Kinder in ihren Leben zu haben. Sie hatten die Unterstützung eines Großteils ihrer Umgebung, die ihnen durch diese traurige Periode in ihrem Leben geholfen hat.

---

10 http://www.swissinfo.ch/eng/surrogate-law_a-child-is-not-a-commodity--says-top-swiss-court/41575816

Leider änderte sich dies im 21. Jahrhundert: Durch Eizellen„spenden“ und Mietmutterschaft – die neuen „Produkte“ auf den Supermarkt-Regalen der IVF-Kliniken – sowie Artikel in Frauenzeitschriften, in denen Filmstars berichten, wie glücklich sie mit „ihrem“ Mietmutter-Kind sind, ist die Botschaft klar: „Nur nicht aufgeben“. Frauen, die über 40 sind und bereits zehn bis 15 erfolglose IVF-Behandlungen hinter sich haben (und in tiefen finanziellen Schulden stecken), wird verboten, aufzuhören. Ein Wunder wird passieren: Eine junge Frau wird ihnen jetzt Eizellen „schenken“ und eine zweite Frau „ihr“ Baby austragen. Allerdings werden ihre Kosten – wie auch Ängste – so weiter andauern.

Nachdem ihnen ihre völlige „Nutzlosigkeit” als „richtige” Frau von ihrer Familie wie auch von der Gesellschaft bestätigt wurde, müssen sie diese neue Möglichkeit jetzt begrüßen und der IVF-Klinik dankbar sein – und ihre Schmerzen verstecken. Und anschließend natürlich die perfekte und fröhliche Mutter für das Kind einer anderen Frau sein – falls es eins gibt. Oder den Prozess wiederholen, bis ein Baby geboren wird.

Zusätzlich zum Vorwurf der fehlenden Empathie bei jeglicher Kritik der Mietmutterschaft gibt es unweigerlich laute Stimmen von Mietmutterschafts-BefürworterInnen, die sich auf „Wahlfreiheit“ berufen, sowie auf „Einverständniserklärungen“ (informed consent) und „das Recht der Frau auf ihren eigenen Körper“. Anders ausgedrückt: Es wird KritikerInnen vorgeworfen, sie würden Frauen als hilflose Opfer darstellen: „Mietmütter“ stimmen dem zu, was sie tun. Eizellen„spenderinnen“ wissen, welche Prozeduren sie erwarten (und werden reichlich dafür entlohnt). Diese Frauen machen es, weil sie Lebensspenderinnen sein möchten und ihre KundInnen lieben sie dafür – sie bezeichnen sie als Heldinnen und Engel – und bedanken sich zutiefst bei ihnen für ihr Geschenk, ihr Baby. Und in den seltenen Fällen, wenn zwielichtige AkteurInnen beteiligt seien, wären Regulierungen der beste Weg, um sicherzugehen, dass Probleme vermieden werden, bevor sie entstehen (siehe Kapitel 5 zum Thema Regulierung).

Ich teile diese Einschätzungen nicht.

Im nächsten Kapitel werde ich die Schäden untersuchen, die Frauen, die an Mietmutterschaften beteiligt sind, erleiden und die Probleme mit den Begriffen „Wahlfreiheit“, „informed consent“ und „Selbstbestimmungsrecht“ kurz diskutieren.

Kapitel 2:
Kurz- und Langzeitschäden bei Mietmutterschaft

Bei Mietmutterschaften wird drei Frauen Schaden zugefügt: der Mietmutter, der Eizellen„spenderin" und der Partnerin des heterosexuellen auftraggebenden Paares.[11]

Die Vorbereitung einer Frau für eine Mietmutter-IVF-Schwangerschaft durch tägliche Medikamenteneinnahme über mehrere Wochen ist sehr invasiv und führt oft zu Gesundheitsstörungen. Diese Spritzen sind nötig, um den eigenen Menstruationszyklus der Frau zu stoppen und ihre Gebärmutter sowie ihr endokrines System für den Einsatz des Embryos vorzubereiten.

Die Eizellen„spenderin" (die eine fremde Frau oder die Partnerin sein kann) wird zunächst in eine künstliche Menopause versetzt und dann mit Fruchtbarkeitsmedikamenten für einen Supereisprung vollgestopft, was zur Produktion von Dutzenden guter, reifer Eizellen führen soll, die unter Narkose entnommen und dann mit dem Sperma des Käufers befruchtet werden, um so Embryos zu erzeugen.

Tägliche schmerzhafte Spritzen, Kopfschmerzen, Übelkeit, Krämpfe, Blähungen, sich krank fühlen, Schwindel und Gewichtszunahme sind nur einige der unvermeidlichen Nebenwirkungen. Ovarielles Hyperstimulationssyndrom (OHSS) kann lebensbedrohlich sein und zu ernsthaften Verletzungen wie Lungenkomplikationen (bei denen die Lunge sich mit Flüssigkeit füllt, die herausgesaugt werden muss), Schlaganfällen und Todesfällen führen. Genauso besorgniserregend sind die weitgehend unbekannten langfristigen Nebenwirkungen der Medikamente. Viele von ihnen, wie z. B. Lupron (leuprolide acetate), werden „off-label" benutzt. Das

[11] Natürlich können auch andere Familienmitglieder Schaden erleiden, z. B. der Partner der Mietmutter und ihre Kinder; die Familien der auftraggebenden Käufer, die möglicherweise ganz gegen Mietmutterschaft sind und ihre Tochter/Schwiegertochter oder Sohn/Schwiegersohn schlecht behandeln, weil sie nicht in der Lage sind, ein Kind auf „natürlichem" Wege zu bekommen. Siehe auch *Broken Bonds: Surrogate Mothers Speak Out* (2019, herausgegeben von Jennifer Lahl, Melinda Tankard Reist und Renate Klein).

bedeutet, dass sie nie für die Benutzung bei IVF/Eizellen„spenden" registriert wurden, was zur Konsequenz hat, dass nie nach Kurz- oder Langzeitnebenwirkungen geforscht wurde, wenn sie von Frauen benutzt wurden. (In den USA ist Lupron bei der *Food and Drug Administration* (FDA)[12] als Mittel gegen Prostatakrebs registriert.[13])[14] Es ist ein weltweiter Skandal, dass kein Land je von seinen IVF-Kliniken gefordert hat, Kurz- oder Langzeituntersuchungen bei Frauen durchzuführen, die sich einer IVF-Behandlung unterzogen haben, um später in der Lage zu sein, auftretende Krankheiten mit den Medikamenten zu vergleichen, die in den individuellen Behandlungen verabreicht wurden.

Das Fehlen solcher Langzeitstudien ist gut für Pharmaunternehmen. Seit den frühen 1980er Jahren wurden so viele unterschiedliche Medikamente bei IVF angewendet, dass selbst wenn umfassende Studien endlich nachträglich durchgeführt würden, es unmöglich wäre, bestimmte Langzeitnebenwirkungen, wie z. B. Eierstock-, Gebärmutter- und Brustkrebs, direkt mit bestimmten Medikamenten in Verbindung zu bringen. Es kann höchstens festgestellt werden, dass es bei Frauen, die sich einer IVF-Behandlung unterzogen haben, eine höhere Rate dieser Krebsarten gibt, aber nicht, welche Medikamente sie verursacht haben. Oder aber die Frauen selber werden für die höhere Krebsrate verantwortlich gemacht.

Genau das geschah im Oktober 2015, als eine relativ große Studie, die 250.000 IVF-Nutzerinnen in Großbritannien von 1991 bis 2010

---

12 US-Behörde für Lebens- und Arzneimittel. (DH)

13 Die Webseite www.lupronvictimshub/lawsuits.html listet die Gerichtsverfahren gegen den Hersteller von Lupron auf. Die Seite wird von der früheren Psychiatrie-Krankenschwester Lynne Millican verwaltet, die ausführlich über ihre eigenen negativen Reaktionen auf dieses Medikament geschrieben hat. Sie berichtet, dass die erste Klägerin, die einen Prozess in den USA angestrengt hatte, 2011 Karin Klein war. https://impactethics.ca/2014/05/02/hidden-clinical-trial-data-about-lupron/
Lupron wird ebenso bei „großen Mädchen" mit „Tall Girl Syndrome" zur Unterdrückung der Pubertät benutzt und auch bei der wachsenden Anzahl von sogenannten Transgender-Kindern. Das Medikament hat schlimme Nebenwirkungen auf die Knochengesundheit und junge Frauen berichten bereits von ernsthaften Bandscheibenvorfällen und Knochenverdünnung. Das ist ein großes Problem, das dringend Aufmerksamkeit erfordert (siehe Jewett, 2. Februar 2017).

14 In Deutschland wird Leuprolidacetat (Lupron) u. a. für die Behandlung von Brustkrebs, Prostatakrebs, Myomen in der Gebärmutter sowie bei frühzeitigem Einsetzen der Pubertät eingesetzt. (DH)

umfasste, zu dem Schluss kam, dass diese Frauen ein um ein Drittel größeres Risiko hatten, Eierstockkrebs zu bekommen.[15] Sofort wurde Frauen versichert, dass zum einen diese Zahlen nicht sehr hoch seien, und es zudem nicht möglich sei, „Ursache und Wirkung" nachzuweisen, also ob irgendeins dieser IVF-Medikamente verantwortlich gewesen sei für die erhöhte Anzahl von Eierstockkrebs. Die ForscherInnen suggerierten vielmehr, dass die Unfruchtbarkeit selber die Ursache für die höheren Krebsraten sein könnte. Und damit war das Thema beendet. Panik gestoppt und zurück geht's zum IVF-„Business as usual", das natürlich auch Mietmütter und Eizellenlieferantinnen umfasst, die sich der „Eizellenausbeutungs"-Prozedur viele Male aussetzen müssen.[16]

Eggsploitation[17] ist der Titel eines beeindruckenden Dokumentarfilms, der vom *US Center for Bioethics and Culture* (2010-2013) produziert wurde. Indem er sowohl Interviews mit US-amerikanischen Frauen zeigt, die ihre Eizellen „gespendet" haben, als auch mit MedizinerInnen, macht der Film auf die ernsthaften Gefahren aufmerksam, die mit dieser Prozedur einhergehen.[18]

Dies ist ein guter Moment, den Standpunkt anzusprechen, der von zahlreichen Neoliberalen (inklusive Feministinnen), Gruppen von Mietmutterschafts-BefürworterInnen, KonsumentInnen-Gruppen und

---

[15] Der leitende Wissenschaftler dieser Studie war Alastair Sutcliffe vom *University College London*. Der Artikel erschien hier: http://www.fertstert.org/article/S0015-0282(15)00614-7/fulltext

[16] *Confessions of a Serial Egg Donor* (2004) von Julia Derek ist ein aufschlussreiches, wenn auch problematisches Buch. Eine junge blonde Schwedin, die in den USA angekommen war, hatte Schwierigkeiten, ihre College-Ausbildung zu finanzieren und wandte sich daher der Eizellen„spende" zu. Obwohl sie dabei sehr krank wurde und aufgrund von lebensbedrohlichen Symptomen ins Krankenhaus musste, ließ sie sich zwölf Mal Eizellen entnehmen – bis sie letztendlich zusammenbrach. Ihr Buch entlarvt die Verlockung des Geldes und die Abgebrühtheit der VermittlerInnen, denen der Profit wichtiger ist als die Gesundheit der Eizellen„spenderinnen".

[17] Eggsploitation: eine Zusammenfügung von „eggs" (Eiern) und „exploitation" (Ausbeutung), hier übersetzt als „Eizellenausbeutung". (DH)

[18] 2015 produzierte das *Center for Bioethics and Culture* eine Fortsetzung der Dokumentation mit dem Titel *Maggie's Story*, die die traurige Geschichte von Maggie erzählt, die nach mehr als zehn Eizellenentnahmen Brustkrebs bekam. Eine andere großartige Dokumentation zum Thema Mietmutterschaft ist *Breeders: A Subclass of Women?* (Brüterinnen: Eine Unterklasse von Frauen?, 2014), siehe http://breeders.cbc-network.org

IVF-Kliniken vertreten und von den Mainstream-Medien ewig wiedergekäut wird: dass die Frau eine „Wahl“ hat und „selbst bestimmt“, ob sie eine Mietmutter werden will oder eine Eizellen„spenderin“ und dass Mietmütter eine „freie Entscheidung“ getroffen und eine „Einverständniserklärung“ abgegeben haben.

Choice, also „Wahlfreiheit”, ist ein Wort, das ich liebend gerne in diesem Zusammenhang abschaffen würde, wenn ich die Macht dazu hätte. Ich schlage vor, dass es nur dann benutzt werden sollte, wenn es um die Wahl zwischen zwei guten Dingen geht, wie z. B. „Möchtest du ein Stück Schokoladenkuchen oder lieber Zitronentorte?“. Wenn „choice“ nur auf diese Weise benutzt würde, könnten wir es sofort in Situationen loswerden, in denen *beide* Ergebnisse qualvoll sind. Sich „frei“ dafür zu „entscheiden“ in der Prostitution zu bleiben, wenn eine Frau oder ein Mädchen heroinsüchtig ist, verzweifelt Geld braucht, obdachlos ist und niemand hat, an die oder den sie sich wenden kann, hat nichts mit „Wahlfreiheit“ zu tun: Es ist eine schwierige (und bedauerliche) *Entscheidung* (decision). Genauso wenig ist es eine „Wahl“, ja dazu zu sagen, dass zwei andere Frauen als Mietmutter und Eizellenlieferantin ausgebeutet werden, wenn deine ganze Familie einschließlich des Ehemanns dir vorwirft, dass du unfruchtbar bist und dich wie eine Aussätzige behandelt: Es ist eine schwierige (und bedauerliche) *Entscheidung*.

Die umgekehrte Situation, d. h. zu „wählen”, eine Mietmutter oder eine Eizellen„spenderin“ zu werden, wenn dein Ehemann dich dazu zwingt, weil dein Jahresgehalt in einer indischen Kleidungsfabrik nur ein Bruchteil von dem ist, was du als Mietmutter in neun Monaten verdienen kannst, ist tatsächlich auch keine „Wahl“. Oder weil die Finanzen einer Familie, in der der Mann in der US-Armee arbeitet, sich deutlich verbessern, wenn seine Ehefrau eine „Armee-Mietmutter“ wird – völlig „freiwillig“ natürlich. Auch hier gilt: Wie auch immer das Ergebnis ausfällt, es geht nicht um „Wahlfreiheit“, sondern um (häufig schwierige) Entscheidungen.

Wir sollten Frauen nie schlecht machen wegen der Entscheidungen, die sie in bestimmten Lebensphasen treffen. Aber wir sollten damit aufhören, von „Wahlfreiheit“ zu sprechen, *ohne den sozialen Kontext, in dem die Frauen diese Entscheidungen treffen, zu berücksichtigen*. Diese

Entscheidungen führen häufig dazu, dass sie schwer geschädigt werden (aber unweigerlich die Kassen der gierigen Sex- und Reproduktionsindustrien füllen).[19]

Vor allem aber müssen wir die Vorwürfe der Mietmutterschafts-BefürworterInnen aufs Heftigste zurückweisen, wenn sie sagen, dass wir Frauen durch unseren Widerstand verletzen. Wie es die US-amerikanische Ethikerin Janice Raymond auf den Punkt bringt (1995, S. 10, Hervorhebung RK):

> „Das Konzept der Wahlfreiheit ist so dominant, daß ganz im Gegenteil den Kritikerinnen, die den technologischen Mißbrauch von Frauen anklagen, vorgeworfen wird, wir würden Frauen zu Opfern machen und Frauen angeblich die Fähigkeit absprechen, selbst zu entscheiden. *Wenn wir also darauf hinweisen, wie Frauen zu Opfern gemacht werden, werden wir bezichtigt, Frauen als Opfer darzustellen.*"

Genau das geschah in Australien 2006/2007, als das Parlament eine Gesetzesänderung einführte, die die embryonale Stammzellenforschung genehmigte, für die es notwendig ist, dass Frauen sehr viele Eizellen „spenden".

---

[19] Als die neuen Reproduktionstechnologien inklusive Mietmutterschaft in den 1980ern erstmals einer feministischen Prüfung unterzogen wurden, gab es eine Vielzahl von Veröffentlichungen zu Fragen der „Wahlfreiheit" (choice) und informierter Einwilligung (informed consent). Großartige Bücher zu diesen Themen sind Robyn Rowlands *Living Laboratories* aus Australien (1992) und Janice Raymonds *Die Fortpflanzungsmaffia* aus den USA (1993/1995 *Women as Wombs*, deutsch 1995). In den deutschsprachigen Ländern war es 1988 eine wegweisende Rede über Selbstbestimmung der feministischen Soziologin Maria Mies (Selbstbestimmung – Das Ende einer Utopie?, in: Bradish e. a., 1988). In ihrem Vortrag, den sie vor einem elektrisierten Publikum von über 2.000 Frauen gegen Gen- und Reproduktionstechniken in Frankfurt hielt (und später erweiterte), wies Mies darauf hin, dass es Unsinn sei, die Begriffe „Selbstbestimmung" und „Wahlfreiheit" weiter als unsere Grundforderungen zu benennen (ein Überbleibsel der Forderung von Frauen auf das Recht auf Abtreibung). Wie sie aufzeigte, zerlegen Gen- und Reproduktionstechnologien unsere Körper in „Teile", und es ist jetzt der Staat, der in letzter Instanz die Interessen der Eigentümerinnen vertraglich regelt: mit IVF-Kliniken und Pharmakonzernen. Das heißt, es geht nicht mehr um „Selbstbestimmung" sondern um „Fremdbestimmung". Und in der sogenannten Dritten Welt, so zeigt Mies auf, ist die „Selbstbestimmung" für Frauen auf die „Wahl" reduziert, welche Medikamente sie schlucken sollen – die grünen oder die rosafarbenen? – um ihre Fruchtbarkeit zu beschränken – mit all den Nebenwirkungen, die das mit sich bringt.

Feministische Gruppen wie FINRRAGE (Australien) und *Hands Off Our Ovaries*[20], lehnten diese Gesetzesänderung mit der Begründung ab, dass weibliche Verwandte von Schwerkranken und Behinderten unter Druck kommen würden, das „Richtige zu tun" und Eizellen zu „spenden", während die BefürworterInnen des Klonens von Embryonen von den lebensrettenden Behandlungen von unheilbaren degenerativen Krankheiten wie der Motorneuronen-Erkrankung und Rückenmarksverletzungen schwärmten. Wir wiesen darauf hin, dass bei den Informationen über Eizellen„spenden" die Details über die Kurz- und Langzeitrisiken fehlen (und Langzeitforschung völlig fehlt), so dass potenzielle Eizellenlieferantinnen nicht in der Lage sind eine „informierte Zustimmung" zu geben, und keine „Wahlfreiheit" haben.

Als Antwort wurde uns vorgeworfen, wir wären „sexistisch" und würden Frauen bevormunden und herablassend behandeln. Die Ethikerin Leslie Cannold wandte ein, dass keine/r das Recht haben sollte, „mich oder irgendeine andere Frau davon abzuhalten, die Risiken für mich selbst einzuschätzen und meine eigene Wahl zu treffen" (Cannold, 2006).

Diese „Rhetorik der Wahlfreiheit" (Klein, 2006) wurde von den BefürworterInnen des Klongesetzes dazu benutzt, um von der dringend notwendigen öffentlichen Diskussion über die Risiken der Eizellen„spenden" abzulenken. Es war einfacher, Feministinnen zu verurteilen und uns fälschlicherweise vorzuwerfen, dass wir sagen würden, dass Frauen

> „ … die *Fähigkeit* fehlt, informierte Zustimmung zu Eizellenspenden zu geben" (Cannold, 2006, Hervorhebung RK).[21]

---

[20] Die inspirierende *Hands Off Our Ovaries-Kampagne* (*HOOO*, Hände weg von unseren Eierstöcken) wurde 2006 von einer Gruppe von drei Pro-Choice und zwei Pro-Life Feministinnen aus Großbritannien, Kanada und den USA initiiert und von tausenden UnterzeichnerInnen aus der ganzen Welt unterstützt. Nach einigen Jahren großartiger Lobbyarbeit löste sie sich leider auf, da die US-amerikanischen Pro-Choice-Mitglieder dem Druck innerhalb ihrer eigenen Reihen nachgaben, dass eine Allianz mit Pro-Life-Feministinnen – ausschließlich auf Frauen gerichtet, nicht auf Embryos – zu riskant sei: eine äußerst bedauerliche Entscheidung, die eine Menge über die Rigidität der (US-amerikanischen) liberalen Feministinnen sagt. In vielerlei Hinsicht war *HOOO* die Vorgängerin von *Stop Surrogacy Now*, das 2015 gegründet wurde (s. Kapitel 6).

[21] *The Prohibition of Human Cloning and the Regulation of Human Embryo Research Amendment Bill* 2006 (Gesetz zum Verbot des menschlichen Klonens und die Regulierung der menschlichen Embryonenforschung, *Commonwealth of Australia* 2006) wurde

Natürlich ist es nicht so, dass den Frauen die „Fähigkeit" fehlt; das Problem ist, dass ihnen die *Risiken* dieser Prozedur nicht genannt werden.

Um wieder zu der Besonderheit der Eizellen„spende" zurückzukehren, es reicht aus, sich ein gutes Dutzend IVF-Webseiten anzuschauen, um zu sehen, dass die Möglichkeit von ernsthaften Nebenwirkungen nicht erwähnt wird. Wie es eine Frau in *Eggsploitation* knapp und deutlich sagt: „Sie informieren dich nicht über die Gesundheitsrisiken." Selbst der seltene Hinweis, dass es einige „unwahrscheinliche" Langzeitprobleme geben könnte, wie z. B. eine erhöhte Zahl von Krebserkrankungen, ist nicht genug. Was allen Frauen, die eine Eizellen„spende" oder eine IVF-Behandlung in Erwägung ziehen, gesagt werden sollte, ist, dass es keine großen internationalen Studien zu diesem Thema gibt.

Genau zu diesem Schluss kamen Jennifer Schneider und Kolleginnen 2017 in ihrem Beitrag in *Reproductive BioMedicine Online*. Als sie die Literatur über Nebenwirkungen nach Eizellenentnahmen auf höhere Krebsraten hin untersuchten, stießen sie auf eine Menge widersprüchlicher Studien: Einige davon fanden höhere Brust- und Eierstockkrebsraten, andere nicht. Sie fügten fünf Fallbeispiele von Frauen hinzu, die Brustkrebs *bekamen*, aber wiederholten noch einmal, dass alle, die eine Stimulation der Eierstöcke in Erwägung ziehen (dies betrifft auch eine wachsende Zahl junger Frauen, denen geraten wird, ihre Eizellen für eine spätere Nutzung einzufrieren), gesagt werden muss, dass die Langzeitnebenwirkungen nicht klar nachgewiesen werden können, *weil die Studien nicht gemacht wurden.*

Eggsploitation ist in der Dokumentation genau definiert:

> „Das Plündern, Rauben, Schröpfen und das rücksichtslose Entfernen der Eizellen einer Frau durch gezielte Täuschung, Zwang oder Betrug, das selbstsüchtig für den Gewinn eines/einer anderen benutzt wird, bei völliger Rücksichtslosigkeit in Hinsicht auf die Gesundheit der Spenderin."[22]

---

letztendlich mit nur einer einzigen Stimme mehr von einem Mitglied des Parlaments genehmigt, der lieber für Schutzmaßnahmen in der Tierforschung stimmte als gegen das Forschungsrisiko für Frauen.

22 http://www.eggsploitation.com

Natürlich endet die Geschichte der Eizellen„spende" nicht mit den Medikamenten. Die Entnahme der Eizellen – auch „ernten" genannt (harvesting) – geschieht unter Narkose. Eine Nadel, die durch die Vagina eingeführt wird, durchbohrt die Eierstöcke und saugt reife Eibläschen heraus. Das kann zu einem Verlust eines Eierstocks führen, wenn die Stichverletzungen sich entzünden oder wenn Blutgefäße bei der Entnahme der Eizellen beschädigt werden. Falls die Verletzung unbemerkt bleibt, kann das dazu führen, dass später Bluttransfusionen notwendig werden. Es können auch Blasen- oder Darmverletzungen entstehen, wenn die Nadel falsch eingeführt wird.

Ich schlage vor, dass es für alle Menschen, die in Erwägung ziehen, eine Eizellen„spenderin" zu benutzen, verpflichtend sein sollte, sich den Dokumentarfilm *Eggsploitation* anzusehen. Das wäre vor allem für homosexuelle Männer wichtig, die ja immer eine Eizellenlieferantin benötigen.

Die Frage, die wir uns alle stellen müssen, ist die: Welche Rechtfertigung kann es denn überhaupt dafür geben, die Gesundheit und möglicherweise sogar das Leben einer jungen Frau aufs Spiel zu setzen, „nur" um sich ein „eigenes" Kind anzuschaffen? Wie kann einem solchen Egoismus der KäuferInnen und BefürworterInnen der Leihmutterschaft je zugestimmt werden?

Außerdem gibt es noch viele andere Probleme mit dieser Form der reproduktiven Sklaverei. Was selten erwähnt wird, ist, dass die drei Frauen während der ganzen Vorbereitungsphase einem Wechselbad der Gefühle ausgeliefert sind. Die Eizellen„spenderin" mag zwar die Übelkeit und die Unannehmlichkeiten, die von den Medikamenten verursacht werden und häufig ihr tägliches Leben und ihre Arbeit beeinträchtigen, verfluchen, aber wenn sie zwischen 5.000 und 10.000 US-Dollar (oder mehr) pro Eizellenentnahme bezahlt bekommt, wie es in den USA üblich ist, wird die Aussicht auf gutes Geld dazu führen, dass sie die Zähne zusammenbeißt und ihre Schmerzen ignoriert. Für die Mietmutter, die ohnehin durch die täglichen Injektionen und den ständigen Ultraschall zur Überwachung der Gebärmutterschleimhaut und ihrer Hormonwerte bereits stark unter Medikamenten steht, beginnt eine neunmonatige Zeit der „Unfreiheit", in der ihr Leben nicht mehr ihr eigenes ist.

Und was ist mit der Partnerin des Bestellpaares, die nicht die Eizellen„spenderin“ ist? Nach außen wirkt sie wie der glückliche Teil des „Team Baby“, während sie sich selbst als unglaubliche Versagerin vorkommt. Sie sollte diejenige sein, die schwanger wird, aber sie kann es nicht. Eine Eizellen„spenderin“ auszusuchen, nachdem sie sich pornoartige Fotos von jungen Frauen im Internet angesehen hat und eine Anbieterin „auswählt“, die die Hälfte der Gene „ihres“ Kindes zur Verfügung stellt, kann zu schmerzhaften Gefühlen führen, die tiefe Trauer oder Depression verursachen. Und falls sie über die Risiken, denen die Eizellenlieferantin ausgesetzt ist, informiert ist, kann ihr Gewissen über die möglichen Verletzungen einer anderen Frau ihr schlaflose Nächte bereiten.

Wenn der Embryo(nen)transfer erfolgreich ist und eine Schwangerschaft beginnt, führt dies zu vielen neuen Herausforderungen und möglichen Gesundheitsproblemen. Da die IVF-Klinik sicherstellen will, dass das bestellte Kind keinerlei „Defekte“ aufweist, muss sich die schwangere Frau einer Reihe von pränatalen Untersuchungen unterziehen, die eventuell zu einer vorgeschriebenen Abtreibung führen können, möglicherweise sogar gegen ihre eigene Überzeugung. Wenn mehr als ein Embryo in die Gebärmutter übertragen wurde und sich alle entwickelten, kann das dazu führen, dass die Anzahl der Föten durch „selective reduction“ verkleinert wird. Das heißt im Klartext, dass Kaliumchlorid (ein Salz) in das Herz eines (oder zwei) der überzähligen Föten eingespritzt wird, das somit zum Stillstand kommt. Dieser Fötus (oder Föten) schrumpft dann in der Gebärmutter neben dem Fötus, dem „erlaubt“ wird weiterzuwachsen. Diese Prozedur ist selbst für Frauen, die das Recht von Frauen auf Abtreibung unterstützen (wie ich es tue), höchst problematisch. Für eine „Lebensschützerin“ muss es unerträglich sein. Dennoch ist es in dem Vertrag, den die Mietmutter unterschrieben hat, festgelegt. Es können allenfalls auch Reparaturoperationen an den Föten in der Gebärmutter durchgeführt werden, wenn das Bestellpaar fest entschlossen ist, um jeden Preis ein „gesundes“ Baby zu bekommen.

Diese Zeilen zu schreiben ist unangenehm. Aber stell dir vor, du wärst die Frau, in deren Körper solche Eingriffe ausgeführt würden.

Die Antwort auf solche ungewollten Probleme ist *Abspaltung*. Es ist unerlässlich, dass der schwangeren Frau von ihrem Arzt/ihrer Ärztin, ihrem Psychologen/ihrer Psychologin (falls sie eine/n hat), Familienmitgliedern, ihrem Partner immer wieder gesagt wird – *bis sie es selber verinnerlicht hat* – dass diese Zellen, die in ihrer Gebärmutter wachsen, von Blutgefäßen unterstützt, die in ihrer Plazenta entstanden, um das sich entwickelnde Baby mit Nährstoffen zu versorgen –, einschließlich des Kalziums ihrer Knochen – *nichts mit ihr zu tun haben*, weil sie zu diesem Kind keine Gene beigesteuert hat.

Aber Gene sind nicht die einzige Verbindung zwischen einer Mutter und ihrem Baby. Nur wenige Menschen wissen, dass die leibliche Mutter selbst Jahrzehnte nach der Geburt ihres Kindes immer noch einige seiner Zellen in ihrem Körper hat. Ebenso werden einige ihrer eigenen Zellen an ihr Kind weitergegeben (Dawe u. a. 2007).[23] Und während der Schwangerschaft wird noch so viel anderes ausgetauscht zwischen der Mutter und ihrem wachsenden Kind, was in Ratgebern für „normale" Schwangere erklärt wird: Stress, Rauchen, Alkohol, bestimmte Nahrungsmittel und die Stimmungen einer Schwangeren, einschließlich der Art von Musik, die sie sich anhört. All diese Faktoren, so sagt uns die Fachliteratur, „werden die Gesundheit und Vorlieben des zukünftigen Kindes beeinflussen".[24]

Es ist grotesk, wenn Bestelleltern behaupten, dass das Baby, das mit Hilfe des Körpers einer anderen Frau wächst, „ihr" Kind ist, weil es „ihre" Gene hat. Das ist besonders bizarr, wenn sie eine Eizellen„spenderin" benutzt haben, die die andere Hälfte des Kerngenoms (nukleäre DNS) beigetragen hat!

---

[23] In *Cell Migration from Baby to Mother* (Zellmigration vom Baby zur Mutter, Gavin S Dawe u. a. 2007), beschreiben die AutorInnen, wie eine kleine Anzahl Zellen während der Schwangerschaft durch die Plazenta wandert und wie „dieser Austausch sowohl vom Fötus zur Mutter (fetomaternal) als auch von der Mutter zum Fötus stattfindet."

[24] Das Leben vor der Geburt, inzwischen „fötale Programmierung" oder Identifizieren von „Krankheitsursachen" genannt, wird zunehmend häufiger untersucht. Siehe z. B. Thin Vo und Daniel B Hardy (2012) 'Molecular mechanisms underlying the fetal programming of adult diseases'; http://www.ncbi.nlm.nih.gov/pmc/articles/PMC3421023/ Beim Schreiben mache ich mir Gedanken, wie endlos die Kontrollmöglichkeiten von schwangeren Mietmüttern sind: Bestelleltern, die Mozart oder Stravinsky lieben, könnten vertraglich festlegen, dass sie sich zwei Stunden am Tag ihre/n LieblingskomponistIn anhören müssen! Was die Einschränkung von Nahrungsmitteln betrifft – kein Alkohol, kein Salz, kein Zucker, ist die Basis, mit der sie anfangen –, aber zweifellos könnten auch viele andere Nahrungsmittel hinzugefügt werden, einschließlich einer Menge obligatorischer Nahrungsergänzungsmittel. Frage: Aber wie genau kann man Stress verbieten?

Aber es wird noch grotesker, da jede Eizelle auch mitochondriale DNS (mtDNS) enthält, die anders ist als nukleäre DNS und von dieser getrennt.

> „Mitochondrien sind die energieerzeugenden Fabriken der Zellen: Ohne sie würde eine Zelle nie in der Lage sein, Energie aus Nahrungsmitteln zu erzeugen" (Beekman 2015).[25]

Und mtDNS wird nur durch die Mutter weitergegeben. Wie Madeleine Beekman es formuliert:

> „Da alle Mitochondrien, die du bekommen hast, ausschließlich von deiner Mutter stammen, bist du eigentlich enger mit deiner Mutter verwandt als mit deinem Vater."

Bei einer Mietmutterschaft gibt es zwei Mütter: die Eizellen„spenderin" und die Geburtsmutter, in deren Körper das Baby Zellen entwickelt und wächst. Spermaspender passt auf: Ihr seid nur halb so wichtig, wie ihr denkt.

Ein weiterer Sargnagel in der Ideologie der Körper-LeugnerInnen und Gen-LiebhaberInnen kommt aus Indien als Teil der uralten indischen Ayurveda-Kultur laut der Mietmutterschaftsforscherin Sheela Saravanan:

> „Geburt und Stillen wird als eine Weitergabe vom Blut der Mutter an das Kind angesehen, und es wird davon ausgegangen, dass Kinder daher in ihrer Schuld stehen und sich um sie kümmern müssen und ihre Mütter ihr Leben lang respektieren, da sie ihr dies verdanken."[26]

Die Forscherin Amrita Pande zitiert in ihrer Ethnographie der indischen Mietmutterschaft-Industrie (2015, S. 8) eine Frau namens Parvati, die gerade eine „Fötenreduzierung" hinter sich hatte:

> „Doktor Madam sagte uns, dass die Babys nicht genug Platz hatten, um sich zu bewegen und zu wachsen, deshalb sollten wir die Operation machen lassen. Aber sowohl Nandini *didi* [die genetische Mutter] als auch ich wollten alle drei Babys behalten. Ich sagte Doktor Madam, dass ich

---

[25] 'Do you share more genes with your mother or your father?' (Teilst du mehr Gene mit deiner Mutter oder deinem Vater?)
http://theconversation.com/do-you-share-more-genes-with-your-mother-or-your-father-50076

[26] Persönliche Kommunikation, Juni 2017.

eins behalten würde und *didi* zwei behalten könne. *Es ist schließlich mein Blut, auch wenn es ihre Gene sind.* Und wer weiß, ob ich in meinem Alter noch mehr Kinder bekommen kann." (Hervorhebung von Pande)

Pande merkt an (2015, S. 8), dass

> „Parvati die Interpretation des Blutsbandes benutzt, um ihre Ansprüche auf das Baby/den Fötus geltend zu machen. Raveena stellt eine ähnliche Forderung. Aber zusätzlich zu den wichtigen Blutsbanden, betont Raveena auch die Mühen der Schwangerschaft und des Gebärens."

Hier ist Pandes Zitat von Raveena (2015, S. 8):

> „Anne [die genetische Mutter] wollte ein Mädchen, aber ich sagte ihr bereits vor der Ultraschalluntersuchung, von mir wird ein Junge kommen. Meine ersten beiden Kinder waren auch Jungen. Dies wird auch wieder einer. Und ich hatte Recht, es ist ein Junge! Schließlich *hatte sie mir nur die Eizelle gegeben, aber das Blut und all der Schweiß, alle Mühen waren meine. Natürlich schlägt er mir nach.*" (Hervorhebung von Pande)

Amrita Pande fügt hinzu (2015, S. 8):

> "Der Schweiß (*paseena*) und das Blut (*khoon*), das die Mietmutter mit dem Fötus verbindet, wird häufig von den `Gebärmutter-Müttern` (womb mothers) als stärker bezeichnet als die ausschließlich auf Genen beruhende Verbindung."[27]

Pande hätte diese Einsichten schwangerer Mietmütter brauchen können, um eine internationale Kampagne zu starten gegen das Mantra, „es sind nicht meine Gene, es ist nicht mein Baby", und sich für die Abschaffung der Mietmutterschaft in Indien einzusetzen. Aber leider denkt sie sich fiktive Verwandtschaftsbeziehungen aus, indem sie schreibt, dass

> „die Beziehung zwischen den beiden Müttern – der `womb mother` [Pandes Ausdruck] und der genetischen oder Bestellmutter – ist nicht nur eine konkurrierende. Ähnlich wie familiäre Bindungen mit dem Baby vorgetäuscht werden, erlaubt der Kontakt mit der Bestellmutter ihre emotionale

---

[27] Mehr zum Thema Geburt in der ayurvedischen Tradition findet sich bei der US-amerikanischen Asien-Forscherin Professorin Martha Selby (2005), die über die Art und Weise berichtet, in der das innere Wissen von Frauen in Sanskrit-Texten enthalten ist. Die beiden rivalisierenden Mächte sind das Blut der Frauen und der Samen der Männer. In der Tradition des Sanskrit, im Gegensatz zu den medizinischen Vorstellungen im alten Griechenland, „ist es nicht die Gebärmutter, die ein Krug oder ein Gefäß ist, sondern die ganze Frau, nicht nur ihre Gebärmutter, sondern ihr gesamter Körper". (Selby 2005, S. 262)

Isolation zu verkraften und die medizinische Interpretation ihrer Beziehung als ausschließlich `vertraglich` infrage zu stellen." (2015, S. 9)

Pande fährt fort:

„Deepa, eine andere Mietmutter, glaubt auch, dass ihre Beziehung mit ihrer japanischen Klientin von gegenseitigem Respekt geprägt war."

Aber ein paar Zeilen später räumt Pande ein:

"Beziehungen, die über die Vertragszeit hinausreichen, sind allerdings selten. Da die meisten KlientInnen befürchten, dass die kommerzielle Mietmutter ihre Meinung über das Abgeben des Babys ändern könnte, ziehen sie es vor, alle Kontakte mit ihr abzubrechen".

Sie zitiert auch noch eine andere Mietmutter, Tejal, die sehr verbittert ist über die Art und Weise, wie sie behandelt wurde (2015, S. 9):

„Es gab eine Menge Probleme bei der Geburt, und innerhalb von zwei Tagen bekam ich 15-20 Flaschen IV Flüssigkeit. Zuletzt wurde ein Kaiserschnitt gemacht. Ich war bewusstlos, als das Paar kam und das Baby mitnahm. Sie haben es nicht einmal meinem Ehemann gezeigt. Das Baby wäre heute drei Jahre alt. Aber ich weiß nicht einmal, wie es aussieht. Ich hatte gedacht, dass sie uns nach Amerika einladen würden. Ich habe sie als meine Schwester gesehen – *alles ist schief gegangen.* Vergiss die Einladung, sie haben nicht einmal angerufen, um zu hören, ob wir noch lebten. Ihr Geschäft in Indien war erledigt: Das Baby wurde mitgenommen und sie sind weggegangen." (Pandes Hervorhebung)

Das sind erschütternde und traurige Geschichten aus der Welt der Mietmutterschaft. Und garantiert sind es keine Einzelfälle. Trotzdem ist Amrita Pande eine große Befürworterin von Mietmutterschaft als „Arbeit" und ist davon überzeugt, dass dieser „Job" die freie „Wahl" einer Frau ist (s. Kapitel 4 für weitere Kommentare zu Pandes Forschung).

Mich machen diese Geschichten aus Indien nicht nur wütend, sondern auch traurig. Hier bestätigt eine alte Kultur, was die Körper der Frauen bereits wissen: Blut und Schweiß spielen eine Rolle. Und niemand in der globalen Mietmutterschaft-Industrie nimmt sie ernst und stoppt diese frauenverachtende Ausbeutung – nicht nur in Indien, sondern weltweit.

Für die breite Öffentlichkeit, die einer konstanten Gehirnwäsche unterzogen wird, vor allem von den Medien, die am liebsten glückliche

Bestelleltern mit ihrem entzückenden Wunschkind zeigen, ist die Mietmutter ein Ofen, ein Koffer, ein Gefäß, in dem ein/e „PassagierIn“ ein paar Monate verbringt, bis das Baby aus der Gebärmutter in die Arme seiner „wirklichen“ Eltern und seines „leiblichen“ Vaters springt.[28] Solche frauenfeindlichen Ideen gehen zurück auf die Schriften von Aristoteles, der im vierten Jahrhundert v. u. Z. davon ausging, dass eine schwangere Frau nur ein Gefäß für das im Gehirn gebildete männliche Sperma sei, das bereits ein voll ausgebildetes *männliches* Wesen enthalte![29]

Wenn man die Wichtigkeit der Eizellen„spenderin” und der schwangeren Frau nicht anerkennt, d. h. sie unter den Tisch kehrt, gelangt man zum Kern des Traumes von ReproduktionsbiologInnen, dass eines Tages ein mutterloses Baby in einer künstlichen Gebärmutter hergestellt werden kann. Aber bevor die Ektogenese perfektioniert ist (s. Schlussfolgerungen für weitere Details), wird die Schwangere im realen Leben so indoktriniert, dass sie dem Trugschluss, dass dies nicht ihr Kind sei, zustimmt und sich selbst fröhlich als „Ersatzmutter“ (surrogate mother) bezeichnet. Die Dissoziation hat gewonnen! Postmoderne AutorInnen wie Amrita Pande spielen eine destruktive Rolle in der Fortführung dieser Ideologie, die die schwedische Autorin Kajsa Ekis Ekman als „Split Self“ (gespaltenes ich) bezeichnet.

Doch beenden wir erst die „Reise“ einer Mietmutter: Die Geburt ist normalerweise der Eintritt eines neuen Menschen in das Leben seiner Mutter. Traurigerweise ist sie im Kontext der Mietmutterschaft jedoch *das Ende* dieser Beziehung, die sich über neun Monate entwickelt hatte. Wenn eine Eizellen„spenderin“ beteiligt war, kann dies in den Wochen vor der Geburt zu einer Präklampsie (Schwangerschaftsintoxikation) führen, einer Form von Bluthochdruck, die sowohl für das Baby als auch für die

---

28 Eine Freundin von mir, die vor kurzem ein Kind zur Welt gebracht hatte, schickte mir ein Farbfoto ihrer Plazenta. Es wäre schön, wenn ich es hier reproduzieren könnte, da es den komplizierten „Baum” der Blutgefäße zeigt, die das wachsende Baby mit seiner Mutter verbinden. Soweit ich weiß, können Brutkästen (noch) keine derartigen Verbindungen herstellen!

29 Tatsächlich glaubte Aristoteles, dass Frauen Fehlbildungen seien, d. h. dass eine Frau eine Abweichung ist, wenn bei der männlichen Entwicklung etwas schief geht (s. Garr 2012, S. 159).

Schwangere lebensbedrohlich sein kann (s. Elenis *e. a.* 2015; Masoudian *e. a.* 2016).[30]

Placenta praevia (Fehllage der Plazenta) ist eine andere ernsthafte Komplikation, die häufiger bei Schwangerschaften mit Eizellen„spenden" auftritt. Die Plazenta ist in der Gebärmutter nach unten gewandert und hat sich kurz oberhalb des Gebärmutterhalses am Uterus festgesetzt. Wenn das Baby wächst und nach unten drückt, können häufig Blutungen entstehen. Dies ist sowohl für das Kind als auch für die Mutter sehr gefährlich, und lange Bettruhe ist die einzige Behandlungsmöglichkeit (s. Kapitel 6 über eine Schwestern-Mietmutterschaft in Australien, bei der die Mietmutter sieben Wochen im Bett liegen musste). Letztendlich kann sich die Plazenta sogar von der Gebärmutterwand ablösen, auch das häufiger in Schwangerschaften, bei denen „gespendete" Eizellen benutzt werden. Bei all diesen Situationen sind wochenlange Bettruhe und erfahrene GeburtshelferInnen nötig, damit sowohl das Baby als auch die Mutter nicht geschädigt werden. Werden Frauen, die in Erwägung ziehen, mittels Eizellen„spenden" Mietmutter zu werden, über diese potenziellen ernsthaften Schwangerschaftskomplikationen informiert, bevor sie irgendwelche Papiere unterschreiben? Was bedeutet das im Kontext der Frage, ob Mietmutterschaft eine „freie Wahl" ist?

In vielen Fällen werden die Babys zu früh geboren, häufig mit einem Kaiserschnitt.[31] Das heißt, wie wir oben in Tejals Geschichte aus Indien gesehen haben, dass die gebärende Frau unter Narkose ist und ihr Baby dann meistens nicht zu sehen bekommt. Was ihr bleibt, ist ein

---

30 Neue Forschungsresultate (Juni 2018) zeigen, dass Frauen, die in ihren Schwangerschaften Eklampsien entwickelten, im späteren Leben ein viermal höheres Risiko für Herzkrankheiten inklusive Herzinfarkte haben. Das ist ein wichtiger Befund, der unbedingt auch an Mietmütter weitergeleitet werden muss; http://www.essentialbaby.com.au/pregnancy/pregnancy-health/the-pregnancy-complication-that-quadruples-a-womans-risk-of-heart-disease-20180605-h10ywc?btis

31 Im November 2015 veröffentlichte das *World Journal of Obstetrics and Gynecology* (WJOG) einen wichtigen Text über die Ergebnisse von Mietmutterschaft-Schwangerschaften in Kalifornien (Nicolau *e. a.*, 2015). Die AutorInnen stellten fest, dass „Mietmutterschaft-Schwangerschaften zu höheren Entbindungs- und Neugeborenenkosten führen, sowie zu erhöhten Raten von Mehrlingsgeburten. Zudem stellen sie ein moralisches Dilemma für die Kliniken dar". (S. 2)

schweres Herz und Brüste voll von Milch. Aber da ihr eingedrillt wurde, dass dieses Baby ein Akt großer Güte für ein Paar ist, das es verdient, wird sie sich das auch selber einreden und somit jegliche Verbindung, die sie mit dem Baby fühlt, verdrängen. Bei einigen Frauen (nicht bei allen) wird diese Verleugnung ihrer Gefühle als Wochenbettdepression, Schmerz, Bedauern oder Ärger zurückkehren, gefolgt von ernsthaften Depressionen und Verzweiflung, manchmal erst Jahre später (s. die Geschichte von Elizabeth Kane, Kapitel 6).

Und die „andere Frau", die Partnerin des heterosexuellen Bestellpaares, ist jetzt für ein winziges Neugeborenes verantwortlich, was bekanntlich zahlreiche Herausforderungen für jede neue Mutter mit sich bringt. Es kann sie an den Rand eines Nervenzusammenbruchs bringen, wenn sie versucht, eine „perfekte" Mutter für dieses fremde Wesen zu sein, das an Koliken leidet, nicht aufhört zu schreien und sie monatelang nicht schlafen lässt. Aber für die Außenwelt soll sie vor Glück strahlen, schließlich haben sie und ihr Partner endlich „ihr" langersehntes Kind. Frage: Wird der „sozialen Mutter" die gleiche Lüge erzählt wie der Mietmutter, der immer wieder gesagt wurde, dass das Kind, das sie geboren hat, nicht ihr Baby ist, da es nicht „ihre Gene" hat? Wohl kaum! Das ist nur ein Beispiel für die zahlreichen widersprüchlichen Schwindeleien in der Mietmutterwelt.

Über die Tatsache, dass einige Frauen dieses Kind, das ja nicht „ihr" Baby ist, eigentlich gar nicht mögen und verbittert bleiben, weil sie nach wie vor unfruchtbar sind, darf in der Öffentlichkeit nicht geredet werden. In ihren Memoiren *Birth Mother* (1988/1990) schreibt die erste US-amerikanische Mietmutter Elizabeth Kane, deren richtiger Vorname Mary Beth ist, über Margo, die Bestellmutter, die kurz nach der Geburt von Justin verärgert bemerkte,

> „falls es je ein zweites Baby in diesem Haus geben wird, wird es aus meinem Körper kommen".

Das ist dann allerdings nie passiert. Trotz jahrelanger Bemühungen blieb Margo unfruchtbar. Siehe Kapitel 6 für Kanes weitere bemerkenswerte Geschichte, einschließlich ihres traurigen, aber scharfsinnigen Kommentars:

> „Mietmutterschaft ist nichts anderes als die Übertragung von Leiden von einer Frau auf eine andere. Eine Frau leidet, weil sie keine Mutter werden

kann, und eine andere Frau – so wie ich – muss für den Rest ihres Lebens darunter leiden, dass sie ihr Kind, welches sie für eine andere Frau geboren hat, nicht kennenlernen darf." (1988/1990, S. 272)

Nach all diesen Geschichten ist es meiner Ansicht nach völlig unmöglich, über „Rechte", „Wahlfreiheiten" und Selbstverantwortung (agency) zu sprechen. Und dennoch beharrt die Brigade der Mietmutterschafts-BefürworterInnen hartnäckig darauf.

Im nächsten Kapitel schaue ich mir die Situation von Kindern an, die aus Mietmutterschaften stammen, und vergleiche sie mit (erzwungenen) Adoptionspraktiken aus der Vergangenheit.

Kapitel 3: Was bedeutet Mietmutterschaft für die Kinder?

Die meisten Menschen äußern Bedauern oder ärgern sich, wenn sie von Kindern hören, die von ihrer Mutter oder ihren Eltern getrennt wurden. Wir sind entrüstet, wenn wir davon hören, dass die islamistische terroristische Gruppe *Boko Haram* in Nigeria Mädchen entführt, sie sexuell misshandelt und zwingt, Kinder zu gebären, um so ihre Organisation zu vergrößern. Ähnlich bestürzt sind wir über die Geschichten der *IS*-Kämpfer, die junge christliche, schiitische und jesidische Mädchen entführen und vergewaltigen. Wir sind entsetzt, wenn wir von sich immer wiederholenden Skandalen hören, wie z. B. den Adoptionen von sogenannten Waisen im Ausland, die sich später als Betrug erweisen, da die Babys für einen Hungerlohn von armen Müttern verkauft worden waren. Wir sind noch entsetzter, wenn wir von Mädchen hören, die als Opfer von Menschenhandel in der Prostitution landen, was in Indien, Sri Lanka und anderen armen Ländern wie Bangladesch weitverbreitet ist, wo notleidenden alleinstehenden Frauen, die schwanger sind, ein Krankenhausbett für die Entbindung angeboten wird, um dann ihre neugeborenen Mädchen als Sexsklavinnen nach Saudi-Arabien zu verkaufen.[32] Wir verurteilen die früheren Praktiken in Australien aufs Schärfste, als Indigene Kinder ihren Eltern weggenommen wurden, die wir heute als *The Stolen Generations*, als die gestohlenen Generationen kennen. Oder unverheiratete Frauen zu zwingen, ihre Babys während des 20. Jahrhunderts bis in die 1980er Jahre „zu ihrem eigenen Wohl" an eine „richtige" Familie abzugeben, die sie weitaus besser versorgen würde, als ihre Geburtsmutter – die „gefallene" alleinstehende Frau – je in der Lage sein würde (mehr dazu weiter unten).

Aber wenn es um die Praktiken der Mietmutterschaft geht, scheinen diese sozialen Normen auf der Strecke zu bleiben. Wir regen uns nicht darüber auf. Immer wieder hören wir, dass Menschen ein Kind mit Hilfe einer Mietmutter bekommen wollen, weil sie „verzweifelt" sind, dass sie

---

[32] Persönliche Kommunikation mit Farida Akhter, 2005.

keine Familie gründen können, und „untröstlich“, dass *ihr* Verlangen nach einem Kind nicht „natürlich“ erfüllt werden kann. Um es anders auszudrücken: Es scheint, als ob viele Menschen schweigend akzeptieren – oder es sogar ermutigen –, dass Mietmutterschaft heutzutage eine ganz normale Methode für ein Pay-as-you-go-Kind ist. Die bloße Möglichkeit, sich ein Produkt Kind bestellen zu können, gilt als Rechtfertigung für diejenigen, die reich genug sind, sich diesen „Luxus“ leisten zu können. Und die Neugeborenen haben in dieser Herkunftsgeschichte gar nichts zu sagen; ihr Leben beginnt, wenn sie bei einem Kaiserschnitt aus dem mütterlichen „Brutkasten“, aka Gebärmutter herausgenommen werden. Es ist das auftraggebende Paar – homo oder hetero –, das sie von nun an durch ihre Kindheit und das Erwachsenenleben begleitet als ihre „Eltern“.

Es ist dieser einseitige Blick aus der Sicht der Erwachsenen, der die fundamentalen Menschenrechte der Neugeborenen ignoriert. Und Mietmutterschaft ist nicht nur eine gutmütige neoliberale Fantasie, sondern die Schwangerschaft mit dem Embryo einer anderen Frau wird auch als „Arbeit“ angesehen (mehr darüber in Kapitel 4). Wie das *Forbes Magazine* unbekümmert fragt: „Man kann eine Nanny oder einen Maler mieten. Warum also nicht einen Uterus?“ (Smith, 2013). Es ist auch zutiefst patriarchalisch: Das „Gefäß“, das das Kind trägt und gebiert, spielt keine Rolle. Es kann ignoriert werden. Es ist eine Neufassung der alten Geschichte, dass der Storch die Kinder bringt, von dem man nie wieder etwas sieht oder hört, nachdem er das Kind in den Schornstein fallen gelassen hat.

Solch oberflächliches Denken, das von der trendigen postmodernen Ideologie unterstützt wird, steht im Gegensatz zu den Schriften einer großen Anzahl AutorInnen, die glauben, dass Babys, die sich in der Gebärmutter ihrer Mutter entwickeln, gleichzeitig mit dem Wachsen von Knochen und Gewebe, sowie Nerven und Muskelzellen, auch Seelen und Sinne entwickeln. Und die davon ausgehen, dass diese Entwicklungen maßgeblich von den Emotionen der schwangeren Frau beeinflusst werden – ob sie nun glücklich oder stressreich sind –, wenn die Nährstoffe in ihrem Blut dafür sorgen, dass ihr Kind von einem Embryo zu einer kleinen Person heranwächst, die bereit ist, auf die Welt zu kommen. Ein Zweig der Psychoanalyse, die als „Regressionstherapie“ bekannt ist, konzentriert sich auf diese Zeit in der Gebärmutter und zielt, häufig mit Hilfe von

Hypnotherapie, darauf ab, das Innenleben von Erwachsenen zu untersuchen, indem sie sich an besonders wichtige (oder schmerzliche) Zeiten in ihren Leben erinnern, wie z. B. als ein Baby in ihrem Körper wuchs, das sie dann weggaben (s. International Board for Regression Therapy, undatiert).[33]

Die „unkomplizierte" Geschichte der sorglosen Mietmutterschaft steht auch im Gegensatz zu den tausenden Geschichten adoptierter Kinder, die sich ihrer Adoptivfamilie nie wirklich zugehörig gefühlt haben, obwohl sich die Adoptiveltern gut um sie gekümmert hatten und sie geliebt wurden (s. Mackieson 2015). Und die ihre leibliche Mutter und den Samenspender jahrzehntelang suchten und häufig enttäuscht wurden, wenn sie als Erwachsene endlich ihre Geburtsurkunde erhielten und feststellen mussten, dass ihre Mutter oder ihr Vater bereits tot war. Selbst wenn es ihnen gelang, ihre Geburtsmutter zu finden und zu treffen und es eine glückliche Begegnung war, verschwindet der Schmerz nicht. Gefühle des Bedauerns über ein Leben ohne ihre leiblichen Geschwister werden immer bleiben.

Die australische Sozialarbeiterin und Autorin Penny Mackieson formuliert dieses Gefühl folgendermaßen:

> „Als Adoptivkind ab der Geburt, beeinflusst von den vergangenen australischen Praktiken der Zwangsadoption, bedauere ich es, dass die BefürworterInnen der Mietmutterschaft die lebenslangen Schwierigkeiten der Kinder nicht verstehen, die nie in der Lage waren, etwas über die Eltern, die sie geschaffen und mit ihnen schwanger waren, zu erfahren und/oder eine dauerhafte Beziehung mit ihnen zu haben – ungeachtet dessen, wie sehr wir von unseren sozialen Eltern geliebt und betreut wurden und werden. Für mich ist es klar, dass die zusätzliche Dimension bei Mietmutterschaft – Erschaffung und Geburt wurde durch einen Vertrag sanktioniert, der sogar den Austausch von Geld beinhalten kann – zu dauerhaften Identitäts-Problemen, mangelndem Selbstwertgefühl und psychischen Gesundheitsstörungen während des ganzen Lebens dieser Person führt."[34]

---

[33] Zu vorgeburtlichem Leben s. Marianne Krüll: *Die Geburt ist nicht der Anfang. Die ersten Kapitel unseres Lebens – neu erzählt.* Stuttgart, Klett-Cotta, 2009. (DH)
[34] Persönliche Kommunikation, 2014.

Und als eine Mutter, die ihr Kind aufgegeben hat – eine „relinquishing mother" –, weist Jo Fraser in ihrer Submission an die *Australian Surrogacy Inquiry*[35] daraufhin (2016, S. 3):

> „Als Konsequenz ihrer Adoption fühlen sich viele Kinder wie ohnmächtige gehandelte Ware, was zu niedrigem Selbstbewusstsein und Wertlosigkeit führen kann, sowie einem starken Gefühl, abgelehnt zu werden. Wir können uns vorstellen, wie sehr dies noch verschärft wird, wenn der Handel mit dem Kind – und seine Abgabe – sorgfältig in allen Details geplant wurde. Das Fazit ist, dass, wo immer es um Mietmutterschaft geht – sei es hier oder im Ausland – und wie gut oder schlecht sie auch organisiert sein mag, die Idee dahintersteckt, dass wir nach wie vor behaupten, dass Kinder der Besitz von Erwachsenen sind und dass wir Babys kaufen können. Nur weil wir uns etwas verzweifelt wünschen, heißt das nicht, dass wir ein Recht darauf haben."

Und Catherine Lynch schreibt in ihrer Submission für die *Australian Adoptee Rights Action Group*[36] an die *Australian Surrogacy Inquiry* (2016, S. 3):

> „Als Adoptierte sagen wir: Der Verlust des Körpers der Mutter bei der Geburt wird als Trauma erlebt, das zuerst als unaussprechlicher Verlust erfahren wird (was kann das Baby außer Schreien schon tun?). Dieser schafft eine Lücke der Verzweiflung, die die Person trotz lebenslanger Anpassung und Sozialisation nie loswird. Auch wenn dieses Trauma bereits *vor* der Entwicklung des Langzeitgedächtnisses stattfand, und das Kind sich nicht bewusst daran \`erinnert\`, ist diese Verlusterfahrung ein Teil der Person."

Sicherlich werfen diese Kommentare sowohl von Adoptierten als auch von Müttern, denen ihre Kinder weggenommen wurden, die Frage auf: *Warum begehen wir denn diesen Missbrauch noch einmal*? Haben wir nichts aus der Vergangenheit gelernt?

In Australien präsentierte der damalige Ministerpräsident Kevin Rudd am 13. Februar 2008 im Parlament eine bewegende nationale Entschuldigung an die *Gestohlenen Generationen* der australischen Indigenen

---

[35] Parlamentarische australische Untersuchung der Landesregierung zur Mietmutterschaft 2015-2016, s. Kapitel 5. (DH)

[36] Australische Aktionsgruppe für die Rechte Adoptierter. (DH)

Völker. Und am 21. März 2013 hielt die damalige Premierministerin Julia Gillard eine aufrichtige nationale Entschuldigungsrede, die die nationale Entschuldigung für erzwungene Adoptionen einschloss (Gillard, 2013) für die Mütter der 250.000 weggenommenen Babys (Lynch, 2016). Manche von ihnen waren nach Canberra gereist, um sich die Entschuldigung von Julia Gillard persönlich anzuhören. Der Saal war zum Bersten voll und die Tränen flossen in Strömen. Hier sind einige Ausschnitte aus Gillards gefühlvoller Rede:

> „Allzu häufig haben sie nicht einmal das Gesicht ihres Babys gesehen. Sie konnten das Baby bei dessen ersten Schreien nicht trösten, nie die Wärme ihres Babys spüren oder die Haut ihres Babys riechen. Sie konnten ihrem Baby keinen Namen geben. Diese Babys wuchsen mit einem anderen Namen auf und in einem anderen Zuhause, was zu einem Gefühl der Verlassenheit und Verlust führte, das manchmal nie geheilt werden konnte.
>
> Heute übernimmt dieses Parlament im Auftrag des australischen Volkes die Verantwortung und entschuldigt sich für die Methoden und Praktiken, die die Trennung der Mütter von ihren Babys erzwangen und damit zu einem Vermächtnis von Schmerz und Leid führten.
>
> Und wir erkennen auch den Schmerz an, den diese Maßnahmen bei Brüdern und Schwestern, Großeltern, PartnerInnen und anderen Familienangehörigen verursachten.
>
> Wir bedauern diese beschämenden Praktiken, die Ihnen als Müttern Ihre fundamentalen Rechte und Verantwortlichkeiten weggenommen haben, Ihre Kinder zu lieben und für sie zu sorgen. Sie wurden weder rechtlich noch sozial als ihre Mütter anerkannt. Ihnen wurden Zuwendung und Unterstützung vorenthalten.
>
> *Wir beschließen als Nation, alles in unserer Macht stehende zu tun, damit sich solche Praktiken nie wieder wiederholen.* Bei der Bewältigung der zukünftigen Herausforderungen werden wir uns an Erkenntnisse erinnern, die wir von der Trennung dieser Familien gewonnen haben. Unser Schwerpunkt wird auf dem fundamentalen Schutz der Rechte der Kinder liegen und auf der Wichtigkeit des Rechts des Kindes, seine oder ihre

Eltern zu kennen und von ihnen versorgt zu werden.“[37] (Hervorhebung RK)

Ich zitiere so ausführlich aus dieser Rede, weil es für mich absolut enttäuschend und unverständlich ist, dass nach Premierministerin Gillards fundierten Worten, die viel diskutiert und allgemein begrüßt wurden, die Landesregierung von Australien die Mietmutterschaft nicht grundsätzlich ablehnt. Genauso wenig verstehe ich, dass Bestelleltern, die für kommerzielle Mietmutterschaften ins Ausland reisen, und in New South Wales, Queensland oder dem Australian Territory leben, *nicht* verurteilt werden, obwohl dies in diesen Bundesstaaten und diesem Territorium ein Straftatbestand ist, der mit ein- bis dreijährigem Gefängnisaufenthalt bestraft werden kann. (In Kapitel 5 werde ich die *Australian Parliamentary Inquiry into Surrogacy* von 2015-2016 diskutieren.)

Aber es ist gut zu wissen, dass einige der Kinder, die in den 1980er Jahren von einer Mietmutter geboren wurden, sich jetzt zu Wort melden.[38] Die dreißigjährige Jessica Kern hat eine Kampagne begonnen, um Mietmutterschaft zu verbieten. Sie sagte der *New York Post*:

> „Würde ich mich selber dafür entscheiden? Wenn der einzige Grund, dass man auf der Welt ist, ein dicker fetter Scheck ist, ist das entwürdigend.”[39]

Und „Brian” schreibt auf seinem Blog *Son of a Surrogate*[40]:

> “Ja, ich bin wütend. Ja, ich fühle mich betrogen … Es ist eine Schande und es kotzt mich an. Zum Teufel, es kotzt uns alle an.” Und: „Was denkt ihr, wie wir uns dabei fühlen, gezielt zum Weggeben `gemacht` worden zu sein? Die Leute sollten wissen, dass Kinder sich ihre eigene Meinung bilden.”[41]

---

[37] Die vollständige Rede von Julia Gillard ist als Appendix 1 in Penny Mackiesons Buch von 2015 *Adoption Deception: A Personal and Professional Journey* (S. 151-159) enthalten.

[38] Eine andere falsche Bezeichnung erscheint inzwischen häufig in Nachrichtenberichten über Mietmutterschaft: die des „surrogate child“, des „Ersatzkindes“. Natürlich ist nichts an einem Kind „Ersatz”, das aufgrund einer Mietmutterschaftsvereinbarung geboren wurde: Das Kind ist genauso real wie wir alle.

[39] http://nypost.com/2014/06/16/children-of-surrogacy-campaign-to-outlaw-the-practice/

[40] Sohn einer Mietmutter. (DH)

[41] Brian ist wirklich ein wütender junger Mann. Es lohnt sich, seinen Blog zu lesen: http://sonofasurrogate.tripod.com/

Die Stimmen anderer Kinder, die von Mietmüttern geboren wurden, werden wahrscheinlich nie gehört werden. Es sind diejenigen, die als „unvollkommen“ angesehen werden, da sie „Produkte“ des Reproduktionstechnologie-Tourismus sind, die mit einer Behinderung geboren wurden, die bei den pränatalen Tests nicht sichtbar war.[42]

Von ihren Bestelleltern im Stich gelassen, die keine „beschädigte Ware“ akzeptieren wollen, verschwinden diese weißen Babys in den Waisenhäusern von Indien oder Thailand und man hört nie wieder von ihnen. Die inspirierende Geschichte von Pattharamon Chanbua, die darauf bestand, Baby Gammy[43] zu behalten, das mit Down-Syndrom auf die Welt kam, und von seinen Bestelleltern abgelehnt wurde, die nur seine nichtbehinderte Schwester mit zurück nach Australien nahmen, ist eine Ausnahme.[44]

Pattharamon Chanbua versuchte ebenfalls das Sorgerecht für ihre Tochter Pipah zu bekommen; sie wollte, dass diese mit ihr und ihrem Zwillingsbruder Gammy in Thailand zusammenleben solle. Aber im April 2016 lehnte der australische Richter Stephen Thackray Chanbuas Antrag mit der Begründung ab, dass Pipah ihr ganzes Leben in Australien gelebt habe: Das waren allerdings nur 16 Monate (Safi, 14. April 2016)! Mit anderen Worten, ein verurteilter Pädophiler[45] hat mehr Rechte als eine Geburtsmutter – die Rechte der Väter setzen sich wieder einmal durch!

---

[42] Prof. Sanoj Rajan, Professor an der School of Law of Ansal University in Indien, weist darauf hin, dass das Problem dieser Kinder, die mit Behinderungen von einer Mietmutter geboren werden, oft durch “Staatenlosigkeit” erschwert wird, da die Bestelleltern sich weigern, das Kind mit nach Hause zu nehmen. S. 374 in http://www.institutesi.org/worldsstateless17.pdf für Hinweise auf einige dieser Fälle.

[43] “Thai surrogate baby Gammy: Australian parents contacted”, 7. August 2014, http://www.bbc.com/news/world-asia-28686114

[44] In einer Nachrichtensendung von ABC TV 7.30 am 29. Juni 2017 war Baby Gammy – jetzt Grammy genannt – als glücklicher Dreijähriger zu sehen, dem es im Kindergarten sehr gut geht. Allerdings macht seine Mutter sich Sorgen darüber, dass die $ 240.000 im Treuhandfonds, der für Grammy von australischen SpenderInnen eingerichtet wurde, nur noch zwei Jahre ausreichen werden.

[45] Der Bestellvater von Baby Grammy ist ein wegen sexuellen Kindesmissbrauchs verurteilter Straftäter. (DH)

Schließlich muss auch noch die zutiefst verstörende Tatsache erwähnt werden, dass die Praxis der Mietmutterschaft dazu führen kann, dass ein Sexualstraftäter Babys *bestellen* kann, die er dann missbraucht.

Kurz nach der Geschichte mit Baby Gammy wurde eine andere skrupellose Geschichte bekannt, ebenfalls aus Thailand. Wie Samantha Hawley berichtet (2. September 2014):

> „Einem Australier, Vater von Zwillingen aus einer Mietmutterschaft mit einer Thailänderin, wurde sexueller Missbrauch an den Kindern vorgeworfen."

Der heterosexuelle Mann wurde ebenfalls für den Besitz von Kinderpornografie angeklagt, die bei einer Hausdurchsuchung gefunden wurde. Seine Frau bestritt jegliches Wissen über den Missbrauch. Sie sagte, dass ihr Mann, kurz nachdem das Paar mit den Zwillingen aus Thailand zurückgekommen sei, seinen Job verloren habe. Die Ehe zerbrach – er war angeblich jähzornig – und die Zwillinge leben jetzt bei seiner Ex-Frau. Inzwischen fühlte sich die Mietmutter in Thailand so schuldig über diese Geschehnisse, dass sie ihre Kinder zurückhaben wollte (sie benutzte ihre eigenen Eizellen, so dass sie also auch ihre genetische Mutter ist). Soviel ich weiß, blieben die Kinder aber in Australien, da sie nicht wussten, dass sie halbe ThailänderInnen sind und kein Wort Thai sprachen. Die Geburtsmutter Siriwan Nitichad erhielt einen erbärmlichen Betrag für diesen Kinderhandel: $ 5.500.

Eine frühere Geschichte über Kindesmissbrauch, bei der 2005 zwei Männer ein Baby von einer russischen Mutter für $ 8.000 kauften, lässt eine/n erstarren. Diese beiden Männer, der Australier Mark J. Newton und sein langjähriger US-amerikanischer Freund, Peter Truong, lebten in Australien und wurden 2010 von einer lokalen ABC-Reporterin aus Far North Queensland interviewt (sie lebten in Cairns) und als schwule Väter gefeiert, bevor sie aufgrund einer laufenden Polizeiermittlung im Februar 2011 als Teil eines Pädophilen-Rings verhaftet wurden. Nicht nur wurde ihr Sohn nahezu seit seiner Geburt von seinen beiden „Vätern" missbraucht (ein Video wurde gefunden, auf dem zu sehen ist, wie Newton sexuelle Handlungen an dem Jungen ausführt, bevor er zwei Wochen alt war), sondern er wurde auch ins Ausland geflogen, wo er in einer Gruppe Pädophiler über sechs Jahre lang sexuell missbraucht wurde. Zu dieser gehörten

Mitglieder des *Boy Lover Network*. Es ist schwer vorstellbar, wie dieser Junge sich je von diesen frühen Traumata erholen kann; scheinbar war ihm beigebracht worden, dass dies „normal“ sei. Newton wurde zu 40 und Truong zu 30 Jahren Haft verurteilt (Ralston, 30. Juni 2013).

Natürlich hoffen wir alle, dass solch düstere Geschichten selten sind und dass die meisten Bestelleltern, seien sie nun hetero- oder homosexuell, anständige Menschen sind, auch wenn sie von dem narzisstischen Wunsch nach einem „eigenen“ Baby fehlgeleitet werden. Aber wie können wir das sicher wissen? In unserer neoliberalen und globalisierten Welt, in der sich ein neuer Markt für Mietmutterschaft öffnet, sobald ein anderer geschlossen wird und *Gier* das Motiv für deren Existenz ist, wie können wir da sicher sein, dass solche Missbräuche nicht viel häufiger geschehen, als wir davon erfahren? Es wird sicher bald viele traurige Geschichten von Kindern geben, die von einer Mietmutter geboren und später die Opfer einer bitteren Scheidung der Eltern wurden, von denen ein oder beide Elternteile sie ablehnten, weil sie „nicht mein eigenes Kind“ sind. Man kann es ihnen nicht verübeln, wenn sie sich wie „beschädigte Ware“ fühlen und die Suche nach ihrer leiblichen Mutter – und Eizellen„spenderin“ – sie möglicherweise auf eine oft trügerische und zutiefst schmerzliche Reise führt.

Auch den anderen Kindern von Mietmüttern wird nachhaltiger Schaden zugefügt.

Die allererste kommerzielle Mietmutter in den USA, Elizabeth (Mary Beth) Kane, war 1980 zuerst bereitwillig und begeistert, änderte aber ihre Einstellung zu Mietmutterschaft später drastisch. Einer der Gründe dafür, dass sie ihre Meinung änderte, waren die Auswirkungen, die die Mietmutterschaft auf ihre Kinder hatte. Ihre Tochter wurde in der Schule erbarmungslos gehänselt, als die Fotos ihrer Mutter auf den Titelseiten von Zeitungen oder im Fernsehen erschienen und kam regelmäßig in Tränen aufgelöst nach Hause. Dann zog sie sich von ihrer Familie zurück. Und Mary Beth fand ihre andere Tochter eines Tages weinend beim Frühstück: „Ich werde meinen kleinen Bruder nie in den Armen halten können.“ Ihr Sohn, der damals erst vier Jahre alt war, fing an zu schreien, als er eine Fernsehsendung über die Geburt sah: „Mamas Baby ist weg. Mamas Baby ist weg.“ Wie Kane in ihren Memoiren schreibt: Als Dreizehnjähriger geht er

„… in eine Schule für Kinder mit Lernschwierigkeiten. Er ist noch immer ein ängstliches Kind, das sich an mich klammert“ (alle Zitate: Kane, 1988/90, S. 252-257).

Und als Nancy Barass, eine andere US-amerikanische Frau, die eine Mietmutter in Kalifornien war, aus dem Krankenhaus nach Hause kam, fragte ihre damals achtjährige Tochter:

„Mami, wenn ich ein böses Mädchen bin, gibst du mich dann auch weg?” (Klein 1989b, S. 158)

Dies sind äußerst traurige Geschichten und die internationale Literatur ist voll davon. Die Erfahrungen von Elizabeth (Mary Beth) Kane und Nancy Barass stammen aus den 1980er Jahren. Warum tun wir also dreißig Jahre später immer noch so, als ob Mietmutterschaft etwas Großartiges ist? Und warum sehen wir noch immer Schlagzeilen wie diese:

„Ein Kind für andere auszutragen sollte gefeiert werden – und bezahlt“ (Editorial, *The Economist*, 13. Mai 2017).

Auf Grund unseres Wissens über die traumatischen Erfahrungen von hunderttausenden gestohlenen Kindern von sowohl Indigenen als auch weißen Frauen in Australien, deren Adoptionen häufig unangebracht waren und allen Beteiligten tiefen Schmerz zugefügt haben, bin ich fest davon überzeugt, dass es nur eine Antwort gibt auf die neueste Art, Kinder von der Frau, die sie geboren hat, zu trennen: Stoppt Mietmutterschaft jetzt![46] – wir verlangen den sofortigen Stopp von Mietmutterschaften überall auf der Welt!

Mütter, die in den 1960er und 1970er Jahren gezwungen wurden, ihre Kinder wegzugeben, wie auch Indigene Frauen, deren Kinder über zahlreiche Generationen hinweg gestohlen wurden, sind auch gegen Mietmutterschaft. Dagegen sind auch die sogenannten „Spender-Nachkommen“: Kinder, die durch anonyme Samen- oder Eizellen„spenden“

---

[46] *Stop Surrogacy Now* (SSN) ist eine internationale Kampagne, die im Mai 2015 gestartet wurde. Siehe Kapitel 6 zu Informationen über die zahlreichen inspirierenden Aktionen von SSN; http://www.stopsurrogacynow.com

erzeugt wurden, von denen inzwischen viele auf einer lebenslangen Suche sind, um herauszufinden, mit wem sie verwandt sind.[47]

Ich frage mich, wie wir die zahlreichen herzzerreißenden Geschichten von Adoptionen, wie auch von Müttern, die ihre Kinder aufgeben mussten, und von adoptierten Kindern, die inzwischen Erwachsene sind, vergessen können? Haben diejenigen von uns, die in Australien leben, die aufrichtige Entschuldigung der früheren Premierministerin Julia Gillard bei diesen Frauen und ihren Kindern nicht gehört? Warum wiederholen wir diese Fehler und warum reden wir nicht darüber, sondern tun so, als ob Mietmutterschaft einfach nur eine moderne Art ist, Babys zu machen, und dass es daran nichts auszusetzen gibt? Warum geben wir nicht zu, dass das „Produkt Kind" als handelbare Ware nie ja dazu gesagt hat, ein „take-away"-Baby zu sein: Der Mutter, die es geboren hat, weggenommen und Fremden, alias „Wunscheltern", gegeben? Warum bezeichnen wir Mietmutterschaft nicht offiziell als Kinderhandel oder Kauf von Kindern, denn genau das ist es, was wir diesen Kindern antun?[48]

Die Akzeptanz der Mietmutterschaft wird zu einer neuen Generation von trauernden Müttern und von Kindern führen, die ihre unbekannte Mutter, die sie geboren hat (sowie ihre Eizellen„spenderin"), suchen. Und wir sollten nicht überrascht sein, wenn in einigen Jahrzehnten in Australien anklagende Reporte geschrieben werden – und dann eine staatliche Entschuldigung bei Kindern, die nach Mietmutterschaften „weggegeben wurden", wiederholt wird.

Oder könnte diese Geschichte anders gesehen werden?

Im nächsten Kapitel werde ich untersuchen, ob Mietmutterschaft je ethisch und moralisch verantwortbar sein kann.

---

47 Die Organisation *Tangled Web* (Unentwirrbares Geflecht, DH) ist eine wichtige Lobbygruppe in Australien, die sich dafür einsetzt, dass die Anonymität, die Spermaspendern in den 1960er und 1970er Jahren zugesagt wurde, rückgängig gemacht wird, so dass Spermaspenden-Erwachsene eine Chance bekommen, herauszufinden, wer ihr Vater ist. Siehe die Geschichte von Lauren Burns, ihren Spender-Vater zu finden: https://www.smh.com.au/lifestyle/when-spermdonor-children-come-calling-20150902-gjd76r.html

48 Die schwedische Autorin Kajsa Ekis Ekman stellt diese berechtigte Frage in ihrem aufschlussreichen Buch *Being and Being Bought: Prostitution, Surrogacy and the Split Self*, (2013), S. 144-147.

Kapitel 4:
Kann Mietmutterschaft ethisch verantwortbar sein?

Als im Mai 2014 bekannt wurde, dass Baby Gammy von seinen Bestelleltern in Thailand zurückgelassen wurde und jetzt von seiner Geburtsmutter Pattharamon Chanbua versorgt wird, brach in Australien eine heftige Diskussion aus, deren Ziel es war, für kommerzielle Mietmutterschaft zu plädieren.[49] Diese Kampagne wurde von der sehr gut organisierten Lobby von BefürworterInnen der Mietmutterschaft angeführt, die sich aus IVF-Kliniken und KonsumentInnengruppen wie *Surrogacy Australia* und *Families Through Surrogacy* zusammensetzt, und die von einigen RechtsanwältInnen unterstützt wurde, u. a. von der damaligen Vorsitzenden des Familiengerichts, der Oberrichterin Diana Bryant (Feneley, 30. April 2015). So wurde sowohl in den Printmedien als auch im Fernsehen Mietmutterschaft als eine Wohlfühlgeschichte dargestellt: Verzweifelte Paare, homo- und heterosexuelle, die ein eigenes Kind haben *müssen*, und süße kleine Babys in Designer-Kleidung, die ein glückliches Leben mit reichen Eltern führen.[50] Es war viel schwieriger, einen alternativen Standpunkt veröffentlicht zu bekommen, was nur einigen von uns gelang (Allan, 4. August 2014; Klein, 20. August 2014).

Die Ausbeutung von Frauen in Entwicklungsländern und die medizinische Eugenik, die bei Mietmutterschaft praktiziert wird, wenn „nicht perfekte“ Babys geboren werden, die dann von den Baby-KäuferInnen abgelehnt werden und oft in Waisenhäusern von sogenannten Ländern der Dritten Welt enden, ist offensichtlich. Trotzdem war die zentrale Frage der Medien in Print und Fernsehen nicht, ob Mietmutterschaft überhaupt zu

---

[49] Zum Zeitpunkt des Druckes der deutschen Übersetzung im September 2018 war die kommerzielle Leihmutterschaft in ganz Australien weiterhin verboten. Die australische Regierung hat noch immer nicht auf den Report „Surrogacy Matters“ (Mietmutterschafts-Angelegenheiten) von 2016 geantwortet; siehe Kapitel 5 für Details zu dieser Anfrage und zu dem Report.

[50] Siehe das Programm von ABC-TV, das am 22. September 2014 eine Folge unter dem Titel „Made in Thailand” aussendete, die einige der ethischen Probleme hervorhob: http://www.abc.net.au/4corners/stories/2014/09/22/4090232.htm

befürworten sei. Stattdessen wurde gefragt, wie Mietmutterschaft besser reguliert werden könne. Im Mittelpunkt dieser Betonung stand die Frage, ob kommerzielle Mietmutterschaft in Australien legalisiert werden sollte, wo sie dann gut geregelt werde, und, wie Richterin Bryant vorschlug, „ethisch verantwortbar“ sein könne (Brennan, 18. April 2015).

Zu den BefürworterInnen dieser Ansicht gehört der „Mietmutterschafts-Nutzer“ Sam Everingham, der der Vater von zwei Mädchen ist, die er und sein Partner in Indien in Auftrag gegeben hatten.[51] Everingham gründete 2010 die KonsumentInnengruppe *Surrogacy Australia* und ist heutzutage als Global Director der *Families Through Surrogacy* stark involviert, die internationalen Konferenzen für potenzielle Mietmutterschafts-KundInnen in Australien, USA, Schweden, Irland, Ukraine und Großbritannien zu organisieren.[52]

---

[51] Sam Everinghams erster Versuch mit einer Mietmutterschaft in Indien endete damit, dass die Schwangere eine Frühgeburt ihrer Zwillingssöhne erlitt. Ein Baby starb dabei, das andere überlebte, starb aber einige Wochen später. Um sicherzugehen, dass beim nächsten Mal wenigstens ein Kind überleben würde, mieteten Everingham und sein Partner zwei indische Frauen. Beide Männer lieferten Sperma für die zahlreichen Embryos, die dann den beiden Frauen implantiert wurden. Da sich zu viele Embryos entwickelten, entschieden sie sich für eine sogenannte „Fötenreduzierung“. Die Journalistin Julia Medew schreibt, dass diese Erfahrung für Everingham und seinen Partner „zu weiteren Traumata führte” (Medew 2013). Meine Frage wäre eher, wie es wohl mit den „Traumata“ der beiden schwangeren indischen Frauen aussah? Nach der „Fötenreduzierung“ wurden 2011 zwei gesunde Mädchen geboren.

[52] Ich habe an der *Third Families Through Surrogacy Conference* in Melbourne teilgenommen, die am 24. und 25. Mai 2014 stattfand, und die als “Sie findet wieder statt. Die weltweit größte Veranstaltung für Wunscheltern und Mietmütter“ angekündigt wurde. Teilgenommen haben acht IVF-Kliniken aus Australien, den USA (Kalifornien) und Indien, sechs australische Rechtsanwaltskanzleien, sogenannte Mietmutter-„VermittlerInnen“ und Agenturen aus den USA, Thailand, Mexiko und Osteuropa und strahlende Wunscheltern mit ihren Kindern im Schlepptau. Und es gab gut aussehende Mietmütter und Eizellen„spenderinnen“ und ein wunderschönes Lebensbaum-Logo für das innere Heiligtum: ein geschlossenes Forum für potenzielle Baby-KäuferInnen. Auf der Konferenz herrschte eine freudige und aufgeregte Stimmung: Deine Baby-Reise fängt jetzt an. Kritik war keine erlaubt. Als eine Akademikerin es wagte, einige Probleme der Mietmutterschaft in Indien zu erwähnen (während sie gleichzeitig wiederholt betonte, dass sie Mietmutterschaft toll fände), wurde sie von einem Mann aus dem Publikum grob kritisiert. Er behauptete, dass alles, was sie gerade gesagt habe, falsch sei und dumm. Ich habe versucht, sie in der Mittagspause zu finden, aber scheinbar war sie geflohen. Nach zwei Tagen verließ ich die Konferenz erschöpft von so vielen „aufregenden“ Baby-Möglichkeiten mit vielen Hochglanzbroschüren, einem „Handbook from the Third Australian *Consumer* Conference“ (Hervorhebung RK;

Anschließend an die veröffentlichten Erklärungen von Richterin Bryant Anfang April 2015 führte der *Sydney Morning Herald* eine sogenannte „Debatte" zu der Frage durch, ob kommerzielle Mietmutterschaft ethisch verantwortbar sei und in Australien erlaubt sein sollte. Sam Everingham setzte sich für die „ja"-Seite ein und machte den verlockenden Vorschlag, dass kommerzielle Mietmutterschaft ethisch verantwortbar wäre, wenn wir unsere Sprache ändern würden. Wie er es ausdrückte (Everingham/Tobin 2014):

> „In den USA, wo ethisch verantwortbare Mietmutterschaft seit über 30 Jahren praktiziert wird, wird die Frau, die ein Kind für Wunscheltern austrägt, als `gestational carrier`[53] und nicht als `surrogate` – also `Ersatz` – bezeichnet. Dies hat gute Gründe – sie sind keine `Ersatz`mütter. Während Forschungen zeigen, dass Kinder, die von Mietmüttern geboren wurden, dies von klein auf verstehen, ist das nicht grundsätzlich der Fall in der australischen Gesellschaft. Unsere Sprache verstärkt diesen Fehler."

Er gibt zu, dass

> „nicht alle Mietmutterschaften ethisch verantwortbar ausgetragen werden, aber dies in Ordnung zu bringen ist eine Frage von besserer Information, psychologischer Unterstützung, Beratung und finanzieller Kompensation."

Sein dringender Rat an die australische Regierung ist: „Tut endlich was", d. h. startet eine parlamentarische Anhörung und dann schafft Gesetze, die kommerzielle Mietmutterschaft erlauben.

Drei Punkte in seiner Aussage müssen diskutiert werden. Der erste ist, dass es entweder sein völliges Unwissen über die vergangenen und gegenwärtigen Geschehnisse in den USA aufzeigt, wenn er Mietmutterschaft

---

Handbuch der dritten australischen KonsumentInnen Konferenz, DH) und einer Handvoll kostenloser eleganter Kugelschreiber. Ich habe diesen Event nie vergessen. Wie eine Freundin, die auch daran teilnahm, es ausdrückte: „Es war wie Schwimmen durch Asbest." Anschließend gingen wir etwas Starkes trinken. Das war besser als die Alternative: eine eiskalte Dusche!

[53] Wortwörtlich übersetzt heißt das „Schwangerschafts-Träger", also ein Gefäß, das eine Schwangerschaft austrägt – eine unheimliche Entmenschlichung einer schwangeren Frau, in deren Körper sich ein Baby entwickelt. Leider wird der Begriff „gestational carrier" auf der ganzen Welt routinemäßig von IVF-Ärzten/Ärztinnen gebraucht.

als seit mehr als 30 Jahren „ethisch verantwortbar“ nennt, und/oder dass er sich auf die wunderbaren Berichte von kalifornischen IVF-Ärzten verlässt, die als Diskussionsteilnehmer bei den australischen Konferenzen von *Families Through Surrogacy* herzlich willkommen geheißen werden.

Wie ich in Kapitel 6 weiter ausführen werde, wurden die Praktiken der Mietmutterschaft in den USA bereits seit den frühen 1980er Jahren als ausbeuterisch kritisiert (s. Klein, 1989b; Rowland, 1992; Raymond, 1993/1995) und diese Kritik dauert bis heute an.

Zweitens: Seine Vorstellung, dass es die Lösung des Problems der Mietmutterschaft sei, ein menschliches Wesen namens „Frau“, die ein Baby neun Monate lang in ihrem Körper wachsen lässt und es dann gebiert, einen „gestational carrier“ zu nennen, zeigt, dass es ihm sowie vielen anderen BefürworterInnen von Mietmutterschaft, völlig an Verständnis von und Respekt für Frauen mangelt.

Drittens: Die Formulierung „gestational carrier” löscht Frauen (biologische Frauen, die zwei X-Chromosomen haben) als die einzigen lebenden Wesen aus, in denen Babys wachsen, die sie dann gebären können.[54] Es negiert auch die Beziehung, die eine Schwangere während der Schwangerschaft mit ihrem sich entwickelnden Kind hat.

Meiner Meinung nach sind solche sexistischen Äußerungen zutiefst unethisch.

Das Gegenargument in dieser „Debatte” präsentierte Bernadette Tobin, die Direktorin des *Plunkett Centre for Ethics at St Vincent's Hospital* und der *Australian Catholic University*, die mit einem klaren NEIN antwortete (Everingham/Tobin, 2014):

---

[54] Mann-zu-Frau Transgender AktivistInnen möchten dies gerne ändern und haben den *National Health Service* (NHS) in Großbritannien darum ersucht, für „Gebärmutter-Transplantationen“ bei Frauen, die als Jungen geboren wurden, zu bezahlen. Die feministische Aktivistin und britische Journalistin Julie Bindel nannte solche Forderungen „eine verdrehte Vorstellung davon, was eine 'wirkliche' Frau ist“ (3. Juli 2017, *Deccan Chronicle*). Bis heute sind nur eine Handvoll Babys mit der Hilfe von Gebärmutter-Transplantationen bei Frauen in Schweden geboren worden, die keinen Uterus hatten. Eine Gebärmutter in einen männlichen Körper zu übertragen und dann zu erwarten, dass sie funktioniert, spiegelt eine typische patriarchale Reduzierung dessen wider, zu was ein biologischer weiblicher Körper fähig ist.

„Mietmutterschaft verletzt vorsätzlich das Recht eines Kindes, bei seinen oder ihren leiblichen Eltern aufzuwachsen – falls das möglich ist. Mietmutterschaft verletzt vorsätzlich die Verbindung zwischen dem Kind und seiner leiblichen Mutter, die während der Schwangerschaft entsteht. Kein noch so guter Mietmutterschafts-Vertrag kann ein Kind vor dem Schaden schützen, der ihm/ihr zugefügt wird, wenn er/sie unter diesen Umständen auf die Welt kommt, egal ob Geld dafür bezahlt wurde oder nicht."

Und weiter:

„Wenn wir uns einbilden, dass die Mietmutterschaft durch die Legalisierung der kommerziellen Mietmutterschaft in Australien ethisch verantwortbar würde, machen wir uns selbst etwas vor."[55]

Um die Diskussion fortzuführen, ob Mietmutterschaft ethisch zu verantworten ist, müssen wir uns auch das Bild ansehen, das die Konsumentenlobby der Mietmutterschafts-BefürworterInnen – und die Massenmedien – von den Frauen konstruieren, die als sogenannte „Ersatzmütter" („surrogates") agieren.

Die schwedische Autorin und Journalistin Kajsa Ekis Ekman hat ein wichtiges Buch geschrieben, in dem sie Prostitution und Mietmutterschaft vergleicht. Aufgrund ihrer Forschung über britische und US-amerikanische Mietmutter-Foren, wie z. B. *surromomsonline*, beschreibt sie in *Being and Being Bought: Prostitution, Surrogacy and the Split Self,* wie die Medien uns sagen, welche Art von Frauen „gute" Mietmütter sind:

„Sie betonen ihre Großzügigkeit, sprechen davon, helfen zu wollen, schenken dem Hilferuf Beachtung" (2013, S. 177).

---

[55] Bernadette Tobin hatte bereits am 20. April 2015 in *The Age* ähnliche Zweifel an sowohl der kommerziellen als auch der sogenannten altruistischen Mietmutterschaft geäußert. Als ich den Start der weltweiten *Stop Surrogacy Now*-Kampagne im Mai 2015 auf der *Australian Broadcasting Corporation*-Webseite zu Religion und Ethik ankündigte, stellte ich die gleiche Frage – Kann Mietmutterschaft je ethisch verantwortbar sein? – und schlug vor „… dieses grausame Geschäft genau als das zu benennen, was es ist: Baby-Handel, reproduktive Sklaverei, eine Verletzung der Menschenrechte sowohl der Geburtsmutter als auch ihres Nachwuchses". (Klein, 18. Mai 2015b, http://www.abc.net.au/religion/articles/2015/05/18/4237872.htm)

Sie zitiert aus *Motivations of Surrogate Mothers* (1996) von der Mietmutterschafts-Befürworterin Betsy Aigen, in dem diese behauptet, dass

> „es ein einschneidendes Erlebnis ist, eine Mietmutter zu sein, die es einigen Frauen tatsächlich erlaubt, sich so zu fühlen, wie sie gerne sein möchten, und somit ihre Idealvorstellungen von sich selber zu verwirklichen." (2013, S. 177)

Was sagt uns dies über die am meisten geschätzten Eigenschaften, die eine Frau zur Schau stellen sollte? Sie muss freundlich sein, mitfühlend und gebend und immer zuerst an andere denken, zum Schaden ihres eigenen seelischen Wohlergehens und ihrer körperlichen Gesundheit. Ganz sicher kann diese Dissoziation, dieses „gespaltene Selbst" – wie Ekman es nennt – furchtbare Auswirkungen haben.

Mietmutter zu werden, kann für einige Frauen bedeuten, „Buße" für etwas zu tun, das sie in ihrem früheren Leben gemacht haben, sei es eine Abtreibung oder ein Kind für eine Adoption freigeben. Eine Mietmutter zu sein, ist laut der Therapeutin und Autorin Phyllis Chesler, „ … für viele ein Weg, sich von Schuld und Scham reinzuwaschen" (in: Ekman, S. 182). Tatsächlich kann es, wie Ekman schreibt, ein Versuch sein, durch die Mietmutterschaft einen früheren Schmerz zu betäuben, und zwar nicht nur einmal, sondern mehrere Male:

> „Viele Mietmütter beschreiben eine Mischung aus Trauer, Sehnsucht, Schuld und Leere, die zurückkommt, nachdem das Baby weggegeben ist. Die `Lösung` liegt häufig darin, die ganze Prozedur zu wiederholen." (2013, S. 183)

Aber, wie Ekman fortführt:

> „Dies führt zu einem Kreislauf von Verlusten, in denen die Frau das Gefühl der Einheit mit dem Kind, das sie verloren hat, wiederherstellt, nur um es wieder zu verlieren und dann wieder neu anzufangen." (S. 183)

Sollten wir Frauen wirklich dazu ermutigen, sich solche Schmerzen wiederholt zuzufügen und dies alles unter dem Deckmantel, eine liebevolle, freundliche und sorgende Person zu sein, die helfen möchte? Dass Mädchen seit ihrer frühen Kindheit dazu ermutigt werden, anderen den Vortritt zu lassen, und daher aus „Liebe" handeln, um die unerfüllten Sehnsüchte anderer zu befriedigen, trägt zu dem ausbeuterischen Diskurs der

Lobby der Mietmutterschafts-BefürworterInnen bei, die sich darin überschlagen, Frauen als „Engel“ zu loben, die verzweifelten Paaren das Geschenk des Lebens – ein Baby – geben wollen.

Zurück zu der Frage der „freien Wahl”, die ich bereits in Kapitel 3 erwähnte: Wenn die Gesellschaft Frauen dafür belohnt, erst an andere zu denken – zum Nachteil des eigenen Wohlbefindens – kann dann die Rede sein von „freier Wahl”, von freiem Willen oder Handlungsmacht (agency)? Ich finde es besonders erschreckend, die vielen Geschichten von Mietmüttern zu lesen, die von den Bestelleltern mit Geschenken überschüttet, in Urlaube mitgenommen und mit denen vor und während der Schwangerschaft täglich gesprochen wurde – nur um dann fallengelassen zu werden, nachdem das Baby geboren war. Und dennoch sprechen sie von ihrer „freien Wahl“, womit sie traurigerweise großes Lob in einer patriarchalen Gesellschaft ernten. Wie eine Geburtsmutter sich erinnert (Ekman, S. 182):

> „Ich hatte eine schwere Geburt, einen Kaiserschnitt, und meine Lunge kollabierte, weil ich eine Grippe hatte, aber es war jeden Moment wert. Wenn ich bei einer Geburt sterben würde, wäre es die beste Art zu sterben. Du würdest einen Grund haben zu sterben, einen guten Grund.”

Natürlich sollte solch unsinniges Benehmen nicht gelobt, sondern aufs Schärfste verurteilt werden. Was denkt sich diese Frau denn, wie ihre „eigenen“ Kinder reagieren werden, wenn sie solche Sprüche hören? Werden sie sie als selbstlose Heldin feiern, wie sie ihnen in patriarchalen Märchen begegnet – oder als eine grausame Person, die sich dafür „entscheiden“ würde, sie als mutterlose Kinder zurückzulassen, um ein „höheres“ Ziel zu erreichen?

Viele arme Frauen werden notgedrungen Mietmütter, und dies bringt uns zu der weiteren Frage, ob Mietmutterschaft denn als „Arbeit“ angesehen werden sollte. Und wenn wir sie als Arbeit betrachten, wäre sie dann „ethisch verantwortbar“? Aber Andrea Dworkin zeigte bereits 1983 (S. 182):

> „… der Staat hat die soziale, ökonomische und politische Situation geschaffen, in der der Verkauf von sexuellen oder reproduktiven Leistungen für das Überleben von Frauen notwendig ist. Dennoch wird dieser Verkauf als ein Akt des individuellen Willens angepriesen – das einzige Mal, dass der individuelle Wille von Frauen verteidigt wird von denen,

die schöne Reden über die weibliche Freiheit schwingen ... Die individuelle Frau ist reine Fiktion – genauso wie ihr Wille – da Individualität genau das ist, was Frauen abgestritten wird, wenn sie aufgrund ihres Geschlechts als Klasse definiert und benutzt werden."

Was wäre, wenn wir uns dafür entscheiden würden, Mietmutterschaft als Arbeit zu bezeichnen, und das Geld dazu benutzen würden, der Klasse des Geschlechts Frau und im Besonderen armen Frauen eine bessere Möglichkeit zu bieten, die harten und unfairen ökonomischen Situationen, in denen sie sich befinden, zu überleben? Kyle Smith glaubt, wie er im *Forbes Magazine* (3. Oktober 2013) schreibt, dass das doch klar sei. Nach einem Besuch der Mietmutterschafts-Klinik der bekannten Fruchtbarkeitsspezialistin Dr. Nayana Patel in Anand, Gujarat (einem armen Staat in Indien), meint er:

„Dr. Patel wird nervös bei der Andeutung, dass sie eine `Baby-Fabrik` überwacht. Aber natürlich ist es genau das, was sie tut. Und es ist völlig in Ordnung, es ist ein großer Gewinn für alle, die daran teilhaben ... ein neuer und innovativer Marktplatz, der willige KäuferInnen und VerkäuferInnen zusammenbringt."

Smith stellt weiterhin fest, dass

„ ... es den meisten Menschen aus dem Westen überhaupt nichts ausmachen würde, wenn die Frauen von Patel in die USA kommen würden, um ihre Toiletten für einen Minimumlohn zu putzen (oder vielleicht sogar für noch weniger, falls sie illegale Immigrantinnen sind). Wieso sollte es dann ein Problem sein, diesen gleichen Frauen eine (für sie) riesige Summe zu bezahlen, um einen Fötus auszutragen?"

Die krasse Gleichsetzung Kyle Smiths des Toiletten Putzens mit dem Nähren/Gebären eines Babys und dem Zusammenbringen von „willigen KäuferInnen und VerkäuferInnen" mag einigen Mietmutterschafts-UnterstützerInnen „vulgär" erscheinen. Sie bevorzugen es, von „ethisch verantwortbarer" Mietmutterschaft zu predigen. Aber wenn Mietmutterschaft als Arbeit bezeichnet wird, müssen solche Gleichsetzungen wohl oder übel als fairer Kommentar gesehen werden.

Einige AutorInnen sprechen sich dafür aus, kommerzielle Mietmutterschaft als Arbeit zu definieren und davon auszugehen, dass das Arbeitsrecht dazu führen kann, dass sie fair und gerecht wird – *Fair Trade*

Surrogacy[56], wie die Ärztin Casey Humbyrd 2009 vorschlug. Eine von ihnen ist die Soziologin Amrita Pande. Pande, die in Südafrika arbeitet, sieht sich selber aufgrund ihrer zehnjährigen ethnographischen Forschungen mit „womb mothers"[57] (ihre Wortwahl) in Indien als Autorität auf dem Gebiet der Mietmutterschaft (siehe z. B. *Wombs in Labor: Transnational Commercial Surrogacy in India,* Pande 2014, aber auch 2015, 2016 und 2017).

Pande situiert Mietmutterschaft – die sie auch als „Vertrags-Schwangerschaft" bezeichnet – innerhalb des riesigen informellen Arbeitsmarktes in Indien. Sie sieht Mietmutterschaft als eine „freie Wahl" (allerdings innerhalb begrenzter Wahlmöglichkeiten), vergleicht sie mit Hausarbeit und „Sexarbeit" und möchte, dass sie von der Arbeitsgesetzgebung gut geregelt wird.

Sie ist sehr kritisch gegenüber Ländern – inzwischen auch Indien –, die der Mietmutterschaft-Industrie ein Ende bereiten wollen, indem sie kommerzielle Mietmutterschaft verbieten. Sie glaubt, dass es „völlig naiv sei, ein globales Problem ausschließlich durch eine restriktive nationale Gesetzgebung lösen zu wollen." (2017, S. 328)[58]

Zudem meint sie, dass

> „… kommerzielle Mietmutterschaft eine gewaltige Herausforderung der uralten Dichotomie von Produktion und Reproduktion ist. Die Reproduktionsfähigkeit von Frauen wird außerhalb der sogenannten Privatsphäre geschätzt und zu Geld gemacht. *Als kommerzielle Mietmütter nutzen die Frauen ihre Körper, Gebärmütter und manchmal ihre Brüste als Arbeitsinstrumente.*"
>
> (2015, S. 12, Hervorhebung RK)

Doch bevor diejenigen von uns, die gegen Mietmutterschaft sind, auch nur die Zeit haben, unsere „Arbeitsinstrumente" ins Verhör zu

[56] Fair ausgehandelte Mietmutterschaft. (DH)

[57] Womb mothers: Gebärmutter-Mütter. (DH)

[58] Amrita Pande scheint zu übersehen, dass nur eine Handvoll Länder kommerzielle Mietmutterschaft erlauben (neun Staaten plus Washington DC in den USA, Ukraine, Russland, Georgien). Anders formuliert, nationale Gesetze, die Mietmutterschaft verbieten, sind nicht die Ausnahme, sondern die Regel.

nehmen, ob wir denn das wirklich wollen, widerspricht sie im nächsten Satz ihrer eigenen Aussage, indem sie fortführt:

> „Aber genauso wie kommerzielle Mietmutterschaft diese geschlechtliche Dichotomie unterwandert, bestätigt sie diese auch gleichzeitig. Wenn gebärfähige Frauenkörper die einzige Quelle, Rohmaterial und Produkt des Arbeitsmarktes werden, und Fruchtbarkeit das einzige Gut ist, das Frauen verkaufen können, um Geld zu verdienen, dann werden Frauen im Wesentlichen *auf ihre Reproduktionsfähigkeit reduziert und ihre historisch konstruierte Rolle in der Geschlechterteilung der Arbeit bleibt letztendlich unverändert.*"
>
> (2015, S. 12, Hervorhebung RK)

Das ist ein ausgezeichneter und unanfechtbarer Kommentar, dem die meisten Feministinnen gleich welcher „Richtung" und egal, wo auf der Welt wir leben, zustimmen werden. Und gleichzeitig ein großartiges Argument gegen Mietmutterschaft! Es ist tatsächlich einer der Gründe, warum die Kommerzialisierung der Körper und Seelen der „womb mothers" als „Arbeit" der falsche Weg in einem zutiefst patriarchalen Staat wie Indien (und auch anderswo) ist. Die dringend gebrauchte Abschaffung der Armut von Milliarden entrechteter und analphabetischer Frauen, die unter allen möglichen ökonomischen und sozialen Diskriminierungen leiden, kann nicht durch den Verkauf oder die Vermietung ihrer weiblichen Körper gelingen: weder durch sexuelle noch durch reproduktive Prostitution. Genauso wenig kann der Handel und der Verkauf von Babys ein ethisch verantwortbarer Weg sein, eine kleine Anzahl Frauen und ihre Familien aus der Armut herauszubringen.

Aber da Pande beides haben möchte, bleiben wir im postmodernen Nebel des Sowohl-als-auch hängen und fragen uns, was sie wohl als nächstes sagen wird.

Und tatsächlich: Die Ideologie des weltweiten neoliberalen Marktes gewinnt. Amrita Pandes Bekenntnis zur Mietmutterschaft als Arbeit setzt sich über ihre Bedenken zur patriarchalen Versachlichung von Frauen „als Natur" hinweg. Sie ist auch entschlossen, gebärenden Müttern in Entwicklungsländern „Handlungsmacht" (agency) zuzugestehen. Sie will sie nicht als Opfer sehen, wie das Abolitionistinnen, die Mietmutterschaft stoppen wollen, mit ihren eurozentrischen und „moralisierenden" Urteilen tun würden.[59] Traurigerweise ignoriert sie so aber die zahlreichen Schäden, die als Folge der Mietmutterschaft auftreten.

Amrita Pande beruft sich auch auf das Argument der „Moralischen Panik“, die dazu führte, dass Regierungen in Thailand, Nepal, Kambodscha und dem Staat Tabasco in Mexiko die kommerzielle Mietmutterschaft verboten haben (2016, S. 1). Als Konsequenz lehnt sie auch das Mietmutterschaft-(Regulierungs)Gesetz ab, das vom indischen *Union Cabinet* am 24. August 2016 genehmigt wurde.[60] Dieses Gesetz, das auf den Britischen Richtlinien der *Human Fertilisation and Embryology Authority* (HFEA) basiert, würde die Praxis der Mietmutterschaft in Indien auf indische unfruchtbare heterosexuelle verheiratete Paare beschränken, die eine Verwandte zur sogenannten altruistischen Mietmutterschaft überreden können.[61] Pande schreibt, dass

> „… wir verstehen müssen, dass wir die Mietmütter als Arbeiterinnen ansehen müssen und nicht als Gebärmütter, nationale Ressourcen oder

---

59 Pande benutzt den Ausdruck „eurozentrisch”, um die frühen Prophezeiungen von Andrea Dworkin, Gena Corea und Barbara Katz Rothman aus den 1980er Jahren von der Hand zu weisen, dass in der Zukunft Geburtsmütter möglicherweise in „Reproduktions-Bordellen“ in Drittweltländern gehalten würden. Siehe Kapitel 6 für weitere Details über diese Warnungen, die inzwischen – egal ob es Amrita Pande gefällt oder nicht – leider wahr geworden sind.

60 Als dieses Buch (die australische Ausgabe, DH) im Juli 2017 in Druck ging, musste der Gesetzentwurf von 2016 noch vom indischen Parlament verabschiedet werden. Auch in 2018 ist er noch nicht voll implementiert. Inzwischen dauert die Ausbeutung armer Frauen in Ballungszentren wie Hyderabad an, wie *Telangana Today* berichtet (Gopal, 19. Juni 2017), wo GesundheitsinspektorInnen die dringende Inkraftsetzung des Gesetzes fordern. Auch wenn sie die Grenzen des Gesetzes erkennen, so begrüßen sowohl Sheela Saravanan als auch Mohan Rao das Verbot der kommerziellen Mietmutterschaft der indischen Regierung (2016).

61 Indische UnterstützerInnen der „altruistischen” Mietmutterschaft haben auf den diskriminierenden Charakter des Gesetzes hingewiesen, da sowohl indische Homosexuelle als auch Ledige und de facto Paare von der Nutzung von Mietmüttern ausgeschlossen werden. Da bereits den meisten AusländerInnen seit 2015 die Einreise nach Indien zur Nutzung einer Mietmutter verboten ist, da sie nicht in der Lage sind, eine Bestätigung ihres Heimatlandes mit ihrem Visumsantrag einzureichen, um nachzuweisen, dass dort kommerzielle Mietmutterschaft legal ist (was es ja in den meisten Ländern nicht ist), betrifft das Gesetz der indischen Regierung von 2016 hauptsächlich indische BürgerInnen. Die größte Gruppe AusländerInnen, die weiterhin von der billigen Mietmutterschaft in Indien Gebrauch machen kann, sind verheiratete heterosexuelle US-amerikanische BürgerInnen aus den neun Staaten (plus Washington DC), die Mietmutterschaft legalisiert haben.

stumme Opfer, so dass sie diejenigen sind, die den Dialog beginnen und an diesem teilnehmen, und dass nicht nur über sie diskutiert wird oder ein ängstlicher patriarchaler Staat sie retten will." (2016, S. 2)

Pande argumentiert auch, dass „es unangebracht sei, indischen Frauen diese spezielle *Wahlfreiheit* wegzunehmen" (Hervorhebung RK; 2016, S. 1). An anderer Stelle suggeriert sie, dass solche Verbote nur dazu führen würden, dass Mietmütter „in den Untergrund gehen" würden – das gleiche alte Argument, das in Diskussionen über die Einführung des *Nordischen Modells* (Sexkaufverbot), das letztendlich die Prostitution beseitigen soll, gebraucht wird. Entweder weiß sie nicht oder lässt es aus der Diskussion weg, dass in einigen australischen Bundesstaaten, die die Prostitution vor langer Zeit legalisiert haben (1984 in Victoria), der „Schwarzmarkt" 2007 bereits vier- bis fünfmal so groß war wie der legale Markt (Sullivan, 2007, S. 186). Es ist ebenfalls bekannt, dass in den neun Staaten der USA, in denen Mietmutterschaft legal ist,[62] viele Menschen sich trotzdem für eine „kostensparende" Mietmutterschaft in Entwicklungsländern entscheiden. Selbst wenn Indien oder andere arme Länder kommerzielle Mietmutterschaft mit regulatorischen Rahmenbedingungen legalisieren würden, würde es den „Schwarzmarkt" dennoch geben. Was den Handel stoppen wird, sind Gesetze, die von Staaten, aus denen die Baby-KäuferInnen kommen, *durchgesetzt* werden, d. h. dass es in diesen Ländern eine kriminelle Handlung ist, in andere Länder zu fahren, dort ein Baby produzieren zu lassen und es nach Hause zu bringen (siehe Kapitel 5 für Beispiele solcher Gesetze in Australien, die allerdings nicht angewandt werden). Und natürlich brauchen wir Aufklärungskampagnen, die die Ausbeutung von Frauen und Babys enthüllen, so dass die Nachfrage nach Mietmutterschaft sinkt, weil es als sittenwidrig angesehen wird – etwas das nur „unaufgeklärte" und „unethische" Menschen tun würden (siehe Schlussfolgerungen).[63]

---

[62] Kalifornien, Connecticut, Delaware, Maine, New Hampshire, Nevada, Oregon, Washington, und Rhode Island sind die neun Staaten in den USA (plus Washington, DC), die kommerzielle Mietmutterschaft erlauben. Eine Liste der Mietmutterschafts-Gesetze in den Staaten der USA ist hier zu finden: http://www.creativefamilyconnections.com/us-surrogacy-law-map

[63] Gesetze zum Sexkauf wurden in Schweden 1999 eingeführt. Heutzutage wird es von jungen Männern dort nicht länger als „cool" angesehen, eine prostituierte Frau zu kaufen,

Um zu der Frage zurückzukehren, ob Mietmutterschaft je ethisch verantwortbar sein könnte, wenn sie als „Arbeit" definiert würde, was, wie Amrita Pande suggeriert, für „womb mothers" dazu führen könnte, bessere Arbeitsbedingungen, höheren Lohn und Gesundheitsschutz an ihrem Arbeitsplatz auszuhandeln; ich finde es verblüffend, dass weder Pande noch andere UnterstützerInnen der „Mietmutterschaft-als-Arbeit"-Ideologie auch nur versuchen, zu definieren, was denn der „Job" des Wachsens und Gebärens eines Babys eigentlich beinhaltet.

Hier ist mein Versuch, diesen „Job" zu beschreiben:

Der Rekrutierungsprozess, um eine Mietmutter zu werden, beginnt mit einer invasiven Untersuchung der persönlichen und sozialen Umstände der Frau, um herauszufinden, ob sie geeignet ist für diese „Arbeit". Dann wird sie über die „Regeln" informiert, die sie während der nächsten neun Monate zu befolgen hat (z. B. eine strenge Diät und kein Sex mit ihrem Ehemann, zumindest nicht vor dem Anfang der Schwangerschaft und in den ersten Monaten). Dann kommen die medizinischen Untersuchungen, einschließlich Ultraschall, um sie als gesundes Baby-Gefäß zu identifizieren, gefolgt von dutzenden schmerzhaften Injektionen, häufig mit sehr unangenehmen Nebenwirkungen, wie konstante Übelkeit und Schwindel, um ihren Körper für die Embryo-Einsetzung vorzubereiten. Wenn der Embryo von der Gebärmutter „angenommen" ist und eine Schwangerschaft nachgewiesen wird, folgen als Nächstes Tage (manchmal Monate) morgendlicher Übelkeit (neue Medikamente, neue Nahrungsergänzungsmittel). Frage: Erhalten die Mietmütter-„Arbeiterinnen" einen Bonus, z. B. am Ende des ersten Trimesters, wenn das Baby sich gut entwickelt hat? Wie wäre es mit Wochenendzuschlägen für den „Job" an Samstagen und Sonntagen – schließlich geht es hier um 24 Stunden „Arbeit" an sieben Tagen für neun Monate.[64] Und wie sieht es mit Urlaubsgeld aus (abgesehen

sondern als etwas, dass nur „Loser" (Verlierer) tun (Ekman, persönliche Kommunikation, 2014). Aufgrund von DNS-Übereinstimmungen hat das Sexkauf-Gesetz auch dazu geführt, dass Cold Cases von Morden, Vergewaltigung und organisierter Kriminalität schneller gelöst werden konnten, was wiederum dazu führt, dass die Polizei das Sexkauf-Gesetz unterstützt.

[64] Der einzige andere Job, der mir einfällt, der auch sieben Tage lang vierundzwanzig Stunden und monatelang dauern kann, ist der einer Astronautin. Aber soweit ich weiß, ist keine

davon, dass sie natürlich keinen Urlaub nehmen können, d. h. keinen einzigen Tag „nicht-schwanger“ sein können). Was ist das Vergütungsschema dafür, dass sie angemessen zunehmen, aber nicht zu viel, dass sie keine Fehlgeburt haben, dass sie der „Fötenreduzierung“ oder einer Abtreibung zustimmen? Und kurz vor der Geburt, was passiert, wenn das Baby den Schlaf der Schwangeren stört, wenn sie Schwangerschaftsdiabetes bekommt und sich ständig so unwohl fühlt, dass sie depressiv wird (mehr Medikamente, mehr Nebenwirkungen)? Was ist, wenn sie gegen Ende der Schwangerschaft eine der zahlreichen Frauen ist, bei der Präeklampsie, Placenta praevia oder sogar vorzeitige Plazentalösung eintritt: alle drei lebensbedrohliche Bedingungen für Mutter und Kind (wenn „Spender“eizellen benutzt werden, erhöht sich die Gefahr sogar; siehe Kapitel 2), die ausgiebiger Bettruhe bedürfen, manchmal sogar wochenlang? Was wird die/der InspektorIn für Arbeit und Gesundheit zu diesen Komplikationen sagen? Wie werden sie die Bezahlung beeinflussen? Wird die schwangere Frau mehr oder weniger bezahlt bekommen? Letztendlich enden die meisten Mietmutterschaften mit einem nicht verhandelbaren Kaiserschnitt (und das Baby kommt häufig zu früh), was für die Geburtsmutter eine große Belastung ist, für die sie zusätzliche Zeit braucht, um sich davon zu erholen. Sicher kann die „Baby-Arbeiterin“ einen rechtmäßigen letzten Bonus zu dieser Zeit erwarten, das wäre doch nur richtig, oder etwa nicht?

Die Absurdität des Versuches, die Prozesse von Schwangerschaft und Geburt als „Arbeit“ zu bezeichnen, liegt selbst bei dieser unvollständigen Beschreibung auf der Hand – z. B. habe ich keine der zahlreichen unterschiedlichen Gefühle genannt, die eine schwangere Frau während der langen neun Monate ihrer Beziehung mit dem sich entwickelnden Kind durchlebt. Zudem kommen die schwierigen Fragen ihrer eigenen Kinder, unangekündigte Gesundheitskontrollen ihrer VermittlerInnen/ZuhälterInnen, manchmal tägliche Fragen/Skype-Telefonate über die Entwicklung des Babys mit den ängstlichen Baby-KäuferInnen hinzu. Und was ist mit dem Gedanken, dass sie ihr Baby weggeben muss – gerade wenn es einen Schluckauf hat oder es sie in den Bauch tritt?

Astronautin je gefragt worden, schwanger zu werden und ein Baby zu bekommen, während sie im Weltraum kreiste. Und es dann auch noch wegzugeben.

Ich bin mir sicher, dass es die Unmöglichkeit der Auflistung einer Stellenbeschreibung für „Mietmutter-Arbeiterinnen" ist, die die BefürworterInnen von Schwangerschaft und Geburt als „Arbeit" davon abhält, diesen komplexen Prozess zu beschreiben. Lasst uns doch ehrlich sein: Jede bezahlte Arbeit braucht eine Stellenbeschreibung. Also schon aus dieser Sicht sollte Mietmutterschaft nie „Arbeit" genannt werden.

Aber es gibt auch noch einen anderen Grund. Eine Schwangerschaft in all ihren Phasen zu beschreiben, d. h. anzuerkennen, dass es eine *symbiotische* Beziehung zwischen einer Schwangeren und ihrem sich entwickelnden Baby gibt, unabhängig davon, ob sie eine „Ersatz-" oder eine „echte" Mutter ist, *widerspricht* der Ursprungs-Geschichte der IVF inklusive Mietmutterschaft. In dieser Mär werden im Labor bloße Einzelteile kombiniert: Eizellen und Sperma (natürlich mit den allmächtigen Genen), die dann als das „Produkt" Embryo in einen Uterus übertragen werden. Diese Interpretation von IVF ist weit von der Realität einer lebenden Frau entfernt, deren Körper ein drei Kilo schweres Baby aus einem winzigen Embryo wachsen lassen kann. Aber für potenzielle Baby-KäuferInnen verdrängt die Vorstellung einer Mietmutter als „Brutkasten" – ein „gestational carrier" – die Notwendigkeit unangenehmer Fragen.

Zweifellos wird mir vorgeworfen werden, dass ich alles zu wörtlich nehme, nicht in der Lage bin, die segensreichen Folgen der Mietmutterschaft als „Arbeit" innerhalb des komplexen und frauenfeindlichen globalen kapitalistischen Marktes zu verstehen, vor allem in einem armen Land.[65]

---

[65] Mir ist aufgefallen, dass BefürworterInnen der Mietmutterschaft als Arbeit auf das wichtige Buch von Maria Mies *Patriarchy and Accumulation on a Word Scale (*deutscher Titel*: Patriarchat und Kapital. Frauen in der internationalen Arbeitsteilung*, DH) zurückgreifen, das 1986 veröffentlicht wurde. Mies bezieht sich (ähnlich wie auch Marilyn Waring in *Counting for Nothing*: *What Men Value and What Women are Worth*, 1988) auf die Ausbeutung und Unsichtbarkeit der (re)produktiven Hausarbeit, d. h. diese ist nie im BNE (Bruttonationaleinkommen, DH) eines Landes aufgenommen. Es ist intellektuell unehrlich (und ein Verstoß gegen ihr Urheberinnenpersönlichkeitsrecht), zu suggerieren, das Mies die „Mietmutterschaft-als-Arbeit"-Position unterstützen würde. Als Gründungsmitglied von FINRRAGE hat Maria Mies bereits seit Mitte der 1980er Jahre Reproduktionstechnologien, einschließlich Mietmutterschaft, aufs Schärfste als eine Form kapitalistischer Kommerzialisierung kritisiert, siehe z. B. in *Why Do We Need All This? A Call Against Genetic Engineering and Reproductive Technology* (1985).

Und wieder erinnert mich dies an Parallelen mit der Prostitution. Wenn Überlebende der Prostitution das Ausmaß der Gewalt, Erniedrigung und des Missbrauchs, das sie erlebt haben, beschreiben, werden sie von „Sexarbeit"-AktivistInnen als hysterisch und schwach niedergebrüllt und dafür kritisiert, dass sie nicht in der Lage wären, den „Spaß" zu genießen, für den Sexkäufer sorgen. Sie werden aufgefordert, froh über das Geld zu sein, und mit dem (wenigen) Negativen auf eine vernünftige Art umzugehen, denn jeder Job hat doch seine schlechten Seiten oder etwa nicht? (siehe die Berichte von Überlebenden von Prostitution in: Norma und Tankard Reist, 2016)

Ein anderes Argument, das von UnterstützerInnen des Mietmutterschaft-als-Arbeit-Mantras, wie z. B. der Wissenschaftlerin Melinda Cooper von der *Sydney University*, benutzt wird, ist es von einer „Überempfindlichkeit über intime Dinge, die kommerzialisiert werden" zu sprechen. Als ein Reporter sie fragte, warum „wir es schwierig finden, diejenigen, die ihren Körper als Mietmutter anbieten, als Arbeiterin zu sehen" (Wade, 2017), meinte Cooper:

> „Es scheint, dass wenn Arbeit sehr körperlich und intim wird, Menschen zusammenzucken … es hat etwas von moralischem Ekel an sich. Wenn eine Art von bezahlter Arbeit den Körper beinhaltet oder Sexualität oder Familienmitglieder, so wie bei Mietmutterschaft, möchte man es sentimentalisieren und nicht in der Kategorie Arbeit einordnen … wir verstehen das Anbieten unserer Körper für kommerzielle Transaktionen nicht als würdevolle Arbeit."

Mit dieser Argumentation kann ich nichts anfangen. Ich glaube nicht, dass Mietmutterschafts-Gegnerinnen „überempfindlich" auf „intime Dinge" reagieren, wenn sie auf den Körper- und Seelen-Prozess des Wachsens und Gebärens eines Kindes in einem Frauenköper hinweisen. Ich lehne es völlig ab, dass wir scheinbar den Prozess reicher KundInnen „sentimentalisieren", die die reproduktiven Fähigkeiten armer Frauen auf einem kapitalistischen Markt ausbeuten. Ganz im Gegenteil schlage ich vor, dass wir genau zuhören, was die UnterstützerInnen der Mutterschaft-als-Arbeit-Ideologie sagen und es dann aufs Schärfste kritisieren.

Amrita Pande zum Beispiel liefert uns ein verstörendes Zitat von einer der indischen „Gebärmutter-Mütter“, die sie interviewte (2015, S. 6):

> „Als ich hierher kam, sagte ich zu Doktor Madam, dass ich für alle Behandlungen bereit sei – Injektionen, Medikamente. Tatsächlich habe ich große Schmerzen gelitten und geblutet. Ich war zweimal fast gelähmt und musste wegen der Nebenwirkungen einiger Medikamente ins Krankenhaus gebracht werden. Aber ich beklage mich nicht über diese Schmerzen. Ich machte mir Sorgen, weinte und beklagte mich, als mein Ehemann mich vor den Kindern schlug. Jene Art von Schmerzen möchte man nicht. Diese Art von körperlichen Schmerzen bin ich bereit zu erleiden – sie werden nicht vergeblich sein – sie werden mir genug Geld einbringen, um mich selbstständig zu machen.“

Hat Amrita Pande diese Frau nach dem Interview in eine Klinik gebracht, für sie einen Gesundheitscheck bezahlt, um sicherzugehen, dass alles in Ordnung war? Hat sie sie (behutsam) darüber informiert, dass zu viele „Injektionen und Medikamente“ verheerende Konsequenzen für die Gesundheit einer Frau haben können, die häufig erst Jahre später auftreten, so dass sie in den nächsten Jahren gut auf sich aufpassen sollte? Und hat sie in sich selbst hineingehorcht und sich gefragt, was es denn wohl bedeutet, dass misshandelte Frauen den Schmerz, den sie erlitten haben, wenn sie von ihrem Ehemann geschlagen wurden (was die Gesellschaft verurteilt), mit dem Schmerz einer medizinischen Behandlung, die ihren Körper auf eine Schwangerschaft für eine andere vorbereitet, vergleicht? Warum sollte die Gesellschaft diese Schmerzen nicht auch genauso verurteilen? Hätte Pande sich nicht dafür entscheiden können, diese „Nebenwirkungen“ als Beweise für die Gefahren der Mietmutterschaft zu sehen und ihre eigene Kampagne zu starten, diese zu stoppen?

Ich weiß nicht, wie sie reagiert hat. Aber seit dieser Forschung hat Pande ihren weltweiten Kreuzzug fortgesetzt, um Mietmutterschaft als Arbeit zu etablieren. So schreibt sie, dass

> „das Geld, das durch die Mietmutterschaft verdient wird, häufig zu einer Quelle des Stolzes wird und als ein Indikator für ihre [der Frauen] Produktivität gilt” (2015, S. 6).

Das mag sein, aber innerhalb eines ethischen Rahmens, der darauf basiert, nach globaler menschlicher Würde für alle zu streben und nach

Menschenrechten, die auf der Philosophie gegründet wurden, den Mitmenschen keinen Schaden zuzufügen, ist die ausbeuterische Natur des Mietmutterschaftsprozesses unmöglich zu rechtfertigen.

Eine andere Forscherin, Sheela Saravanan, die auch ethnographische Forschungen mit indischen Mietmüttern durchgeführt hat, bestreitet Pandes Behauptung, dass Mietmutterschaft Arbeit ist,

> „eine Beschäftigung, eine Einkommensquelle, die viel lukrativer ist als ihre übliche Arbeit und die daher eine gängige Wahl ist, die von vielen Frauen getroffen wird."

Sie schreibt (Saravanan, 2018):

> „Dies ist eine grobe linguistische Fehlinterpretation des Wortes `*kaam*`, das häufig von Mietmüttern in Indien verwendet wird. Wenn sie nach ihrer Motivation gefragt werden, sagen sie oft `*hum achha kaam kar rahe hain*`. Die eigentliche Übersetzung des Wortes *kaam* ist `Tat` sowie `Arbeit`, während das, was Mietmütter meinen, wenn sie `*achha kaam*` sagen, eine `gute Tat` oder ein `nobler Dienst` ist. Das hat mehr mit ihrer altruistischen Motivation zu tun, als mit ihrem Hinweis auf Mietmutterschaft als Arbeit. Im indischen kulturellen Kontext, wird Prostitution oder Untreue als schlechtes `*Karma*` angesehen, Mietmutterschaft jedoch nicht. Das meinen sie, wenn sie sagen, dass der IVF-Prozess nicht beinhaltet mit jemand zu schlafen und letztendlich einem anderen Paar ein Kind gibt. Daher ist es ein `*achha kaam*`. Sie sagen nicht, dass Mietmutterschaft eine Job-Option ist, die alle Frauen als Karriere in Erwägung ziehen sollten, eine Beschäftigung, die die Regierung für alle Frauen fördern sollte. Genauso wenig sagen sie, dass sie je in Erwägung ziehen würden, dies ihren Töchtern in der Zukunft als Möglichkeit anzubieten."

Und Saravanan fährt fort:

> „Mietmütter sagen in meinen Interviews, `Ich mache das für meine Kinder. Ich gehe durch diese Qualen, damit meine Kinder eine bessere Zukunft haben werden, damit sie auf eine bessere Schule gehen können, eine gute Erziehung bekommen und in ihrem Leben nichts tun müssen, das diesem auch nur ähnelt und sie es schaffen, genug zu verdienen, indem sie andere (angemessene) Arbeit verrichten.'"

Es ist wichtig zu verstehen, dass wir, ähnlich wie bei der Prostitution, auch bei der Mietmutterschaft nie die Frauen dafür verurteilen dürfen, dass sie sich in einer so gefährlichen „Falle“ befinden. Es ist die *Nachfrage* nach solchen „Diensten”, die hinterfragt und aufgedeckt werden muss. Es sind die weltweiten Reklame-Kampagnen, die unfruchtbare Paare und homosexuelle Männer anziehen, die zur Schaffung milliardenschwerer grenzüberschreitender Industrien geführt haben: *Geld, das buchstäblich vom Fleisch der Frauen gemacht wird.*

Kumkum Sangari, die Autorin von *Solid:Liquid. A (Trans)national Reproductive Formation* (2015), in dem sie ihren jahrzehntelangen Widerstand gegen die Geschlechterselektion in Indien weiterführt, jetzt einschließlich Mietmutterschaft, beurteilt dieses Trugbild mit stahlharter Ironie (2015, S. 102):

> „[Bei der Mietmutterschaft] … wird aus einer `besitzlosen` Frau durch Hokuspokus plötzlich eine `besitzende Frau` – eine Besitzerin von Eierstöcken und einem Uterus, die als liquide flüssige oder vermietbare Vermögenswerte eingeschätzt werden können. Sie ist nicht wirklich arm, da sie potenzielles Kapital besitzt – sowohl ihr Körper als auch ihre Arbeit sind Zeichen von unternehmerischen Fähigkeiten und verstecktem Kapital.“

Und weiter:

> „In welcher Höhe werden die Arbeitszeit und das -risiko der Mietmutter errechnet werden – in der Höhe von UnternehmensleiterInnen, ÄrztInnen oder KundInnen, der von schlecht Bezahlten im informellen Sektor oder in einem `Standard-` und daher willkürlichen Wert?“ (2015, S. 82).

Fragen wie diese zeigen die Dummheit des Versuches, Mietmutterschaft als „Arbeit“ zu bezeichnen, genau auf. Es ist überflüssig zu sagen, dass eine Mietmutter oder eine prostituierte Frau niemals die volle Bezahlung für ihre körperlichen „Vermögenswerte“ und „Arbeit“ erhalten wird, da die Profite in die Geldsäcke der UnternehmerInnen fließen, einschließlich ZuhälterInnen und ZwischenhändlerInnen.

Die Illusionen darüber, gutes Geld zu verdienen, die Mietmutterschafts-BefürworterInnen Frauen vermitteln, die häufig mittellos sind und am Rande der Armut leben, erinnern mich an Aussagen von amerikanischen SklavenbesitzerInnen im 18. Jahrhundert, dass die Lebensqualität der SklavInnen, die diese auf ihren Plantagen „genießen“, sehr viel höher sei als ihre frühere unterdrückte Existenz in Afrika (Raymond, 2013, S. xxxiv).

Das sind Erklärungen der Mächtigen, die die Körper (und Seelen) der Machtlosen ausbeuten, so dass sie ihre grenzüberschreitenden Reiche weiter ausbauen und unmoralischen Reichtum anhäufen können. Gegen sie muss größtmöglicher Widerstand geleistet werden (siehe Kapitel 6).

Im Klartext: Mietmutterschaft als „Arbeit" zu bezeichnen, macht sie nicht ethisch verantwortbar.

Es gibt noch ein weiteres Problem mit der Vorstellung, dass Mietmutterschaft ethisch verantwortbar sein könnte. Es ist die unvermeidbare Anwendung der medizinischen *Eugenik* während der Schwangerschaft. Aufgrund der verstärkten Verfügbarkeit von neuen Nicht-Invasiven Pränatal-Tests (NIPTs), wie z. B. der IONA-Test, der von *Premaitha Health* aus Manchester in Großbritannien entwickelt wurde[66] oder Tranquility von *Genoma* in der Schweiz, sind alle Schwangeren zunehmend Tests ausgesetzt, die Trisomie 21 und andere chromosomale Abweichungen diagnostizieren, aber auch das Geschlecht des sich entwickelnden Kindes. Der NIPT kann bereits in der zehnten Schwangerschaftswoche durchgeführt werden. Die einzige „Lösung" für eine erkannte Genmutation ist eine Abtreibung, die alarmierender Weise von 92,2 Prozent der Frauen in Deutschland „gewählt" wird, wenn Down-Syndrom diagnostiziert wird, wie internationale Metaanalysen bestätigen (s. Achtelik, 2015, S. 56).

Frauen, die zugestimmt haben, Mietmütter zu werden, haben überhaupt keine „Wahlmöglichkeiten": Potenzielle Baby-KäuferInnen wollen ein „perfektes" Kind, daher werden bereits Sperma und „gespendete" oder gekaufte Eizellen auf Gendefekte hin untersucht (sowie das Geschlecht, wo es erlaubt ist). Nachdem der Embryo durch die Fusion von Sperma und Eizelle entstanden ist, wird er häufig Präimplantationsdiagnostik (PID) ausgesetzt, bei der dem Embryo eine Zelle entnommen und deren

---

66 Sehen Sie sich das Werbe-Video für den IONA-Test an, um zu lernen, wie „sicher, schnell und präzise" er ist: https://www.youtube.com/watch?v=hKNNJeV9roI. Siehe auch den inspirierenden Sammelband von Melinda Tankard Reist von 2006 *Defiant Birth: Women Who Resist Medical Eugenics* mit Geschichten von Frauen, die ihre Schwangerschaft trotz alarmierender pränataler Tests fortsetzten.

„Qualität" getestet wird. (Die Firma *Genoma* listet über 80 monogenetische Krankheiten, d. h. Krankheiten, die von einem Gen verursacht werden, die sie mit PID testen können.[67]) Nur „fehlerfreie" Embryos werden dann in die Gebärmutter der Mietmutter eingesetzt. Aber um ganz sicher zu gehen, werden trotzdem weitere pränatale Tests und wiederholte Ultraschall-Untersuchungen angefordert. Wenn eine Abtreibung als notwendig erachtet wird, hat sich die Schwangere dem zu fügen; der Vertrag schreibt es vor. Meiner Meinung nach ist dies Nötigung – und damit disqualifiziert sich Mietmutterschaft sofort als „ethisch verantwortbar".

Amrita Pande fügt eine weitere beunruhigende Dimension zu der Diskussion hinzu. Eine Geschichte einer Teilnehmerin in ihrer ethnographischen Untersuchung findet sie problematisch. Wie schon oben zitiert, macht sie sich Sorgen, dass die Praxis der Mietmutterschaft, d. h. Kinder für andere Leute zu bekommen, zu den jahrzehntelangen bevölkerungspolitischen Praktiken beiträgt, die arme Frauen in Asien und Afrika unfruchtbar machen. Pande nennt dies Neo-Eugenik, und ich stimme ihr zu.[68] Parvati, eine 36-jährige indische Frau, erinnert sich daran, wie es war, als sie zur Mietmutterschafts-Klinik ging:

> „Als ich zum ersten Mal hierherkam, sagte die Ärztin, dass ich zu alt sei, um Eizellen zu spenden, aber ich könne Mietmutterschaft ausprobieren. Ich begann die Behandlung – Injektionen, vaginale Untersuchung. Während einer dieser ersten Untersuchungen stellten sie fest, dass ich mit meinem eigenen Kind schwanger war. Wir haben nur ein Kind und wir wollten auf jeden Fall noch mehr haben. Aber zu diesem Zeitpunkt brauchten wir das Geld mehr als ein Baby. So habe ich mein eigenes Kind abtreiben lassen."

---

67 http://www.preimplantationgeneticdiagnosis.it/genetic-diseases-diagnosed-by-pgd.htm

68 Die Kritik von FINRRAGE hat immer betont, dass Reproduktionstechnologien, einschließlich der Mietmutterschaft, nur eine Seite der Medaille sind. Die andere ist die gnadenlose Unterdrückung armer „unerwünschter" Frauen, wo auch immer auf der Welt sie leben, durch Methoden der Geburtenkontrolle (z. B. Sterilisation, Langzeit-Verhütungsmittel und die französische Abtreibungspille RU 486/Prostaglandine, s. Klein u. a. 1991, 2013). Die *Comilla Declaration* aus Bangladesch (1989) führt diese Punkte weiter aus (s. Kapitel 6).

Das eigene Baby abtreiben zu müssen, um sich mit der Mietmutterschafts-„Arbeit“ nützlich machen zu können, ein Baby für andere zu schaffen, die es sich leisten können, dafür zu bezahlen, ist sicherlich eine der traurigsten Geschichten, die ich je gehört habe. Sie enthüllt die Gefühllosigkeit der internationalen Mietmutterschafts-Industrie, die die Armut der Frauen ausbeutet, um ihre eigenen Regeln durchzusetzen. Und sie beantwortet die Frage dieses Kapitels „Kann Mietmutterschaft je ethisch verantwortbar sein?“ mit einem klaren *nein*.

Im nächsten Kapitel werde ich mich mit der Frage beschäftigen, ob Regulierung für kommerzielle und/oder sogenannte altruistische Mietmutterschaft die Antwort sein könnte.

Kapitel 5: Kann Regulierung die Lösung sein?

Wenn man sich auf Fragen der Regulierung konzentriert, ergibt sich die Schwierigkeit, dass eine solche Herangehensweise grundsätzlich nicht nach den *Wurzeln* des Problems sucht. Der Versuch, Mietmutterschaft zu „regulieren", bedeutet, dass die grundlegende Frage, ob es überhaupt je gerechtfertigt sein könnte, eine Frau als „Ersatzmutter" (surrogate) zu kaufen oder zu mieten, und die Gesundheit einer Eizellen„spenderin" zu gefährden, nicht gestellt wird. Genauso wenig wird die Frage gestellt, ob *überhaupt jemand* das Recht haben sollte, einen Vertrag abzuschließen, um ein Baby, das noch nicht einmal existiert, zu kaufen oder zu verkaufen. Es wird auch nicht geprüft, wer denn diese Menschen sind, die an diesem Ausbeutungs-Prozess beteiligt sind. Wenn dies der Fall wäre, würde eine Untersuchung schnell aufzeigen, dass es gutgestellte Familien sind, Paare oder Individuen, hetero- und homosexuell. Sie benutzen den Schmerz über ihre Unfruchtbarkeit oder die Unfähigkeit, ihr eigenes genetisches Kind zu gebären, um zu behaupten, sie hätten ein *Recht* darauf, ein Baby in Auftrag zu geben (oder zumindest zu erbitten, in sogenannten altruistischen Mietmutterschaften).

Regulatorische Rahmenbedingungen existieren innerhalb der Grenzen einer neoliberalen kapitalistischen Weltanschauung, in der Machtunterschiede zwischen den sozialen Klassen von Frauen und Männern wie auch armen und reichen Menschen, niedrigen und höheren Klassen und unterschiedlichen Ethnien noch immer tief verwurzelt sind. So ist es zum Beispiel bekannt, dass in den USA einkommensschwache „Army Wives"[69] eine Zielgruppe der Mietmutterschaft-Agenturen sind. Wie die US-amerikanische feministische Kritikerin Kathy Sloan es ausdrückt:

> „Abhängig von der Gegend oder dem Staat, sind schätzungsweise 20 bis 50 Prozent der Mietmütter in den Vereinigten Staaten Ehefrauen von Soldaten. (…) Sie haben ein niedriges Familieneinkommen (zwischen $

[69] Frauen, deren Männer bei der US-Armee arbeiten. (DH)

16.000 und $ 30.000 pro Jahr) und sind bewährte Brüterinnen, da sie jung heiraten und dann schnell ihre eigenen Kinder bekommen. (…) Während die Ehemänner ihrem Land im Ausland dienen, wird ihnen gesagt, dass sie zu Hause `dienen` können.“ (Sloan, 24. April 2017)

Frage: Wie kann man die Ausbeutung von Frauen „regulieren", die eine so klare Zielgruppe sind? Diese Frage ist natürlich in armen Ländern noch relevanter.

Bei einem Regulierungsansatz wird eine fundamentale Analyse, die meines Erachtens unweigerlich zu einer *grundsätzlichen* Ablehnung der Mietmutterschaft führt, unter den Teppich gefegt und nie auch nur in Erwägung gezogen. Oder, um es anders zu formulieren: Eine regulatorische Untersuchung fängt nie bei null an und fragt, ob die Praxis der Mietmutterschaft verboten werden sollte; sie fängt auf halbem Wege an und stellt Detailfragen, wie unterschiedliche Aspekte der Mietmutterschaftsprozedur reguliert werden könnten oder sollten. Regulierung ist also nie ein ganzheitlicher Ansatz, um die Art des Problems zu verstehen, sondern eine *Zerstückelung* des grundsätzlichen Problems in eine Reihe von Detailfragen. *Dadurch ermöglicht es Regulierung, mit der Praxis der Mietmutterschaft weiterzumachen und institutionalisiert Zerstückelung.*[70] (Mehr zu diesem ur-patriarchalen Maxim in den Schlussfolgerungen.)

Das Resultat von Regulierung ist ein kompliziertes Netz von Gesetzen und Richtlinien, die letztendlich niemand glücklich machen. Diejenigen, die möchten, dass Mietmutterschaft grundsätzlich verboten wird, sind unzufrieden. Genauso unzufrieden sind aber auch potenzielle Baby-KäuferInnen, für die diese Gesetze viel zu restriktiv sind. Die Regulierung der Prostitution soll als warnendes Beispiel dienen: In Deutschland, in den Niederlanden und in einigen australischen Bundesstaaten hat die Legalisierung der Sex-Industrie dazu geführt, dass der illegale Markt der Prostitution bereits 2007 vier bis fünf Mal so groß war wie derjenige der legalen Industrie (siehe Sullivan 2007, S. 186). Anders gesagt: Durch Regulierung

---

[70] In ihrem großartigen Buch *Demon Lover. The Roots of Terrorism* (1989/2001) schreibt die US-amerikanische Autorin und internationale Frauenbefreiungsaktivistin Robin Morgan kurz und bündig: „Wenn ich das genialste Element des Patriarchats benennen müsste, wäre es die Zerstückelung: die Fähigkeit Abspaltung (disconnection) zu institutionalisieren.” (S. 51)

wird das Mietmutter-Problem nie gelöst werden können. Die einzigen, die von dem langwierigen Prozess, regulierende Gesetze und Rahmen-bedingungen auszuarbeiten, profitieren, sind RechtsanwältInnen. Die IVF-Industrie und ihre HelferInnen – KonsumentInnengruppen, die Miet-mutterschaft befürworten –, werden immer ein Schlupfloch in den Gesetzen finden, um das zu tun, was die KundInnen wollen (und wofür sie extra bezahlen).

Leider war „Regulierung“ das Ergebnis einer parlamentarischen Untersuchung zu Mietmutterschaft 2015/16 in Australien (siehe unten).

Falls jemand nicht weiß, wie es mit der Machtverteilung bei Mietmutterschaft steht, so wird das durch einen Blick auf den ökonomischen Status der Akteure und Akteurinnen schnell klar. Während des ersten Jahrzehnts des 21. Jahrhunderts hat sich die Praxis der Mietmutterschaft vor allem in Indien für reiche Baby-KäuferInnen aus der ganzen Welt ausgebreitet. Was sich ebenfalls ausbreitete, waren Kritiken an der herzlosen Ausbeutung von indischen armen und Unterklasse-Frauen, die häufig für die gesamte Dauer ihrer Schwangerschaft unter sklavenartigen Bedingungen in speziellen Mietmutterschafts-Häusern festgehalten werden, wie Andrea Dworkin und Gena Corea es bereits in den 1980er Jahren vorausgesagt hatten (siehe Kapitel 6 für weitere Details). Es gibt einige gute Fernsehdokumentationen, wie z. B. *Google Baby* von Zippi Brand Frank (2009) und *Made in India* von Rebecca Haimowiz und Vaishali Sinha (2010), die die krasse Ausbeutung von armen indischen Frauen als Mietmütter aufzeigen.[71] Das 2018 veröffentlichte Buch der indischen Forscherin Sheela Saravanan *A Transnational Feminist View of Surrogacy Biomarkets in India*

[71] In *Google Baby* versorgt der israelische „Unternehmer”, der sich als „Schwangerschaftsproduzent” vorstellt, „Kundinnen mit einer wirtschaftlichen Lösung, indem er die Mietmutterschaft nach Indien auslagert, um so die Preise niedrig zu halten. Das bevorzugte genetische Material wird von den KundInnen an ihren Computern ausgewählt: Sperma und Eizellen werden online bestellt und zahlreiche Embryos werden produziert, eingefroren, eingepackt und auf dem Luftweg [nach Indien] verschickt – wo sie dann in die Gebärmütter lokaler Mietmütter eingesetzt werden. Die KundInnen reisen erst am Ende der neunmonatigen Schwangerschaft an, um `ihre` Babys abzuholen.“
Lange Trailer von „Google Baby“ und „Made in India“ können auf der Website von Stop Surrogacy Now unter „Resources“ gefunden werden. http://www.stopsurrogacy-now.com/films/#sthash.PH66vVBS.dpbs

ist voll von erschreckenden Beispielen wie arme Frauen als Mietmütter in Indien ausgebeutet werden (siehe auch Kapitel 6).

Der australische Bundesstaat Victoria hat 2010 neue Gesetze erlassen, die zum ersten Mal seit 1995 regulierte „altruistische" Mietmutterschaft erlauben (mehr dazu in Kapitel 6). Die Diskussion um Mietmutterschaft lebte 2006 neu auf, als der Labor-Politiker Stephen Conroy aus Victoria Schlagzeilen damit machte, dass er und seine Frau, der die Gebärmutter nach Eierstockkrebs entfernt worden war, „gezwungen" wurden, für eine IVF-Mietmutterschaft nach New South Wales zu reisen. Sie benutzten zwei „Freundinnen" als Eizellen-„spenderin" und als Mietmutter. Dr. John MacBain von der IVF-Klinik in Melbourne witterte eine gute Chance, die Kasse seines Zentrums zu füllen, und startete eine (erfolglose) öffentliche Kampagne, um kommerzielle Mietmutterschaft in ganz Australien zu legalisieren (Singer, 17. März 2009).

Zum Zeitpunkt des Druckes dieses Buches, also im Oktober 2018, ist kommerzielle Mietmutterschaft weiterhin in allen sechs australischen Staaten und Territorien[72] verboten.[73] 2011 folgte der Bundesstaat New South Wales dem Bundesstaat Queensland und dem Australian Capital Territory (ACT), indem er ein Gesetz verabschiedete, dass das ins Ausland fahren und Arrangieren einer Mietmutterschaft – kommerziell oder altruistisch – für die BürgerInnen dieser Staaten/dieses Territoriums zu einer Straftat erklärte. Leider werden diese Gesetze aber bis heute nicht angewandt. Im Klartext: Noch nie wurde ein australisches Paar, das sich ein Mietmutterbaby im Ausland angeschafft hat und damit nach Australien zurückgekommen ist, ins Gefängnis geschickt oder musste eine Buße bezahlen. Allerdings hat die Existenz dieser Gesetze zu einem vermehrten

[72] Der Staat Australien (i. e. der Commonwealth of Australia) umfasst sechs Bundesstaaten (New South Wales, Queensland, Victoria, Tasmania, South Australia und Western Australia), zwei Festland-Territorien (Australian Capital Territory und Northern Territory). (DH)

[73] Dies stimmt nicht ganz. Im Northern Territory gibt es keine Gesetze zu Mietmutterschaft. Es gibt dort aber auch keine Möglichkeit, die Abstammung (parentage) zu verändern. Mit anderen Worten, die Geburtsmutter (und ihr Partner, falls sie einen hat) würden auf der Geburtsurkunde als Eltern aufgeführt sein und das kann nicht geändert werden. Aus diesem Grund gibt es meines Wissens nach keinen Versuch einer Mietmutterschaft im Northern Territory.

Aktivismus von Mietmutterschafts-BefürworterInnen geführt. Erwähnenswert ist der bereits genannte Sam Everingham, der selber zwei Kinder in Indien kaufte und 2010 *Surrogacy Australia* gründete und später *Families Through Surrogacy*. Wie Everingham unmissverständlich erklärt (siehe Kapitel 4), ist es das Ziel der Gruppen von Mietmutterschafts-BefürworterInnen, kommerzielle Mietmutterschaft überall in Australien einzuführen, so dass AustralierInnen nicht mehr ins Ausland reisen müssen. (Dass diese Logik nicht stimmt, ist an der Tatsache zu erkennen, dass US-amerikanische BürgerInnen aus Staaten, in denen kommerzielle Mietmutterschaft erlaubt ist, trotzdem nach Indien oder in andere Länder wie die Ukraine reisen – weil es da eben billiger ist!).

Im Dezember 2014 kündigte das parteiübergreifende *House of Representatives Standing Committee on Social Policy and Legal Affairs*[74] der Landesregierung in Canberra an, dass es einen Runden Tisch zur Regulierung und Praxis der Mietmutterschaft in Australien und zu internationalen Mietmutterschafts-Vereinbarungen in zwei getrennten Tagungen im Februar und März 2015 organisieren würde.

Der Fairness halber dem Komitee gegenüber muss gesagt werden, dass sie Mitglieder von Gruppen eingeladen haben, die gegen Mietmutterschaft sind, wie z. B. Jo Fraser von *Association of Relinquishing Mothers* (ARMS)[75], Penny Mackieson von *Victorian Adoption Network for Information and Self-Help* (VANISH), Sonia Allan (eine langjährige Unterstützerin von Spenderkindern) und mich als Vertreterin von FINRRAGE. Trotzdem waren wir bei dem Treffen in der Minderheit gegenüber den Mietmutterschaft-BefürworterInnen, wie Sam Everingham von *Surrogacy Australia/ Families Through Surrogacy*, einem prominenten lokalen IVF-Arzt, dem bekannten Mietmutterschafts-Befürworter und Juristen Stephen Page, einer Unfruchtbarkeits-Beraterin, die Mietmutterschaft in den Himmel lobte, und anderen. Wir haben auch herausgefunden, dass es unheilige private Allianzen zwischen einigen Mitgliedern des Komitees und Gruppen von Mietmutterschafts-BefürworterInnen gab, die untereinander bereits beschlossen hatten (und zwar *vor* dem Runden Tisch), dass es eine

[74] Das Komitee des Repräsentantenhauses für Sozialpolitik und Rechtsfragen. (DH)

[75] ARMS ist eine Non-Profit-Organisation zur Unterstützung von Frauen, denen ihr(e) Kind(er) durch Zwangsadoption weggenommen worden ist/sind. (DH)

offizielle parlamentarische Untersuchung zu Mietmutterschaft geben sollte mit dem Ziel, kommerzielle Mietmutterschaft in Australien zu erlauben.[76]

Und so geschah es dann auch. Am 2. Dezember 2016 kündigte das *House of Representatives Standing Comittee on Social Policy and Legal Affairs* eine „Untersuchung über die regulativen und legislativen Aspekte von internationalen und innerstaatlichen Mietmutterschafts-Vereinbarungen“ an und bat um öffentliche Einreichungen (Submissions) bis Anfang Februar 2016. Das Komitee erhielt 124 Einreichungen. Viele von ihnen waren von Betroffenen geschrieben, die ihre persönliche Situation in den Vordergrund stellten und erklärten, dass ihnen das „Recht“, eine eigene Familie zu gründen, vorenthalten würde, da es in Australien keine kommerzielle Mietmutterschaft gebe. Es ist beunruhigend, in diesen Dokumenten zu lesen, dass diese Leute keine Ahnung von möglichen Schäden für Mietmütter, Eizellen„spenderinnen“ und für die Kinder, die aufgrund solcher Vereinbarungen geboren werden, haben. Sie scheinen fest auf den australischen Gesetzgeber zu vertrauen und wollen, dass kommerzielle Mietmutterschaft eingeführt und reguliert wird. Viele der individuellen Submissionen schlagen auch ganz unbedacht vor, dass etwaige Probleme durch „psychologische Beratung“ (wie üblich von der IVF-Industrie zur Verfügung gestellt) gelöst werden könnten. Andere Einreichungen, unter ihnen viele kritische, kamen von RechtswissenschaftlerInnen, RichterInnen, Müttern, denen ihre Kinder weggenommen worden waren, Gruppen von Menschen, die durch Sperma oder Eizellen-Spenden geboren wurden, religiösen Organisationen und feministischen Gruppen, unter ihnen FINRRAGE und die *Women's Bioethics Alliance*.[77]

Aufgrund von unerwarteten verfrühten nationalen Wahlen am 2. Juli 2016 beschleunigte das Komitee seine Arbeit und legte seinen

---

76 Die Einseitigkeit dieses Verfahrens hat mich so geärgert, dass ich allen Komitee-Mitgliedern meine „Reflections on the Roundtable” (Reflektionen zum Runden Tisch, DH) geschickt habe, in denen ich unsere Kritik an diesem Runden Tisch, sowie der Prämissen der Untersuchung – Regulierung und nicht Hinterfragung des Konzeptes der Mietmutterschaft – äußerte (Klein 2015a).

77 Die Liste der Submissionen kann hier aufgerufen werden: http://www.aph.gov.au/Parliamentary_Business/Committees/House/Social_Policy_and_Legal_Affairs/Inquiry_into_surrogacy/Submissions

Untersuchungsbericht *Surrogacy Matters*[78] am 4. Mai 2017 vor,[79] das heißt einen einzigen Tag, bevor die Regierung in einen Verwaltungs-Modus trat. (Wenn sie dies nicht getan hätten, wäre ihre Arbeit umsonst gewesen.) Von der Regierung wird generell erwartet, dass der/die Justizminister/in innerhalb von sechs Monaten auf jeden Untersuchungsbericht antwortet. Aber leider hat bis heute weder der Justizminister noch ein/e andere RegierungsvertreterIn darauf reagiert. Das ist eher erstaunlich, da die Lobbyarbeit der Gruppen und Individuen von Mietmutterschafts-BefürworterInnen nicht nur munter weitergeht, sondern sogar zunimmt. Außerdem gab es 2016/2017 einen weiteren Mietmutterschafts-Skandal in Kambodscha (siehe Kapitel 2 und Schlussfolgerungen).

Der Untersuchungsbericht von 2016 empfiehlt, dass kommerzielle Mietmutterschaft in ganz Australien verboten bleiben soll, was beruhigend ist. Leider schlägt er aber auch vor, dass Australien eine neue nationale Gesetzgebung zu „*altruistischer*" Mietmutterschaft braucht, mit anderen Worten, dass die gegenwärtigen Mietmutterschaft-Gesetze, die von Staat zu Staat verschieden sind, durch „national einheitliche legale Rahmenbedingungen" ersetzt werden sollen. Um dieses Ziel zu erreichen, empfiehlt der Untersuchungsbericht, dass

> „… die australische Regierung die Australian Law Reform Commission[80] damit beauftragen soll, ein nationales Gesetz zur Regulierung von altruistischer Mietmutterschaft zu entwickeln, unter besonderer Berücksichtigung von vier Grundprinzipien – was ist das Beste für das Kind, freie und gut informierte Entscheidungsmöglichkeiten für die Mietmutter, Sicherheit, dass die Mietmutter vor Ausbeutung geschützt wird, und rechtliche Klarheit über die Eltern-Kind-Beziehung." (*Inquiry Report* 2016, Vorwort, S. v-vi)

Die *Law Reform Commission* sollte zwölf Monate Zeit bekommen, um eine Untersuchung über bestehende Mietmutterschaft-Gesetze in allen australischen Staaten und Territorien durchzuführen und ihr neues Modell

---

[78] Mietmutterschafts-Angelegenheiten. (DH)

[79] Der Untersuchungsbericht *Surrogacy Matters* vom 4. Mai 2017 kann hier eingesehen werden: http://www.aph.gov.au/Parliamentary_Business/Committees/House/Social_Policy_and_Legal_Affairs/Inquiry_into_surrogacy/Report

[80] Australische Kommission für Gesetzesreformen. (DH)

für ein nationales Gesetz zu „altruistischer“ Mietmutterschaft zu entwerfen. Innerhalb weiterer sechs Monate sollte der Justizminister den *Council of Australian Governments* (COAG, d. h. alle Staaten und Territorien) dazu auffordern, das vorgeschlagene Modell und die grundsätzliche Erwünschtheit eines nationalen Gesetzes zu altruistischer Mietmutterschaft zu diskutieren. Der Untersuchungsbericht schlägt vor, dass diese Diskussion nicht länger als zwölf Monate dauern dürfe (*Inquiry Report* 2016, S. 20).

Diejenigen von uns, die gegen Mietmutterschaft sind, waren erleichtert, dass der Untersuchungsbericht empfahl, das Verbot der kommerziellen Mietmutterschaft in Australien beizubehalten. Aber da die meisten von uns auch gegen die sogenannte altruistische Mietmutterschaft sind, waren wir nicht sehr glücklich mit dem Vorschlag, dass die *Law Reform Commission* neue nationale Gesetze für unbezahlte Mietmutterschaft entwerfen sollte. Wir waren jedoch erfreut darüber, dass der Untersuchungsbericht vorschlug, langsam und vorsichtig vorzugehen und diesen neuen Gesetzentwurf in allen Staaten und Territorien zu diskutieren. Anders gesagt, es sah so aus, als ob es mindestens zwei Jahre dauern würde, bevor mit der Umsetzung angefangen werden könnte. Wir haben dies als Zeichen der Hoffnung gesehen, dass die „altruistische“ Mietmutterschaft in Australien kurzfristig keinen Auftrieb durch einheitliche Gesetze erhalten würde (was sich bisher in allen Staaten und Territorien als richtig erwiesen hat). Wir dachten auch, dass die verschiedenen Stadien der Ausarbeitung eines nationalen Modellgesetzes zu „altruistischer“ Schwangerschaft es Gruppen, die gegen Mietmutterschaft sind, weiterhin erlauben würde, mitzudiskutieren.

Interessanterweise ist aber bis Anfang Oktober 2018, als dieses Buch in den Druck ging, in Sachen Entwicklung eines neuen Mietmutterschaftsgesetzes gar nichts passiert. Es scheint, als ob der Untersuchungsbericht des Komitees in einer Schublade verschwunden ist. Das hat zur Folge, dass die Bundesstaaten und Territorien weiter mit ihren zum Teil sehr verschiedenen Gesetzen wursteln. Im Februar 2018 hat Westaustralien dann zu einer Revision der bestehenden Mietmutterschaftsgesetze aufgerufen. Und im Juni 2018 begann Südaustralien mit einer ähnlichen Revision. (Im September 2018 ist der Ausgang der Revisionen in beiden

Bundesstaaten noch nicht bekannt.) Auch Victoria hat angekündigt, dass ihre Mietmuttergesetze demnächst revidiert werden sollen.[81]

Um nochmals auf die nationale Untersuchung, die ich oben besprochen habe, zurückzukehren: Leider hat sich das Komitee, wie bereits aus den Untersuchungskriterien (Terms of Reference) klar wurde, überhaupt nicht mit der Frage beschäftigt, ob Mietmutterschaft *als solche* moralisch, ethisch und rechtlich zu verantworten sei. Somit haben sie sich nicht mit der Wurzel des Problems beschäftigt und keine grundsätzlichen Fragen gestellt. Stattdessen ist der Untersuchungsbericht *Surrogacy Matters* von 2016 ein Paradebeispiel dafür, eine Unzahl an Gesetzen vorzuschlagen, um Mietmutterschaft zu *regulieren*, von denen einige so vage sind, dass es sehr einfach wäre, sie zu unterwandern, falls sie je eingeführt würden. Das Komitee hat auch die Chance verpasst, danach zu fragen, ob die australische Regierung eine nationale Aufklärungskampagne finanzieren sollte, um Menschen zu ermutigen, Mietmutterschaft *nicht* zu unterstützen, damit auch die Praxis der „altruistischen" Mietmutterschaft gestoppt werden kann. Ärgerlicherweise war es die Prämisse des Untersuchungskommitees, dass Mietmutterschaft bereits existiert und nicht gestoppt werden kann. Dazu möchte ich nur sagen, dass vor fünfzig Jahren viele ParlamentarierInnen (und Leute im Allgemeinen) das gleiche über das Rauchen dachten! Heute ist Australien eines der fortschrittlichsten Länder in Sachen Rauchverbote an allen öffentlichen Orten und das Rauchen ist stark zurückgegangen.

Im Folgenden liste ich die „Terms of Reference", die Untersuchungskriterien, des parlamentarischen Komitees vollständig auf, da ich zeigen will, wie einfach es ist, sich in eine Vielzahl von großen und kleinen Regulierungen zu verstricken – ein Schulbeispiel von Zerstückelung und Schubladendenken, so dass die großen Fragen überhaupt nicht besprochen werden. Es ist ein „vor lauter Bäumen den Wald nicht mehr sehen"-

[81] Es ist durchaus möglich, dass die Lobby der Mietmutterschaft-BefürworterInnen, die sich sehr für diese parlamentarische Untersuchung eingesetzt hatte, damit ein Eigentor geschossen hat. Ich glaube, sie dachten wirklich, dass das Untersuchungskomitee die von ihnen heiß ersehnte kommerzielle Mietmutterschaft in Australien unterstützen würde!

Problem, eines, das uns nicht hilft, eine Praxis zu stoppen, die eine Menschenrechtsverletzung von Frauen und Kindern ist (Untersuchungsbericht 2016, S. ix). Wie ich bereits sagte, behaupte ich, dass *der bloße Versuch, Mietmutterschaft zu regulieren, dazu beiträgt, sie zu legitimieren.*

Aber ich bespreche die Untersuchungskriterien hier auch im Detail, weil sie in allen (westlichen) Ländern, die eine parlamentarische Untersuchung über die Mietmutterschaft und Eizellen„spende“ durchführen, sehr ähnlich sind. Anders ausgedrückt, ich bin ziemlich sicher, dass, falls es je eine solche Untersuchung in Deutschland, der Schweiz oder Österreich geben sollte – was ich natürlich nicht hoffe –, es ebenfalls um Regulierung gehen würde.[82]

Terms of References – Untersuchungskriterien

Das House of Representatives Standing Committee on Social Policy and Legal Affairs will die regulatorischen und rechtlichen Aspekte von internationalen und nationalen Mietmutterschafts-Vereinbarungen untersuchen. Schwerpunkte sind:

• die Rolle und Verantwortlichkeit von Bundesstaaten und Territorien um Mietmutterschaft sowohl international als auch national zu regulieren, sowie Unterschiede in der existierenden Rechtspraxis in den Bundesstaaten und Territorien

• die medizinischen und fürsorglichen Aspekte für alle beteiligten Parteien, einschließlich der regulatorischen Bedingungen für Bestelleltern sowie die Rolle der Gesundheitsdienstleister, Sozialdienste und anderer Dienstleister

• auftauchende Themen bezüglich Einwilligungserklärungen, Ausbeutung, Bezahlungen für Spesen, Rechte und Schutz für alle Beteiligten, einschließlich den Kindern

[82] In ihrem 2015 veröffentlichten ausgezeichneten Buch *Kind auf Bestellung* plädiert die österreichische Journalistin Eva Maria Bachinger für mehr kritische Gedanken zur Mietmutterschaft (die sie Leihmutterschaft nennt).

• relevante Bundes-Gesetze, Richtlinien und Praktiken (einschließlich Familienrecht, Immigration, Staatsangehörigkeit, Ausweisen, Unterhaltszahlungen und Datenschutz) und Verbesserungen, die eingeführt werden könnten, um dem australischen Staat zu ermöglichen, angemessen auf das Thema [Mietmutterschaft] zu reagieren (einschließlich Vereinheitlichung von Gesetzen, wo dies angemessen und erwünscht ist), um Kinder und andere Betroffene besser zu schützen

• Australiens internationale Verpflichtungen

• die Angemessenheit der Informationen über Risiken, Rechte und Absicherungen, die derzeit für Mietmutterschafts-Parteien zugänglich sind (einschließlich der Kinder)

• Austausch von Informationen zwischen dem australischen Staat und den australischen Bundesstaaten und Territorien und

• Gesetze, Richtlinien und Praktiken anderer Länder im Zusammenhang mit internationaler Mietmutterschaft.

Es ist offensichtlich, dass mit solchen Untersuchungskriterien höchstens Empfehlungen zu *Schadensbegrenzungen* (harms minimisation) erreicht werden können, auch wenn diese gut gemeint sind und Frauen und Kinder schützen sollen.

Und genau so kam es auch. Die zahlreichen Einreichungen von Gruppen und Einzelpersonen, die Mietmutterschaft *grundsätzlich* als Menschenrechtsverletzung ablehnen und alle Formen in Australien stoppen wollen, wurden weitgehend ignoriert. Was herauskam im Untersuchungsbericht, waren zehn Empfehlungen des Komitees, die alle innerhalb eines Regulierungsrahmens blieben. So schlagen die Empfehlungen zum Beispiel zur Frage nach „angemessenen Informationen über altruistische Mietmutterschaft“ vor, eine Bundesregierungs-Webseite zu entwickeln

„... die regelmäßig aktualisierte Information über nationale australische *Unterstützungs- und Leistungsdienste enthält, wie Medicare,*[83] *Sozialversicherung, Sozialdienste und Unterhaltszahlungen des australischen Staates.*" (Untersuchungsbericht 2016, S. 21, Hervorhebung RK)

Mit anderen Worten, es scheint selbstverständlich zu sein, dass der australische Staat Bestelleltern unterstützt, sogar finanziell – ohne die Mietmutterschaft kritisch zu hinterfragen.

Es gibt auch eklatante Widersprüche: Das Komitee scheint nicht zu bemerken, dass das Untersuchen von „Australiens internationalen Verpflichtungen", wozu gehört, dass es ein Unterzeichner der *UN-Kinderrechtskonvention* ist, dem nächsten Punkt widerspricht:

> „die Angemessenheit der Informationen über Risiken, Rechte und Absicherungen zu prüfen, die derzeit für Parteien, die an Mietmutterschafts-Vereinbarungen beteiligt sind (einschließlich der Kinder), erhältlich sind."

Das Problem ist aber nicht, ob die verfügbaren Informationen über Risiken und Absicherungen richtig oder falsch sind, das Problem ist, dass im Sinne der *UN-Kinderrechtskonvention* Mietmutterschaft nicht erlaubt ist!

Es ist nicht so, dass sich das Komitee dieser internationalen Verpflichtungen nicht bewusst war. Auf Seite 28 des Untersuchungsberichts werden einige Verträge und Vereinbarungen, die Australien unterzeichnet hat, korrekt aufgeführt. Zu ihnen zählen die *UN-Kinderrechtskonvention*, der *Internationale Pakt über bürgerliche und politische Rechte*, der *Internationale Pakt über wirtschaftliche, soziale und kulturelle Rechte* und das *Protokoll zur Verhinderung und Bestrafung des Menschenhandels, insbesondere des Handels mit Frauen und Kindern*, einem Zusatzprotokoll des *Übereinkommens gegen die grenzüberschreitende organisierte Kriminalität* (Untersuchungsbericht 2016, S. 28).[84]

---

[83] Medicare ist das australische staatliche Gesundheitssystem. (DH)

[84] Erstaunlicherweise fehlt das *Übereinkommen zur Beseitigung jeder Form von Diskriminierung der Frau* (CEDAW - *Convention on the Elimination of All Forms of Discrimination Against Women*) auf dieser Liste, obwohl Australien dieses auch unterzeichnet hat. Siehe Kapitel 6 für eine Einreichung einer italienischen NGO als Teil der Kampagne *Stop Surrogacy Now* an die Vereinten Nationen, um Mietmutterschaft innerhalb der CEDAW anzusprechen und zu verbieten.

Als Nächstes kommentiert die Abteilung des Generalstaatsanwalts, dass

> „Australiens internationale Menschenrechts-Verpflichtungen nur für Menschen innerhalb seines Territoriums gelten und unter seiner Rechtsprechung …“ (S. 29).

Mit anderen Worten, sie scheinen nicht erkennen zu wollen, dass IVF-Kliniken und Bestelleltern, die heute altruistische Mietmutterschaft in Australien praktizieren, *bereits gegen diese internationalen Verträge verstoßen.* Und, schlimmer noch, dass Bestelleltern, die ins Ausland fahren, in einigen australischen Staaten (siehe unten) eine Straftat begehen.

Weiterhin merkt die Abteilung des Generalstaatsanwalts an:

> „In Übereinstimmung mit den Prinzipien der Staatssouveränität sind die relevanten internationalen Menschenrechts-Verpflichtungen mit Respekt den Individuen gegenüber, die an der Mietmutterschaft beteiligt sind, diejenigen der Staaten, in denen die relevanten Praktiken stattfinden.“ (S. 29)

Problem gelöst: Es ist nicht die Verantwortung des australischen Staates, wenn australische StaatsbürgerInnen auf ihren Baby-Shopping-Touren die Gesetze anderer Länder verletzen.

Dennoch ist sich das Komitee durchaus im Klaren darüber, dass die Baby-KäuferInnen (alias „Wunscheltern“) die Gesetze in New South Wales, dem Australian Capital Territory und Queensland vorsätzlich ignorieren, nach denen es ein Straftatbestand ist, für eine Mietmutterschaft ins Ausland zu fahren, und dass dieser Gesetzesverstoß noch nie zu einer Geldstrafe oder Gefängnisstrafe geführt hat. Die maximale Gefängnisstrafe, die angewendet werden könnte – und sollte –, beträgt respektive zwei Jahre, ein Jahr und drei Jahre.

Das Komitee bezieht sich auf eine Submission des *Department of Immigration and Border Protection* (DIBP)[85], als auch auf diejenige des *Department of Foreign Affairs* (DFAT)[86], die beide erklären, dass sie nicht in der Lage seien, die Verantwortlichkeit für die Identifizierung von

---

85 Ministerium für Einwanderung und Grenzschutz. (DH)

86 Ministerium für Auswärtige Angelegenheiten. (DH)

Kindern zu übernehmen, die durch Mietmutterschaft im Ausland geboren wurden, und dass

> „es keine australischen Gesetze gibt, um Fälle von kommerzieller Mietmutterschaft in anderen Ländern, mit denen AustralierInnen zu tun haben, zu regeln." (S. 30)

Auch scheinen diese beiden Ministerien kein „Bedürfnis" zu haben,

> „sich um die ungefähr 250 australischen Kinder zu kümmern, die pro Jahr durch ausländische kommerzielle Mietmutterschaft entstehen, auch wenn das in Ländern geschieht, die instabile Regierungen haben." (S. 32)

Dies bedeutet, dass solange der Sperma-Spender seine „Vaterschaft" über einen DNS-Test bei einem ausländischen Konsulat oder einer Botschaft nachweisen kann, „seinem" Kind die australische Nationalität und ein Pass bewilligt werden, siehe aber Kommentar weiter unten in Bezug auf einen wichtigen Familiengerichtsentscheid von 2017 in Sachen Bernières gegen Dhopal. (Allerdings verlangen einige US Bundesstaaten, dass die Geburtsmutter anwesend sein muss, wenn das Baby den australischen Autoritäten vorgestellt wird.[87]) Der zynische Kommentar des Komitees zu diesen Enthüllungen des DIBP und DFAT ist, dass „diese Situation alles andere als ideal ist." (S. 32)

Und so empfiehlt der Untersuchungsbericht zusätzlich zu seinem Vorschlag, die *Australian Law Reform Commission* damit zu beauftragen, ein nationales Modell-Gesetz für „altruistische" Mietmutterschaft zu erarbeiten, dass die australische Regierung

> „eine abteilungsübergreifende Arbeitsgruppe gründen solle (mit JuristInnen, die relevante Erfahrungen mitbringen), die nach zwölf Monaten über Möglichkeiten berichtet, wie mit der Situation von AustralierInnen umgegangen werden soll, die sich für ausländische Mietmutterschafts-Vereinbarungen entscheiden …" (S. 33)

Zu den Themen, die diese Arbeitsgruppe untersuchen soll, gehört das Folgende:

---

[87] Abstammungsfragen (parentage) werden von einer ExpertInnengruppe des Ständigen Büros der *Haager Konferenz für Internationales Privatrecht* (HCCH) intensiv untersucht.

„Zu prüfen, ob es illegal sein soll, sich auf Mietmutterschaft in ausländischen Ländern einzulassen, in denen kommerzielle Mietmutterschaft verboten ist." (S. 33)

Es ist unfassbar, dass eine solche Frage allen Ernstes „geprüft werden soll". AustralierInnen wissen sehr gut, dass das Übertreten von Gesetzen in anderen Ländern, wie z. B. das Importieren von Betäubungsmitteln, verheerende Folgen haben kann, wie lebenslange Gefängnisstrafen oder sogar die Todesstrafe im Falle von Indonesien.[88] Und dass australische Männer, die im Ausland Kinder sexuell missbraucht haben, seit der Gesetzesänderung 1994[89] (Kinder-Sextourismus) nach ihrer Rückkehr nach Australien verhaftet werden können (s. Pearlman, 2017). Und Personen, die nach Syrien ausreisen, um dort für den *Islamischen Staat* (IS) zu kämpfen, wird nicht erlaubt, nach Australien zurückzukehren.

Wenn eine Gefängnisstrafe oder wenigstens eine hohe Geldstrafe für diejenigen in Aussicht gestellt würde, die im Ausland eine Mietmutterschaft arrangieren möchten, könnte dies sie davon abhalten. Noch deutlicher ausgedrückt: KonsumentInnengruppen von Mietmutterschafts-BefürworterInnen wie *Families Through Surrogacy*, die jährliche Konferenzen abhalten, bei denen sie unfruchtbare und schwule Paare auf Mietmutterschaften im Ausland vorbereiten, sollten *verboten* werden (siehe meine früheren Kommentare in Kapitel 4 zu ihrer Konferenz 2014 und meine Schlussfolgerungen). Genau sie sind es (und ihre „Sponsoren" wie IVF-Kliniken, Eizellen-Agenturen und andere ausländische Interessengruppen und, völlig unangemessen, die staatliche *Victorian Assisted Reproductive Treatment Authority*[90] (VARTA), die Menschen hemmungslos darin

88 Schapelle Corby wurde wegen Cannabis-Schmuggels zu zwölf Jahren Gefängnis in Indonesien verurteilt; http://www.abc.net.au/news/2017-05-28/schapelle-corby-arrives-in-australia/8566052. Andrew Chan und Myuran Sukumaran, die wegen Drogenhandels verurteilt wurden, wurden 2015 trotz wiederholter Gnadengesuche von einem Exekutionskommando erschossen.

89 Änderung der Gesetzgebung zur Verbrechensbekämpfung (Kinder-Sextourismus).

90 Die *Victorian Assisted Reproductive Treatment Authority* (VARTA) beaufsichtigt den *Assisted Reproductive Technology Act* 2008. Dies ist eine von SteuerzahlerInnen geförderte Einrichtung, die daher objektiv und neutral sein sollte, statt die jährlichen Konferenzen von *Families Through Surrogacy* mit zu organisieren, als Sprecherinnen daran teilzunehmen und sie sogar auch noch finanziell zu unterstützen. Auch ihre Webseite zeigt, wie sehr sie

bestärken, zu jedem Preis ihr „eigenes“ Kind zu bekommen.[91] Diese Gruppen arbeiten als „Zuhälter der Mietmutterschaft” (in Anlehnung an Julie Bindels Buchtitel von 2017 *The Pimping of Prostitution: Abolishing the Sex Work Myth*).

Um auf den staatlichen australischen Untersuchungsbericht über Mietmutterschaft von 2016 zurückzukommen, auf Seite 31 bestätigt das Komitee immerhin

> „die Einwände von Leuten, die Submissionen eingereicht haben, die alle Formen der Mietmutterschaft aus ethischen Gründen ablehnen. Da es aber [unserer Ansicht nach] keine realistische Aussicht auf ein weltweites Verbot kommerzieller Mietmutterschaft in der nahen Zukunft gibt, hat sich das Komitee darauf konzentriert, wie die potenziellen Risiken und Schäden der internationalen kommerziellen Mietmutterschaft minimalisiert werden können.“

Es war gut, dass unsere Submissionen gegen Mietmutterschaft vom Komitee zumindest bestätigt wurden. Es war aber im höchsten Grade entmutigend, eine solch negative Reaktion zu sehen, die vor allem deswegen bedauerlich war, weil einige Mitglieder des Untersuchungskomitees die Gefahren der Mietmutterschaft für Frauen und Kinder sehr genau verstehen. *Es ist ebenso falsch, nicht deutlich zu machen, dass es bisher nur wenige Länder gibt, die kommerzielle Mietmutterschaft überhaupt erlauben*: Georgien, Ukraine, Russland, Guatemala, einige mexikanische Staaten und neun der 52 Staaten in den USA (plus Washington DC).[92]

Mietmutterschaft befürwortet: https://www.varta.org.au/information-and-support/surrogacy

[91] In ihrer Werbung für ihre Konferenz im Juni 2017 in Melbourne versprach *Families Through Surrogacy* die Frage zu klären, welche Bundesstaaten in Mexiko Mietmutterschaft noch immer zulassen, nachdem diese im Bundesstaat Tabasco 2015 verboten wurde. So erfahren wir, dass *Los Angeles Surrogacy* kalifornische Mietmütter anwirbt, dass aber die Ei/Sperma Embryo-Erzeugung in Cancun stattfindet, ebenso wie auch der Embryotransfer. Die Frauen kehren dann für ihre Schwangerschaft und die Geburt nach Kalifornien zurück. Eine andere Möglichkeit ist, mit *Expecting Surrogacy* zusammenzuarbeiten, die mexikanische Mietmütter anwirbt; doch die Geburten finden auch bei ihnen in Kalifornien statt. Und es gibt *Miracle Surrogacy*, eine in Florida ansässige Organisation, bei der der gesamte Prozess in Mexiko stattfindet. Das Standardpaket kostet US $ 66.350 (email von *Families Through Surrogacy*, 28. April 2017).

[92] In Submission Nr. 17 zur Mietmutterschafts-Untersuchung gibt Sonia Allan eine ausgezeichnete detaillierte Übersicht über die Gesetze verschiedener Länder zu Mietmutterschaft

Wir sollten den AbolitionistInnen des 18. und 19. Jahrhunderts dafür danken, dass sie sich für die Abschaffung der Sklaverei anstelle ihrer Regulierung eingesetzt haben. Wenn sie sich mit Schadensbegrenzungen (harms minimisation) abgefunden hätten, wäre die Sklaverei aufgrund von Rasse vielleicht bis heute noch die Norm in vielen Ländern. Die anfänglichen Bemühungen, die Sklaverei einzugrenzen, basierten auf dem Versuch, den SklavInnen*handel* zu regulieren. Er wurde als das Böse angesehen, statt der Sklaverei selbst, die als „staatlich sanktionierter ökonomischer Sektor" akzeptiert werden sollte (Raymond 2013, S. iii) – eine Form von „Arbeit", die Ländern wie Großbritannien und den USA große wirtschaftliche Vorteile brachte und scheinbar „respektabel" gemacht werden konnte, wenn die absolut schlimmsten Arbeitsbedingungen verbessert wurden. Ähnlich beabsichtigt auch die Regulierung von Mietmutterschaft faire und „gute" „Arbeits"bedingungen zu schaffen, so dass Missbrauch verhindert werden kann. Ein solcher Ansatz verneint, dass die *Mietmutterschaft selber der Missbrauch ist*. Es ist nicht möglich, sie zu beschönigen und respektabel zu machen.

Mietmutterschafts-AbolitionistInnen können auch von den erfolgreichen Bemühungen in Schweden, Norwegen, Island, Südkorea, Frankreich, Nord Irland, Irland und Israel ermutigt werden, Prostitution als Gewalt gegen Frauen zu verstehen und Gesetze einzuführen, die die Sexkäufer und Zuhälter kriminalisieren, aber nicht die sich Prostituierenden (meist Frauen); weitere Länder sind auf dem Weg, das *Nordische Modell* einzuführen (siehe Meagan Tylers Zusammenfassung der Sexkäufer-Gesetze in: Norma und Tankard Reist 2016, S. 213-225). Es ist äußerst wichtig, dass wir die Debatten über „freie und erzwungene" „Sexarbeit" mit angeblich „gut geregelter Mietmutterschaft" in den USA und bekannten unmenschlichen Praktiken in armen und Entwicklungsländern vergleichen. Bei genauer Prüfung verschwinden nämlich die Unterschiede. Letztendlich sind es immer arme Frauen, die ihr „selbstgemachtes" Baby an reiche BabykäuferInnen übergeben, und es ist das Baby, das ihrer oder seiner Geburtsmutter beraubt wird. Und falls es zu einem Gerichtsverfahren kommt, ist es

---

(falls vorhanden) in 2016: http://www.aph.gov.au/Parliamentary_Business/Committees/House/Social_Policy_and_Legal_Affairs/Inquiry_into_surrogacy/Submissions

sehr unwahrscheinlich, dass die Geburtsmutter und ihre Familie die finanziellen Mittel haben, um zum Beispiel für die unbezahlten Behandlungskosten oder das Sorgerecht für ihr(e) Kind(er) zu kämpfen.

Nochmals: Es ist an der Zeit, ernsthaft darüber nachzudenken, Baby-KäuferInnen und ihre „ZuhälterInnen", die diesen unmenschlichen Handel mit Frauen und Babys am Leben halten und von ihm profitieren, zu kriminalisieren. Es ist aber auch genauso wichtig, die Mietmütter und Eizellen„spenderinnen" *nicht* zu kriminalisieren und, wo es möglich ist, sie zu unterstützen, um ihre schwierigen finanziellen Umständen zu verbessern.

Letztlich möchte ich doch auch darauf hinweisen, dass nicht alle parlamentarischen Untersuchungen mit Vorschlägen zur Regulierung von Mietmutterschaft enden. Im Februar 2016 hat das schwedische Parlament seinen Bericht *Olika vägar till föräldraskap* (*Unterschiedliche Wege zur Elternschaft*) veröffentlicht. Darin empfiehlt es, dass altruistische Mietmutterschaft dem bereits existierenden gesetzlichen Verbot der kommerziellen Mietmutterschaft in Schweden folgen solle (siehe Swedish Government 2016, English Summary).[93] Die Autorin des Parlamentarischen Berichts, die Richterin Eva Wendel Rosberg, bemerkte, dass es zwei Grundprobleme gebe: Erstens sei noch nicht danach geforscht worden, wie Menschen, die durch Mietmutterschaft geboren wurden, sich über ihre Herkunft fühlen. Zweitens fanden Rosberg und ihre KollegInnen, dass es unmöglich sei, zu sagen, dass die „Ersatz"-Mutter eine wirklich „freie" Entscheidung getroffen habe. Rosberg betont, dass diese Probleme sowohl die kommerzielle als auch die „altruistische" Mietmutterschaft betreffen:

„Selbst diejenigen, die Babys für Verwandte austragen, sagt sie, stehen

---

93 Am 19. Juni 2016 unterstützte die Stockholmer UN-Gesellschaft alle Vorschläge, die im Bericht *Olika vägar till föräldraskap* gemacht wurden, und schloss sich der Forderung Rosbergs und ihres parlamentarischen Komitees an, alle Formen der Mietmutterschaft in Schweden zu verbieten (http://www.stopsurrogacynow.com/updates-from-sweden-and-minnesota-usa/#sthash.VoF4LVCb.dpbs). Allerdings hat die schwedische Regierung zur Zeit der Drucklegung der deutschen Fassung dieses Buches noch immer nicht über diesen Bericht abgestimmt. Vielleicht ist er, wie der Bericht in Australien, in einer Schublade verschwunden, was natürlich äußerst schade wäre.

häufig unter dem Erwartungsdruck ihrer Familien" (*The Economist*, 13. Mai 2017).

Der Bericht empfiehlt auch, dass SchwedInnen *entmutigt* werden sollten, für eine Mietmutterschaft ins Ausland zu fahren, indem die genaue Rechtslage publiziert wird, d. h. dass es verboten ist, Kinder, die aus einer Mietmutterschaft stammen, nach Schweden zu bringen.

Australien sollte sich ein Vorbild an dem schwedischen Bericht nehmen.

Optimistisch wie immer endete die FINRRAGE Submission zur Mietmutterschaft-Untersuchungskommission 2016 (S. 6) mit den Worten:

> „FINRRAGE ist davon überzeugt, dass eine Welt ohne Mietmutterschaft möglich ist."[94]

Und das sind wir auch – hundertprozentig sogar! Aber wir wissen, dass der Weg, dieses Ziel zu erreichen, hart sein wird und mit vielen Hindernissen gepflastert ist. Eines davon ist die Arbeit einer Arbeitsgruppe des Ständigen Büros der *Haager Konferenz für Internationales Privatrecht*, das 2011 mit der Absicht ins Leben gerufen wurde, ein internationales Abkommen über transnationale Mietmutterschaft zu entwerfen, ähnlich dem bereits existierenden Abkommen über transnationale Adoption. Allerdings würde ein solches Abkommen die Zustimmung von allen 77 Mitgliedsstaaten benötigen, ebenso wie aller Mitglieder der *Europäischen Union*, um kommerzielle Mietmutterschaft zu legalisieren, was derzeit völlig unmöglich ist, da z. B. in Europa kaum ein Land diese erlaubt! Daher ist es richtig zu sagen, dass wir von einem solchen Mietmutterschafts-Abkommen Jahre, wenn nicht Jahrzehnte entfernt sind! Hoffentlich wird es angesichts der sehr unterschiedlichen Gesetze und Ansichten, die alle diese Länder zur Mietmutterschaft haben, und die in Übereinstimmung gebracht werden müssten, nie entworfen und implementiert werden (siehe auch unten für einen sehr viel besseren Vorschlag, nämlich eine internationale Konvention, Mietmutterschaft *zu verbieten*).

Mit diesen logistischen Hindernissen konfrontiert, scheint es, als ob seit 2015 nur noch die ExpertInnengruppe *Abstammungs(parentage)-*

---

[94] Die Submission Nr. 70 von FINRRAGE kann hier eingesehen werden: http://www.aph.gov.au/Parliamentary_Business/Committees/House/Social_Policy_and_Legal_Affairs/Inquiry_into_surrogacy/Submissions

Projekt von der *Haager Konferenz* vorangetrieben wird, von dem sie scheinbar glauben, dass es realistischer zu implementieren sei. Ihr Projekt, Mietmutterschaft international zu „regulieren", haben sie somit zwar nicht aufgegeben, aber zumindest vorerst auf Eis gelegt, bis sie die Elternschafts-Fragen geregelt haben.

Natürlich ist es interessant, dass die Betonung auf „Abstammung" liegt. Selbst innerhalb eines Regulierungsrahmens könnte man doch davon ausgehen, dass andere Aspekte der Mietmutterschaft, wie z. B. die Gesundheit der Mietmütter und Eizellen„spenderinnen" oder die Menschenrechte der Kinder, die durch Mietmutterschaft geboren werden, gleich wichtig oder noch wichtiger als „Abstammung" sind. Aber nein, es sind die Interessen der Baby-KäuferInnen – und vor allem die der Samenspender –, die als Schwerpunkt gesehen werden. Überrascht uns das?

Die langjährige Kritikerin der Reproduktionstechnologien einschließlich Mietmutterschaft, die US-amerikanische Professorin für Frauenforschung und Medizinethik und FINRRAGE Mitgründerin Janice Raymond, sah diesen Fokus auf die Abstammung bereits 1993, als sie der australischen Doktorandin Kathy Munro in einem Interview sagte (Munro 1997, S. 64):

> „Wenn Frauen sich von Männern unterscheiden, wie das bei der Schwangerschaft der Fall ist, dann müssen Männer auch Zugang zu dem haben, was Frauen machen. Das heißt, man sollte Mutterschaft nicht als den Standard definieren, der für das Frau-Sein grundlegend relevant ist, sondern man muss *Abstammung* als Standard definieren, der aber sehr eng mit männlicher Abstammung verbunden ist; es geht also um Genetik, und Schwangerschaft ist nicht mehr relevant. Schwangerschaft zählt nicht, weil Männer kein Kind austragen und gebären können. Worauf basieren sie also den Standard der Abstammung? Auf das, was Männer tun können. Und was können sie tun? Sie können Gene beitragen [durch ihr Sperma]." (Hervorhebung RK)

Und es sind tatsächlich diese männlichen Gene, die den Kern der patriarchalen Konzepte der „gestationalen" Schwangerschaft und „Abstammung" bilden. Die Frau ist der Brutkasten, der Mann ist der Gen-Lieferant – und die Gene der Eizellen„spenderin (oder der eigenen Partnerin) werden ganz schlicht „vergessen".

2015 nominierte der australische Generalstaatsanwalt den Oberrichter John Pascoe als seinen Abgeordneten für diese ExpertInnengruppe zu Abstammung. Pascoe ist ein respektierter Richter, der die Schäden der Mietmutterschaft für Frauen und Kinder sehr gut versteht. Das erste Treffen der ExpertInnengruppe fand vom 15. bis 18. Februar 2016 statt. Wie der Bericht über das Treffen feststellt, kamen die „ExpertInnen" wenig überraschend zu der folgenden Schlussfolgerung:

> „Die Gruppe hat entschieden, dass aufgrund der Komplexität des Themas und der unterschiedlichen Herangehensweise der Länder an diese Aspekte bei dem Treffen keine definitiven Schlussfolgerungen erzielt werden konnten, was die Machbarkeit eines möglichen Arbeitsergebnisses in diesem Bereich und dessen Art und Umfang betrifft."

Aufgegeben wurde aber nicht. Im Gegenteil, die ExpertInnengruppe schlug vor, ihr Mandat fortzusetzen und beauftragte das Ständige Büro

> „die notwendigen Arbeiten zu übernehmen, um ein nächstes Treffen der Gruppe vorzubereiten und entsprechende Mittel bereitzustellen."
> (Konferenz für Internationales Privatrecht: Report of the February 2016 meeting of the experts' group on parentage/surrogacy, S. x).

Kathy Sloan, eine US-amerikanische Autorin, Aktivistin und Erstunterzeichnerin der Kampagne *Stop Surrogacy Now,* die die patriarchal-kapitalistischen Machenschaften der Mietmutterschaft-Industrie unermüdlich erforscht, fügt eine wichtige Einsicht zu dem ExpertInnen-Treffen in Den Haag an. Kurz vor ihrem Treffen im Februar 2016 berief Lisa Vogel, die Leiterin der US-amerikanischen Delegation und Mitarbeiterin des US-amerikanischen Außenministeriums, ein Treffen der VertreterInnen der US-amerikanischen Mietmutterschaft-Industrie ein – prominente Mietmutterschaft-AnwältInnen und InhaberInnen von Mietmutterschaft-Agenturen, mit denen sie offensichtlich gut bekannt war – um ihre Meinungen darüber einzuholen,

> „wie man anderen Ländern ein Abkommen, das internationale Mietmutterschaft ermöglicht und auf dem US-amerikanischen `Ausnahme`-Modell der Mietmutterschaft in all ihren Formen basiert, nahebringen kann."

(Sloan, 24. April 2017)[95]

Sloan, die telefonisch an diesem Treffen teilnahm, fährt fort:

„Die oberste Priorität der US-Reproduktionstechnologie-Industrie und ihrem US-Regierungspartner ist es, den besten Weg zu finden, um gültige Verträge sicherzustellen und die Staatsbürgerschaft für Kinder in den Heimatländern der KäuferInnen zu gewährleisten."

Kathy Sloan fügt hinzu:

„Zusammengefasst war [das Treffen] wie ein Mietmutterschafts-Industrie-Kongress im Beisein der US-amerikanischen Regierung, die die Interessen der Industrie vertreten hat."

Das ExpertInnen-Treffen in Den Haag vom 31. Januar bis 3. Februar 2017 über Abstammung/Mietmutterschaft ging bereits einen Schritt weiter als das Treffen von 2016:

> „Die Mehrheit der Gruppe äußerte die Ansicht, dass die [internationale] Anerkennung von ausländischen Gerichtsentscheidungen zu legaler Abstammung mit einem multilateralen Instrument *möglich wäre.*" (Konferenz für Internationales Privatrecht: Report of the February 2017 meeting of the experts' group on parentage/surrogacy, S. 2. Hervorhebung RK)
>
> Und weiter:
>
> „Mit der Bemerkung, dass legale Abstammung, vor allem im Kontext der ISAs [*International Surrogacy Arrangements*], ein komplexes und sich wandelndes Thema ist, wies die Gruppe darauf hin, dass es wichtig sei, sich auf die PIL [Private International Law] Aspekte zu konzentrieren und auf die Notwendigkeit praktischer Lösungen, wobei *eines der wesentlichen Ziele sein sollte, die Kontinuität des Eltern-Kind-Rechtsstatus zu sichern.*" (wie oben, S. 3, Hervorhebung RK).

Anders ausgedrückt, von allen problematischen Aspekten der internationalen Mietmutterschaft scheinen es vor allem die *Rechte der Väter*

---

[95] Auf den Mythos der vermeintlich „außergewöhnlich" gut regulierten Mietmutterschaft-Industrie in den USA werde ich in Kapitel 6 zurückkommen. Wie Kathy Sloan weiter erwähnt: „Ein sehr engagierter Teilnehmer an diesem Treffen der US-Mietmutterschafts-Industrie und der US Regierungvertreterin war Australiens bekanntester Mietmutterschafts-anwalt Stephen Page." Dieser Kommentar ist auch für europäische LeserInnen interessant, da Page sich selber als Spezialist in Sachen internationale Mietmutterschaftsabkommen bezeichnet, was auch die Diskussionen in Den Haag beinhaltet.

zu sein, die sichergestellt werden sollen: Aristoteles 2.0 (siehe Kapitel 2 und Kapitel 6). Plus ça change, plus c'est la même chose!

Und so ging es auch 2018 weiter. Vom 13. bis 15. März 2018 traf sich die gleiche ExpertInnengruppe wieder in Den Haag. Diesmal wurden die Diskussionen als „erfreulich" bezeichnet, weil sie vertieft werden konnten und „es möglich sein könnte, rechtliche Entscheidungen inklusive ausgestellter Dokumente aus dem Ausland anzuerkennen." Um mit dieser Arbeit schnell voranzukommen, wird sich die Gruppe 2018 sogar noch ein zweites Mal treffen (im September oder Oktober), wofür das HCCH zusätzliche Geldmittel zur Verfügung stellen wird.

Im Februar 2019 sollen diese Erkenntnisse bei einem fünften Treffen im Kontext der *Internationalen Surrogacy Arrangements* besprochen werden. Diese Beschleunigung lässt Alarmglocken läuten – vor allem, weil diese ExpertInnengruppe nach wie vor unter vollständigem Ausschluss der kritischen Öffentlichkeit inklusive feministischer Kritikerinnen stattfindet.

Ich hätte mir auch sehr gewünscht, dass die bahnbrechende Entscheidung des australischen Familiengerichts vom 1. September 2017, die internationale Konsequenzen haben könnte, in Den Haag besprochen worden wäre. Es ist anzunehmen, dass John Pascoe, der australische Regierungsvertreter in der Haager ExpertInnengruppe zu Abstammung, der mittlerweile zum neuen Oberrichter des Familiengerichts befördert worden ist, diese Information der ExpertInnengruppe zugängig machte. Sie wurden jedoch in keiner Zusammenfassung der Diskussionen erwähnt. Es handelt sich um die Familiengerichtsentscheidung im Fall Bernières gegen Dhopal. Das Ehepaar Bernière hatte ein Kind bei einer indischen Mietmutter gegen Bezahlung in Auftrag gegeben und wollte sich nun als seine Eltern in australischen Dokumenten eintragen lassen. Herr Bernière ist der Samenspender. Frau Bernière hat keine genetische Beziehung zu dem Kind, da eine gelieferte Eizelle benutzt wurde. Die Mietmutter hat das Kind 2014 ohne Protest an die Bernières abgegeben. Bereits in erster Instanz lehnte das Familiengericht es im September 2015 jedoch ab, Herrn Bernière als Vater zu bezeichnen. Richter Berman entschied, dass er als Samenspender *nie* „Vater" sein könne, und dass ihm und seiner Frau nur „Elternverpflichtungen" (parental responsibilities) zugesprochen werden können. Die Bernières erhoben Einspruch gegen diese Entscheidung, doch am 1. September 2017 bestätigte die dreiköpfige *Full Bench*, die vollzählige Richterschaft des Familiengerichts, die vorherige Entscheidung von Richter Berman. Weil das Familiengericht eine nationale, das heißt ganzstaatliche, Instanz ist, bedeutet das im Klartext nichts anderes, als dass in *allen* Mietmutterschaften der Samenspender *nie* der Vater sein kann. In Australien können er und seine Frau gerichtliche Elternverpflichtungen beantragen, was ihnen das Recht gibt, Entscheidungen für ihr Kind zu treffen und einen Pass für das Kind anzufordern – falls die Geburtsmutter einwilligt. Für Mietmutterschaftsvereinbarungen, die im Ausland abgeschlossen werden, bereitet dieser Gerichtsbeschluss aber ernsthafte Probleme. Wenn der Samenspender nicht als Vater anerkannt wird, kann das australische Konsulat (oder die Botschaft) ihm keinen Pass und keine Staatsangehörigkeit für das Kind ausstellen. Das heißt, es kann nicht in Australien einreisen und dort leben. Dieser Gerichtsentscheid könnte also tatsächlich das Ende *aller* internationalen Mietmutterschaften für AustralierInnen bedeuten! Die große Frage ist nun, ob das *Department of Immigration und Border Protection* diesen Familiengerichtsbeschluss respektieren wird. Der prominente Mietmutterschaftsbefürworter-Anwalt Stephen Page schrieb dazu am 11. Oktober 2017 auf seinem Blog:

> „… es ist klar: Die Wunscheltern sind *nicht* die Eltern von Kindern, die durch Mietmutterschaft im Ausland geboren wurden."
>
> Anschließend meinte er jedoch:
>
> „Die Einwanderungsbehörde [d. h. das Ministerium für Einwanderung und Grenzschutz, RK] hat Entscheidungen des Familiengerichts bis jetzt größtenteils ignoriert. Ob sie das weiterhin tun wird, hat ernsthafte Konsequenzen für australische BürgerInnen, die Mietmutterschaft im Ausland arrangieren wollen."[96]

Wenn wir uns an die Kommentare des *Ministeriums für Einwanderung und Grenzschutz* zur Mietmutterschaftsuntersuchung erinnern, sollten wir uns keine großen Hoffnungen machen, dass es dieses Mal auf das Familiengericht hören wird. Und in der Tat, in den letzten zehn Monaten wurde nichts von einem durch Mietmutterschaft im Ausland geborenen

---

[96] http://surrogacyandadoption.blogspot.com

Kind bekannt, dem Pass und australische Staatsangehörigkeit vorenthalten wurden. So ein „Skandal" wäre garantiert von der Presse aufgegriffen worden!

Dass es „business as usual" sein könnte, zeigt auch das folgende Beispiel: Im Mai 2018 kam eine Freundin von mir mit einem Beinbruch aus dem Ausland zurück. Als sie in ihrem Rollstuhl darauf wartete, durch die Passkontrolle am Flughafen geschoben zu werden, bekam sie zufällig ein Gespräch von zwei Zollbeamten mit, das sich auf eine Frau aus Vietnam mit einem neugeborenen Baby im Rollstuhl neben ihr bezog. „Lass sie durch", sagte der eine, „wir wollen uns keine Probleme einhandeln ..." Eine Befragung der Mutter, ob es sich um eine Mietmutterschaft handelt, war den Beamten offensichtlich zu mühsam.

Trotz alledem meine ich, müsste der wichtige Entschluss des australischen Familiengerichtes von 2017 der Haager ExpertInnengruppe bekanntgemacht und von ihnen diskutiert werden. In Australien scheint das Urteil im Fall Bernières gegen Dhopal vom 1. September respektiert zu werden. Das heißt, dass der Name der „altruistischen" Geburtsmutter auf der Geburtsurkunde ihres Kindes stehenbleibt und der Samenspender nicht als Vater eingetragen wird. Eine Garantie für ein besseres Resultat für die Geburtsmutter ist dies jedoch nicht. So hat eine australische Geburtsmutter, die als solche registriert ist, sich aber weigert, das Recht auf ihr Kind aufzugeben, ihren Sohn seit seiner Geburt vor zwei Jahren nicht mehr gesehen, da er bei seinen Bestelleltern lebt. (Siehe *Broken Bonds*, 2019, wo dieser Fall diskutiert wird.)

Stephen Page, der mit seinem Ehemann Mitchell zusammen im Februar 2018 bekannt gab, dass sie ein Bestellbaby mit einer lokalen „altruistischen" Geburtsmutter erwarten, wird erst durch eine Adoption Vater werden können. Das wird recht viel Geld kosten und zeigt einmal mehr auf, dass nur gut situierte Leute sich diese ganzen Mietmutterschaftsabenteuer leisten können. Die eben gerade besprochenen Probleme mit Gesetzen machen deutlich, wie Regulierung von Mietmutterschaft zu nichts anderem als einer zeitraubenden und teuren Reise ins Juristenland führt (für die Bestelleltern) und zu Gefahren, Verzicht und Trauer für die Eizellen„spenderinnen" und Mietmütter. Deshalb sage ich es noch einmal: Nur die Abolition von Mietmutterschaft kann diesen Teufelskreis durchbrechen.

Doch nun zurück zu der vorherigen Diskussion. Wenn die Mitgliedsstaaten der *Haager Konferenz für Internationales Privatrecht* (HCCH) einen Schritt weitergehen und sich trotz der Schwierigkeiten entscheiden würden, ein breit angelegtes internationales Übereinkommen über transnationale Mietmutterschaft zu entwerfen, würde dies zu ernsthaften Problemen für kritische Feministinnen und MenschenrechtsaktivistInnen führen. Es würde gesetzliche Neuregelungen in großem Umfang zur Folge haben und Länder, die derzeit Mietmutterschaft verbieten (die überwältigende Mehrheit aller Staaten) dazu zwingen, ihre nationalen Gesetze zu ändern.[97]

Als ich las, dass das *International Institute of Social Studies* (ISS), ebenfalls in Den Haag, das an die *Erasmus Universität Rotterdam*

---

[97] Aber es gibt schon heute immer Mittel und Wege Lücken zu finden, die den Baby-KäuferInnen nutzen. Am 18. Dezember 2016 hatte Stephen Page aufregende Neuigkeiten: „In einer zukunftsweisenden Entscheidung hat das australische Familiengericht zum allerersten Mal eine US-amerikanische Mietmutterschafts-Vereinbarung registriert. Die Auswirkung des australischen Beschlusses bedeutet, dass eine Vereinbarung in den USA in Australien Gültigkeit hat, und dass die Eltern des Kindes, die bei der Vereinbarung in den USA angegeben wurden, als Eltern des Kindes in Australien anerkannt werden." Page erklärt weiterhin, dass einige Staaten in den USA vorgeburtliche Abstammungsurkunden auf den Namen der „Baby-KäuferInnen" als Eltern ausstellen, anstatt dem der Mietmutter. Und: „Das bedeutet zum Beispiel, dass die Einzigen, denen Elternverantwortung eingeräumt wird, so z. B. für den *Australian Passports Act*, die Eltern sind, nicht die Mietmutter. Daher ist die Zustimmung der Mietmutter für neue australische Pässe für das Kind nicht erforderlich." (Hervorhebung RK)
Dies sind „großartige" Neuigkeiten, denn damit wird die Geburtsmutter aus dem Weg geräumt und mit ihr alle potenziellen unerwünschten Szenen auf einem australischen Konsulat oder der Botschaft. Allerdings warnt Page davor, dass vorgeburtliche Abstammungsurkunden nur bei „altruistischer" Mietmutterschaft ausgestellt werden können und dass die Bestelleltern sehr vorsichtig sein müssen und *immer* eine Rechtsberatung benötigen. Zweifellos wird diese neue Lücke von AnwältInnen der Mietmutterschafts-BefürworterInnen bereits ausgenutzt, um mehr Geld damit zu verdienen. Allerdings dürfte sie nach der Familiengerichtsentscheidung zu Bernières gegen Dhopal nicht mehr rechtsgültig sein.
http://surrogacyandadoption.blogspot.com/2016/12/family-court-of-australia-court.html

angegliedert ist, bereits 2014 ein *Internationales Forum zu interkontinentaler Adoption und weltweiter Mietmutterschaft* einberufen hatte (11.-13. August 2014), dachte ich, dass dies eine gute Nachricht sei; offensichtlich hatten sich auch andere Menschen über solch weitreichende Übereinkommen zur Mietmutterschaft Sorgen gemacht und wollten nicht, dass sie international anerkannt werden.

Der Bericht des Themengebiets 5 – „Weltweite Mietmutterschaftspraktiken" – beschreibt die Veranstaltung als

> „eine richtungsweisende Konferenz, die fast hundert WissenschaftlerInnen, Frauengesundheits- und MenschenrechtsverteidigerInnen und EntscheidungsträgerInnen aus 27 Ländern zusammenbrachte" (Darnovsky und Beeson, 2014).

Leider zeigt die Zusammenfassung der „Weltweiten Mietmutterschaftspraktiken" jedoch sofort auf, dass die meisten TeilnehmerInnen des Forums in ihren Überlegungen zur Mietmutterschaft einen *Regulierungsansatz* anstrebten. Immer wieder wird betont, dass es darum gehe, eine Lösung für den „legalen Status und die Staatsbürgerschaft der Kinder" zu finden – mit anderen Worten: Es geht auch hier um Abstammungs- bzw. Vaterschaftsthemen. Außerdem lässt die Zusammenfassung bereits die Anerkennung von „Mietmutterschaft als Arbeit" erahnen, die sich dann tatsächlich auch durch den ganzen Bericht zieht – ohne jegliche Diskussion darüber, ob die Zeit der Schwangerschaft von neun Monaten jemals als „Arbeit" definiert werden könnte und sollte. Wie Darnosvky und Beeson schreiben (2014, S. x):

> „TeilnehmerInnen [des Forums] bekräftigen die Wichtigkeit, den legalen Status und die Staatsbürgerschaft der Kinder in den internationalen Mietmutterschafts-Vereinbarungen zu klären. Außerdem betonen sie die Notwendigkeit größerer politischer Aufmerksamkeit für ein breites Spektrum an Auswirkungen, die alle Beteiligten betreffen, vor allem die *Frauen, die als Mietmütter arbeiten*, und die Kinder, die sie austragen und gebären." (Hervorhebung RK)

Wer genau waren die eingeladenen Delegierten in diesem Forum? Wie sich herausstellte, wurden nur 24 Personen am Ende des Berichts als TeilnehmerInnen des Themengebiets 5 „Weltweite Mietmutterschaftspraktiken" namentlich genannt; der Rest der „fast einhundert"

TeilnehmerInnen, deren Hauptinteresse nicht Mietmutterschaft, sondern internationale Adoption war, blieb (mit einigen wenigen Ausnahmen) ungenannt. Von den 24 genannten Personen waren mehr als die Hälfte bekannte *liberale* Feministinnen, die die Regulierungssysteme bevorzugen und die Abschaffung der Mietmutterschaft ablehnen – einschließlich derjenigen, die den Bericht verfassten, die US-amerikanischen Feministinnen Marcy Darnovsky und Diane Beeson. Dies erklärt den eindeutigen Schwerpunkt auf Regulierung in ihrem Bericht „Weltweite Mietmutterschaftspraktiken".

Dennoch scheinen einige andere Delegierte anwesend gewesen zu sein – möglicherweise in den beiden gemeinsamen Sitzungen mit dem Themenbereich zur internationalen Adoption –, die sich gegen Mietmutterschaft – als eine Form der Menschenrechtsverletzung und Gewalt gegen Frauen – ausgesprochen haben, und wollten, dass sie verboten wird. Im Abschnitt „Regulierung oder Verbot: Sich gegenseitig ausschließende Alternativen?" schreiben Darnovsky und Beeson (2014, S. 36):

> „Die TeilnehmerInnen waren geteilter Meinung darüber, ob internationale kommerzielle Mietmutterschaft besser reguliert oder ganz abgeschafft werden sollte. Einige hatten eine klare Meinung, andere waren unsicher. Viele standen der Möglichkeit, dass ein internationales Übereinkommen viele der problematischen Praktiken und Konsequenzen der internationalen Mietmutterschaft abmildern könnte, offen gegenüber. Einige Forums-TeilnehmerInnen fragten sich jedoch, ob ein internationales Übereinkommen dazu führen würde, das Verbot der kommerziellen Mietmutterschaft, das in vielen Ländern existiert, zu untergraben, häufig deswegen, weil die Mietmutterschafts-Praxis die Menschenwürde des Kindes wie auch der Geburtsmutter verletzt. Von diesem Standpunkt aus gesehen wurden Befürchtungen geäußert, dass ein internationales Übereinkommen kommerzielle Mietmutterschaft normalisieren könnte und/oder die Menschenrechtsverletzungen, die sie nach sich zieht, sogar bagatellisieren würde. Es wurden auch Fragen gestellt, ob Mietmutterschaft unter gewissen Umständen den Verkauf von Babys darstelle, und die *UN-Kinderrechtskonvention* verletze, weil seine oder ihre Identität, Nationalität und Familienbeziehungen zerstört würden."

Das sind genau die Fragen, die diskutiert werden müssten! Aber leider wurden sie zur Seite geschoben.

Wie Darnovsky und Beeson weiter erklären (2014, S. 37):

> „Andere TeilnehmerInnen, wie auch immer sie die Wahrscheinlichkeit und Wirksamkeit einer internationalen Konvention beurteilen mögen, unterstützten die Regulierung der kommerziellen Mietmutterschaft statt eines Verbots aus pragmatischen, prinzipiellen oder beiden Gründen. Einige sprachen sich für eine Regulierung als den effizientesten Weg aus, Frauen und Kindern, die an kommerziellen Mietmutterschafts-Vereinbarungen beteiligt sind, dringend benötigten Schutz zu bieten. Andere wiesen darauf hin, dass es in den Zuständigkeitsbereichen, in denen Mietmutterschaft derzeit bestehende Praxis ist, politisch sehr schwierig sein würde, Verbote für kommerzielle Mietmutterschaft zu erlassen, und dass es schwierig sein würde, Länder zu überwachen, die altruistische, aber keine kommerziellen Mietmutterschafts-Vereinbarungen zulassen würden."

Der letzte Punkt ist besonders merkwürdig. Warum sollte bezahlte Mietmutterschaft in Ländern, die „altruistische" Mietmutterschaft erlauben, „schwierig zu überwachen" sein? Es ist doch völlig klar. Es ist ein *Verbrechen*, wenn kommerzielle Mietmutterschaft gesetzlich verboten ist. Dies ist derzeit der Fall in Australien und ist nicht schwierig zu regulieren. Ein vergleichbares Argument wäre es zu sagen, dass Rauchen in öffentlichen Räumen nicht verboten werden könne, weil Menschen in ihren privaten Räumen rauchen dürfen. Dieses Argument wurde entweder nie gebraucht oder die PolitikerInnen verwarfen es: Australien *hat* das Rauchen in allen öffentlichen Räumen verboten!

Darnovsky und Beeson fahren fort (2014, S. 37-38, Hervorhebung RK):

> „Einige basieren ihre Unterstützung, wirksam regulierte kommerzielle Mietmutterschaft zu genehmigen, auf prinzipiellen Argumenten über die Handlungsmacht (agency) von Frauen und betonen, dass viele Frauen, die als Mietmütter *arbeiten*, dankbar sind für die Möglichkeit, eine beträchtliche Menge Geld zu verdienen. Sie wollen einfach nur bessere *Arbeits*bedingungen und Schutz vor Gesundheitsrisiken, so wie eine Reduzierung des Stigmas, das mit diesen Vereinbarungen verbunden ist."

Ich bin bereits auf die höchst problematische Idee eingegangen, Mietmutterschaft als „Arbeit" zu bezeichnen, aber es ist informativ zu lesen, wie die Vorstellung, dass Mietmutterschaft „Arbeit" sei, mühelos aus der Feder dieser beiden liberalen US-amerikanischen feministischen Autorinnen fließt und den ganzen Bericht durchzieht. Im Übrigen scheinen sie entweder rosarote Brillen zu tragen oder die grundlegenden Unterschiede zwischen AbolitionistInnen und RegulatorInnen bewusst zu verwischen. Wie sie erklären (2014, S. 37):

> „Trotz der Tendenz einiger, `Verbot` und `Regulierung` der kommerziellen Mietmutterschaft als Gegensätze und als sich nicht überschneidende Positionen anzusehen, ist es möglich, sich ein breites Spektrum von rechtlichen und politischen Ansätzen vorzustellen, die die problematischen Aspekte internationaler Mietmutterschaft effektiv verringern oder beseitigen könnten. Diese könnten strafrechtliche oder zivilrechtliche Sanktionen gegen VermittlerInnen beinhalten, aber nicht gegen die anderen, die an den Mietmutterschaft-Vereinbarungen beteiligt sind, eine Vielfalt der Vorschriften über gesetzliche Abstammung der daraus resultierenden Kinder und Aufbewahrung der Unterlagen, Anforderungen über den Inhalt, Zeitplan und die Durchsetzbarkeit der Mietmutterschaft-Verträge, Anforderungen über den Status und/oder das Verhalten der VermittlerInnen, Regeln, die Diskriminierung von Bestelleltern oder Mietmüttern aufgrund ihres Ehestatus, ihrer sexuellen Orientierung und Behinderung verbieten, einklagbarer Schutz der Gesundheit und Sicherheit der Mietmütter, Forderung nach Überprüfung der Bestelleltern etc. Es könnte sogar Gesetze geben, kommerzielle Verträge nur für Personen geltend zu machen, die innerhalb von Ländern leben, die solche Verträge akzeptieren und/oder transnationale Verträge auf Situationen zu beschränken, in denen beide Länder die rechtliche Abstammung und Staatsangehörigkeit der resultierenden Kinder anerkennen."

Dieses letzte Zitat enthält eine lange Liste detaillierter Maßnahmen, die Schäden durch *Regulierung* minimalisieren sollen. Das ist kein Verbot. Verbot bedeutet, dass keine Mietmutterschaft erlaubt ist. Warum ist es so schwierig, „nein-heißt-nein" zu verstehen?

Ich habe diesen Bericht so ausgiebig zitiert, weil er aufzeigt, was für eine Fallgrube Regulierung ist. Der kritische Punkt, der an der Wurzel des Problems ansetzt, ob es Mietmutterschaft überhaupt geben sollte und ob es je eine moralisch und ethisch vertretbare Vereinbarung zwischen den Bestelleltern (Baby-KäuferInnen), Mietmüttern und Eizellen„spenderinnen“ geben könnte, das heißt, ob es wirklich je akzeptabel sein kann, die Letzteren zu bitten, ihr Leben zu riskieren und Kinder zu schaffen, die nie darum gebeten haben, von ihren Geburtsmüttern getrennt zu werden, wird nicht prinzipiell diskutiert. Stattdessen bewegt sich die Diskussion innerhalb zweitrangiger Regulierungsfragen, die nur in einem Kontext der Schadensbegrenzungen (harms minimisation) Sinn machen, aber Welten davon entfernt sind, die existenziellen Fragen, die sich aus der Mietmutterschaft ergeben, zu beantworten: Warum glauben reiche Menschen, dass sie das Recht haben, von ärmeren Menschen – und ausschließlich Frauen – zu erwarten, dass diese für sie Babys austragen und gebären, ob nun aus Liebe oder für Geld?

Diese letzte Kernfrage ist meiner Ansicht nach Grund genug, Regulierungen und Methoden der Schadensbegrenzung abzulehnen. Dazu kommt noch, dass die Vielfalt von unkontrollierbaren Gesetzen ein postmodernes Eldorado für neoliberale Fantasien von „Freiheit“ und „Wahlmöglichkeiten“ für Privilegierte schafft.

Vor allem sind Regulierungen dazu da, dass an ihrer Oberfläche gekratzt werden kann, um Schwachpunkte zu finden. Dann gilt es, geschickte Wege auszudenken, um die Regulierungen zu untergraben (mehr Geld für AnwältInnen). Herzlich willkommen auf dem Mietmutterschaft-Schwarzmarkt, der durch Regulierung ermöglicht wird!

Trotz all dem scheint Regulierung für viele Menschen die einfachere Lösung zu sein als ein totales Verbot von Mietmutterschaft. Ein banaler Grund für diese Einschätzung ist Unbehagen und die weitverbreitete *Angst, „nein“ zu sagen*, wenn es um einen Kinderwunsch geht.

Bei einem Schinkenbrötchen in einer Pause der bereits früher besprochenen Konferenz von *Families Through Surrogacy* 2014 begann ich ein gutes Gespräch mit einer mir unbekannten Frau über die Gefahren der Mietmutterschaft für Frauen und Kinder. Sie stimmte mir in allen Punkten zu – aber als die Glocke läutete, um uns an unsere Plätze zurückzurufen, bemerkte sie abschließend,

„aber diese armen homosexuellen Männer, die sich so verzweifelt ein eigenes Kind wünschen, denen können wir es doch nicht verwehren".

Es ist diese Nervosität und die Angst davor, die Gefühle anderer zu verletzen – und wie in diesem Fall auch noch homophob zu erscheinen – die in unserer Gesellschaft so stark sind – besonders bei Frauen. Es hält uns oft davon ab, die fundamentalen Probleme in gesellschaftlichen Fragen klar zu durchdenken. Und dann mutig *Nein* dazu zu sagen.

Zum Glück für die KritikerInnen der Mietmutterschaft war am 23. März 2015 eine Gruppe von größtenteils europäischen feministischen Abolitionistinnen (aber einschließlich des *US Center for Bioethics and Culture*, das die Kampagne *Stop Surrogacy Now* ins Leben gerufen hat) mutig – und verärgert genug – die *Haager Konferenz für Internationales Privatrecht* (HCCH) herauszufordern, sich unsere Kritik an internationaler Mietmutterschaft anzuhören. Bei einer Konferenz in Paris kommentierten sie *The Hague's Preliminary Documents* No 3 B vom März 2014 und No 3 A vom März 2015 und warfen der HCCH vor, seit 2011 ihre Versuche, ein internationales Übereinkommen zur Befürwortung der Mietmutterschaft zu entwerfen, vor einer öffentlichen Prüfung versteckt zu haben und sie nur mit Mietmütter-BefürworterInnen zu diskutieren (S. 6):

> „Das Ständige Büro verließ sich nur auf die Perspektiven von Parteien, die aktiv an Mietmutterschaft beteiligt sind, und zwar nicht nur InteressensvertreterInnen [wie IVF-Kliniken und Anwälte], sondern auch KonsumentInnengruppen, die diese Praxis befürworten und für sie werben. Die Meinung dieser `ExpertInnen` könnte somit dazu führen, z. B. Abstammungsfragen [von Kindern] durch Mietmutterschaft so zu regulieren, dass ihre eigenen Geschäftsinteressen in diesem Bereich legitimiert werden. Die Frage nach einem möglichen Verbot der Mietmutterschafts-Praxis wurde nicht einmal gestellt, trotz der Tatsache, dass sie in den meisten Ländern verboten ist."

Außerdem schickte die Pariser Konferenz-Gruppe ihren inspirierenden Entwurf für eine *Internationale Konvention zur universellen Abschaffung der Mietmutterschaft* an die HCCH, die sich, wie die AutorInnen es vorschlagen, an der „Sklaverei-Konvention von 1926 und der ergänzenden Konvention zur Abschaffung der Sklaverei, des Sklavenhandels und

Institutionen und Praktiken die der Sklaverei ähneln von 1956" (S. 23) orientieren. In diesem Dokument notieren das französische *Collectif pour le Respect de la Personne* (CoRP), *Coordination des associations pour le droit à l'avortement et à la contraception* (Cadac), *Coordination lesbienne en France* (CLF), *La Lune* (association of lesbian feminists), die *European Women's Lobby* (EWL), das *Center for Bioethics and Culture* (USA), die schwedische Women's Lobby und einige andere Verbände und Einzelpersonen (Gertrud Årström, Schweden; Kajsa Ekis Ekman, Schweden; Elfriede Hammerl, Österreich; Alice Schwarzer, Deutschland) ihre Argumente, warum wir statt Regulierungsinstrumenten ein *Internationales Übereinkommen zur Abschaffung der Mietmutterschaft* brauchen (CoRP *et al.* 2015) – viele von diesen Argumenten sind dieselben, die ich in diesem Buch vorgestellt habe.[98]

Die feministischen Autorinnen der Pariser Gruppe betonen, dass Mietmutterschaft eine Praxis der Ausbeutung ist, die existierenden internationalen Menschenrechtskonventionen zuwiderhandelt und listen diese auf (2015, S. 17-22):

• das *Haager Übereinkommen über den Schutz von Kindern und die Zusammenarbeit auf dem Gebiet der internationalen Adoption*,

• das *US-amerikanische Sklavereiabkommen*,

• das *Übereinkommen über die Rechte des Kindes* (kurz: *UN-Kinderrechtskonvention*),

• das *zweite Fakultativprotokoll zur UN-Kinderrechtskonvention zu Kinderhandel, Kinderprostitution und Kinderpornografie*,

• *Übereinkommen über die grenzüberschreitende organisierte Kriminalität*,

• das ergänzende Protokoll zu diesem Übereinkommen zur Verhütung, Bekämpfung und Bestrafung des Menschenhandels, insbesondere des Frauen- und Kinderhandels („*Protokoll Menschenhandel*"),

• regionale Instrumente (wie das *Übereinkommen über Menschenrechte und Biomedizin*, das festlegt, dass „der menschliche Körper und

[98] Dieses wichtige Dokument sollte so weit wie möglich verbreitet werden und von den ursprünglichen Autorinnen und anderen weiterentwickelt werden: https://collectif-corp.com/2018/02/05/hague-conference-press-releas[99] *Übereinkommen über Menschenrechte und Biomedizin*, Artikel 21, 132. (DH)

Teile davon als solche nicht zur Erzielung finanziellen Gewinns verwendet werden dürfen."[99].[100]

Und sie fassen ihre Argumente kurz und bündig zusammen:
„Jede Vereinbarung, die die Praxis der Mietmutterschaft organisiert oder reguliert, ist unvereinbar mit geltenden internationalen Übereinkommen" (S. 13).

Das schließt das *Übereinkommen über den Schutz von Kindern und die Zusammenarbeit auf dem Gebiet der internationalen Adoption* mit ein (S. 17):

„Die Haager Konferenz kann nicht einerseits die Vermarktung von Kindern und die Ausbeutung der Reproduktionskapazität von Frauen im Zusammenhang mit internationalen Adoptionen bekämpfen, und andererseits die gleichen Praktiken im Zusammenhang mit Mietmutterschaft unter dem Deckmantel bejahen, dass `Schutzmaßnahmen` (die zudem äußerst schwach sind) getroffen werden sollen."

Zur *UN-Kinderrechtskonvention* sagen sie (S. 17-18):
„Mietmutterschaft verletzt Artikel 7 § 1 der *UN-Konvention über die Rechte des Kindes*. Der Artikel 35 der *UN-Konvention über die Rechte des Kindes* schreibt vor, dass `Vertragsstaaten alle möglichen nationalen, bilateralen und multilateralen Maßnahmen nehmen, um die Entführung von oder den Handel mit Kindern für jeglichen Zweck oder jegliche Form zu verhindern`. (...) [Mietmutterschaft] stellt den Verkauf eines Kindes im Sinne von Artikel 35 der *UN-Konvention über die Rechte des Kindes* dar."

Sie beenden ihren Entwurf für eine *Internationale Konvention zur universellen Abschaffung der Mietmutterschaft* (der im Rahmen der Konventionen der Vereinigten Nationen geschrieben wurde) mit den folgenden Worten (S. 23):

„Um ein Verbot der Mietmutterschaft und den Kampf gegen diese Praktik voll wirksam werden zu lassen, müssen Artikel [in der Konvention] auch

---

[99] *Übereinkommen über Menschenrechte und Biomedizin*, Artikel 21, 132. (DH)

[100] Das ist natürlich genau das, was in IVF-Kliniken, Agenturen, Gruppen von Mietmutterschafts-BefürworterInnen – den ZuhälterInnen der Mietmutterschaft – passiert, die enorm von den Körpern der Mietmütter und Eizellen„spenderinnen" profitieren.

gesetzliche Strafen festlegen, die Mietmutterschaft kriminalisieren oder zumindest die Aktivitäten von VermittlerInnen [IVF-Klinken und KonsumentInnengruppen], die Mietmutterschaft ermöglichen. Diese Vereinbarungen könnten entweder Teil der Abolitions-Konvention sein oder in einem Zusatzprotokoll angefügt werden. Diese zweite Möglichkeit würde es der Abolitions-Konvention ermöglichen, eine breitere Unterstützung zu mobilisieren, die sich auf das generelle Verbot von Mietmutterschaft sowie Maßnahmen konzentriert, wie diese Praxis verringert werden könnte. Das würde es den bereitwilligsten Staaten erlauben, zusammenzuarbeiten und durch ein gemeinsames Strafrecht die Mietmutterschafts-Praxis effektiver zu bekämpfen. Ein solches Zusatzprotokoll könnte von bereits bestehenden juristischen Texten inspiriert werden, die sich auf strafrechtliche Zusammenarbeit beziehen und die im Bereich des Menschenhandels im weitesten Sinne bereits existieren, einschließlich:

- der *Konvention zur Unterbindung des Menschenhandels und der Ausnutzung der Prostitution anderer*,
- dem *Protokoll zur Verhütung, Bekämpfung und Bestrafung des Menschenhandels, insbesondere des Frauen- und Kinderhandels*, das das *Übereinkommen über die grenzüberschreitende organisierte Kriminalität* ergänzt,
- dem *zweiten Fakultativprotokoll zur UN-Kinderrechtskonvention zu Kinderhandel, Kinderprostitution und Kinderpornografie*."

Die Idee einer *Internationalen Konvention zur universellen Abschaffung der Mietmutterschaft* ist eine aufregende Entwicklung. Es macht mir große Hoffnung, zu wissen, dass es Feministinnen auf der ganzen Welt gibt – Einzelpersonen und Gruppen – mit denen wir zusammenarbeiten können, um die Menschenrechte und Würde von Frauen und Kindern gegenüber den Verletzungen durch Mietmutterschaft und Eizellen„spenden" zu verteidigen.[101] Eine weitere gute Nachricht ist, dass im Juni 2018 eine

---

101 Die Autorinnen der *Internationalen Konvention zur universellen Abschaffung der Mietmutterschaft* sandten die Konvention an die *Haager Konferenz für Internationales Privatrecht* (HCCH), mit der Forderung, diese an alle Mitglieder zu verteilen und die Pariser Gruppe in alle weiteren Mietmutterschafts-Diskussionen mit einzubeziehen. Die HCCH hat jedoch weder das eine noch das andere getan. Sie hat die Konvention auch nicht auf ihrer

neue weltweite Gruppe gegründet wurde: die *Coalition pour l'Abolition de la Maternité de Substitution* (CAMS; Koalition zur Abschaffung von Mietmutterschaft, siehe Kapitel 6).

Im nächsten Kapitel werde ich eine Übersicht über den bisherigen und derzeitigen feministischen Widerstand – und unsere Erfolge – gegen Mietmutterschaft geben.

Website, obwohl sie im Januar 2016 eine „Background Note for the Meeting of the Experts' Group on the Parentage/Surrogacy Project" auflistet: https://assets.hcch.net/docs/8767f910-ae25-4564-a67c-7f2a002fb5c0.pdf. Die *Internationale Konvention zur Abschaffung der Mietmutterschaft* wäre perfekt gewesen für diese Hintergrundinformationen. Empört und verärgert, dass die HCCH sowohl die Konvention wie auch die 2015 und zweite 2016 Pariser Konferenz der prominenten Feministinnen total ignorierte und mit ihrer ExpertInnengruppe zu Abstammung/Mietmutterschaft 2017 weiterarbeitete, als ob es keine anderen Meinungen geben würde, wurde im März 2018 die gleiche Konvention mit einem neuen starken Begleitschreiben, das von Dutzenden internationalen GegnerInnen der Mietmutterschaft unterschrieben war, noch einmal an die HCCH geschickt. Diesmal wurde der Empfang von der *Haager Konferenz* bestätigt, aber das war dann auch alles: Die Agenda sowie die Diskussionen beim Treffen der Abstammung/Mietmutterschaft ExpertInnengruppe vom 13.-15. März 2018 enthielt absolut keinen Hinweis darauf, dass diese Dokumente zur Kenntnis genommen und/oder diskutiert wurden.

Kapitel 6: Widerstand – in der Vergangenheit und heute

Der radikale Widerstand von Feministinnen, MenschenrechtsaktivistInnen und anderen betroffenen Gruppen, die heute in der internationalen Kampagne *Stop Surrogacy Now* zusammenarbeiten, ist keineswegs ein neues Phänomen. Der Widerstand begann bereits in den frühen 1980er Jahren, als Mietmutterschaft in den USA im Rampenlicht stand, nachdem in den späten 1970er Jahren Unternehmer wie Noel Keane in Michigan Mietmutterschaft-Agenturen eröffnet hatten. Keane sah sich als Pionier und Meister einer Bewegung von „Brüterinnen" (der Ausdruck stammt von Gena Corea). Bis Mitte der 1980er Jahre wurden in den USA etwa zwanzig Mietmutterschaft-Agenturen gegründet (Corea 1985, S. 213-14).

Es ist interessant zu sehen, dass die gleichen Themen, die heute diskutiert werden, bereits vor dreißig Jahren besprochen wurden: Soll Mietmutterschaft ausschließlich heterosexuellen Paaren zur Verfügung stehen oder soll es Alleinstehenden und homosexuellen Männern erlaubt werden, eine Mietmutter zu arrangieren? Soll Mietmutterschaft nur „altruistisch" sein oder soll sie bezahlt werden? Und welche Frauen sollen Mietmütter sein: arme Frauen, die Geld zum Überleben brauchen oder jede „besondere" Frau mit einem großen Herzen, die sich dafür begeistern kann, die leeren Arme von leidenden unfruchtbaren Paaren zu füllen? Ist Mietmutterschaft ein wohltätiger Service oder ist es Ausbeutung? Noel Keane drehte ein „Erziehungs-Video" namens „*Special Ladies*", das in Sekundarschulen gezeigt wurde, um

> „... junge Frauen in die Mietmutterschaft zu bringen, – [wie Zuhälter das tun in der Prostitution] – um unter dem Deckmantel von Altruismus Mietmutterschaft als einen großartigen Akt von Selbstlosigkeit anzupreisen." (Raymond 1993/1995, S. 44)

Und wie sieht es mit der Möglichkeit der Geschlechterselektion aus? Der Tatsache, dass eine Mietmutter pränatalen Tests zuzustimmen hat, und falls das Produkt Kind „nicht perfekt" ist, sich dann einer Abtreibung unterziehen muss?

All dies sind Fragen von sozialer Gerechtigkeit, von Armut, Klasse, Rasse, Geschlecht und Behinderung.

Feministische Kritik ließ nicht auf sich warten. Zu den ersten Kritikerinnen gehörte die großartige Autorin Andrea Dworkin, die bereits 1983 das ausbeuterische „Züchten“ von Mietmüttern in Ställen in armen Ländern voraussagte – was wir seither in Indien, Thailand, Kambodscha und Nepal gesehen haben, wie auch die Ausbeutung von Mietmüttern in der Ukraine und Mexiko. Indem sie Mietmutterschaft im Vergleich zu sexueller Prostitution, die in Bordellen stattfindet, als „reproduktive Prostitution" bezeichnet, vergleicht Dworkin das Bordell mit dem Zuchtmodell aus der Landwirtschaft (1983, S. 174):

> „Das Zuchtmodell kann auf Mutterschaft bezogen werden; Frauen als eine Klasse werden mit Samen befruchtet und geerntet, Frauen werden für die Frucht, die sie tragen, wie Bäume benutzt, [wir sehen] das gesamte Spektrum an Frauen von preisgekrönten Kühen bis hin zu verwahrlosten Hunden, von hochgezüchteten Pferden bis hin zu traurigen Nutztieren.“

Ähnliche Bedenken fanden sich bald in einer Flut feministischer Bücher zu Reproduktionstechnologien, die in den 1980er Jahren veröffentlicht wurden. Die erste internationale Anthologie war *Test-Tube Women: What Future for Motherhood* (Arditti, Duelli Klein und Minden, 1984/1989, deutschsprachige Ausgabe: *Retortenmütter: Frauen in den Labors der Menschenzüchter*, 1985),[102] in dem die Autorinnen[103] dringende Fragen über die Auswirkungen der sich schnell entwickelnden schönen neuen Welt der Retortenbabys auf Frauen stellten. (Louise Brown[104] wurde 1978 geboren). Das Buch untersucht auch die andere Seite der Medaille: Gefährliche Sterilisation und Verhütungsmittel, die häufig im Westen

---

[102] *The Custom-Made Child: Women-Centered Perspectives*, herausgegeben von Helen B. Holmes, Betty Hoskins und Michael Gross erschien 1981. Darin waren die Protokolle des Workshops „Ethische Fragen in der Reproduktionstechnologie, Analysen von Frauen“ von 1979 in Amherst, MA, USA enthalten. Darin wurde eine weite Palette von Fragen geprüft: von vorgeburtlichen Diagnosen und Geschlechterselektion bis hin zur Ethik der Manipulationen, die Reproduktionstechnologien ermöglichen. In diesem Buch zeigte sich bereits die tiefe Besorgnis von Feministinnen über diese neuen Technologien, die die Diskussionen in den 1980er bis späten 1990er Jahren bestimmte.

[103] In der Originalfassung sind es 33, in der deutschen Fassung jedoch nur 18 Autorinnen. (DH)

[104] Louise Brown war das erste Retortenbaby. (DH)

armen Frauen aufgezwungen werden und in der sogenannten Dritten Welt als Mittel der Bevölkerungskontrolle eingesetzt wurden – und es noch immer werden.[105]

Eine der Autorinnen des Buches *Retortenmütter* war die US-amerikanische Journalistin Susan Ince, die in *„Wie werde ich Leihmutter?“* (S. 75-92, deutsche Ausgabe) von ihren persönlichen Erfahrungen nach ihrer Antwort auf eine Zeitungsannonce einer „angesehenen“ Mietmutterschaft-Agentur berichtet. Als Ince das Bewerbungsverfahren fertig durchlaufen hatte – sie wurde als Mietmutter akzeptiert – war sie sowohl von den fehlenden medizinischen und psychologischen Schutzmaßnahmen als auch von der vollständigen Kontrolle der Agentur über das Leben einer Mietmutter schockiert. Das betraf die Art und Weise, wie Mietmutterschaft der Welt präsentiert wurde und wird:

> „Sogar die begeisterten Beschreibungen von Leihmüttern klingen auffallend wie eine Beschreibung der glücklichen Hure mit einem goldenen Herzen.“[106]

Ihre eigenen Erfahrungen reflektierend warnt sie:

> „Wir dürfen jetzt nicht stillschweigend und liberal mit der neuen reproduktiven Prostitution kollaborieren. Wir sind aufgefordert, auf die Warnungen[107] zu hören und die Ersatzindustrie noch in ihrem Entstehungsprozess zu entlarven.“[108]

---

105 Der Ton des Buches ist sehr eindringlich und alarmierend. Auch wenn die Entwicklung von IVF und verwandten Technologien gerade erst angefangen hatte, wurden entscheidende Fragen, wie die nach den Gefahren für Frauen durch Medikamente und Operationen, Eugenik, vorgeburtliche Tests zu Geschlechterselektion, die wichtige Frage nach der Existenzberechtigung von behinderten Menschen und die Entwicklung einer künstlichen Gebärmutter, bereits gestellt. Es 2017 noch einmal zu lesen, ist erschütternd, da die Weitsichtigkeit dieser Texte, die im Großen und Ganzen heute nicht mehr diskutiert werden, beeindruckend ist. Viele technische Entwicklungen, die damals erst erahnt werden konnten, sind inzwischen etabliert, aber das „umfassendere Bild“ der Kontrolle patriarchaler Institutionen über das reproduktive Leben von Frauen und Mutterschaft – der „Hinter-Grund“ – wird kaum noch diskutiert. Es müsste dringend erneut besprochen werden.

106 Susan Ince: *Wie werde ich Leihmutter?*, in: Rita Arditti, Renate Duelli Klein und Shelley Minden: *Retortenmütter: Frauen in den Labors der Menschenzüchter*, S. 91.

107 Im englischen Original „to pay attention to our feminist visionaries“, also den Warnungen unserer feministischen Visionärinnen Aufmerksamkeit schenken! Zudem müsste es „Ersatzmutterindustrie“ heißen, nicht „Ersatzindustrie“. (DH)

108 Ince, s. Fußnote 4.

Nach *Retortenmütter* erschien Gena Coreas hervorragendes Buch *The Mother Machine: Reproductive Technologies from Artifical Insemination to Artifical Wombs* (Original: 1985, deutschsprachige Ausgabe: *Muttermaschine: Reproduktionstechnologien – von der künstlichen Befruchtung zur künstlichen Gebärmutter,* 1986). Die Worte Coreas waren ein Warnsignal für Frauen, hinter den „Vorder-Grund" der Reproduktionstechnologien zu schauen, da sie uns als freundliche „Kur" verkauft werden, um angeblich den Schmerz unfruchtbarer Frauen zu lindern, und auf den „Hinter-Grund" aufmerksam zu werden: Auf die sehr reale Möglichkeit, dass in der Zukunft medizinische Kontrolle über „normale" Frauen im gebärfähigen Alter auf *patriarchale* Kontrolle hinauslaufen wird, wer auf der Welt Kinder haben darf und wer ihre „Qualität" bestimmt.

Und tatsächlich hat die rasante Verbreitung, immer mehr und mehr (genetische) Krankheiten und „Abweichungen" durch pränatale Tests zu diagnostizieren, zu einem schnellen Anstieg der Anzahl von KundInnen von IVF-Kliniken geführt: von Menschen mit Fruchtbarkeitsproblemen zu solchen, die Angst vor einem „defekten" Kind haben und daher IVF mit Präimplantationsdiagnostik (PGD) benutzen wollen, um sicherzustellen, dass der eingepflanzte Embryo krankheitsfrei sein wird (was sowieso nie hundertprozentig vorausgesagt werden kann; zudem sind die meisten Krankheiten, die sich erst nach der Geburt entwickeln, nicht genetisch bedingt).

Corea widmet auch ein ganzes Kapitel der „Leihmutterschaft: Die glückliche Brüterin", die in den frühen 1980er Jahren immer „traditioneller" Art war: Die gemietete Frau wurde mit dem Sperma des Bestellvaters inseminiert, also dem Baby-Käufer. Diese Praxis änderte sich Ende der 1980er Jahre, als die Methode des Embryotransfers perfektioniert wurde und IVF-Ärzte/Ärztinnen den Mythos des „Schwangerschafts-Trägers" (gestational carrier) schufen, der angeblich keine Verbundenheit mit dem wachsenden Baby spüre, da der Embryo, der in die Gebärmutter der Frau implantiert wurde, nicht ihre Gene hat. Dieser Mythos überlebt bis heute und ist einer der Eckpfeiler der Mietmutterschaft-Industrie, der leider von vielen sogenannten Ersatz-Müttern geglaubt wird, die oft selber sagen, dass sie keine Verbindung mit ihrem sich entwickelnden Kind fühlen.

Der Versuch radikaler Feministinnen, mehr über diese

Technologien herauszufinden und darüber aufzuklären, welche „Geschenke" wohltätige (männliche) Wissenschaftler und Ärzte Frauen weltweit machen möchten, ging mit einem internationalen Forum bei dem *2. Internationalen Interdisziplinären Kongress über Frauen* im April 1984 im niederländischen Groningen weiter. Unheilvoll „Tod der Frauen?"[109] betitelt, forderten die 500 Teilnehmerinnen am Ende der Präsentation über die Zukunft der Reproduktionstechnologien dringend die Gründung eines internationalen Netzwerks, um dem entgegenzuwirken, was anfing wie eine massive Bedrohung der Existenz von Frauen auszusehen, statt einer „Befreiung" von Frauen, wie einige UnterstützerInnen behaupteten. Das war der Anfang von *Feminist International Network on the New Reproductive Technologies* (FINNRET)[110].

Als nächstes fand im April 1985 eine wichtige Konferenz in Bonn statt. Deutsche Feministinnen, unterstützt von Kirchen, Gewerkschaften und einem wachsenden Netzwerk von Krüppelfrauen, die sich für ihr Recht auf Leben einsetzten, veranstalteten den mitreißenden Kongress *Frauen gegen Gentechnik und Reproduktionstechnik.* Mehr als 2.000 Teilnehmerinnen sprachen ein klares NEIN gegen die technische Machtübernahme der Reproduktion und Leben von Frauen aus (Die Grünen im Bundestag, 1985). Eine Diskussion über Risikobewertung, d. h. Regulierung, wurde abgelehnt – die Technologien wurden als unkontrollierbar erkannt, die gestoppt werden müssen. Die Medien und auch die Öffentlichkeit sahen das genauso.

Einige Monate später in 1985 berief FINNRET eine „Notfall-

109 Die Vorträge des Panels „Tod der Frauen?" wurden 1985 unter dem Titel *Man-Made Women* in England veröffentlicht (Corea *et al.*). Auch diese Texte zeigen die Dringlichkeit, mit der Feministinnen auf diese Technologien hinwiesen: Nicht nur als die neuesten technologischen Meisterleistungen (oder deren Scheitern), sondern als ein systematischer neuer Rahmen für die internationale medizinische Übernahme des gesamten reproduktiven Lebens von Frauen. Wie Janice Raymond uns in ihrem Vorwort warnt (1985/1987, S. 13): „Dies bedeutet nicht, dass der Anti-Feminismus der \`Techno-Ärzte\` und ihrer Vorschläge immer beabsichtigt, geplant oder konspirativ ist. Hannah Arendt verdanken wir den Begriff der \`Banalität des Bösen\`. (…) Viele \`Techno-Ärzte\` verletzen Frauen nicht, weil sie ontologisch schlecht sind, monströs oder sich verschwören. So einfach ist das nicht. Jeder dieser Essays enthüllt die Komplexität der Diskussion über die neuen Reproduktionstechnologien."

110 Feministisches internationales Netzwerk zu neuen Reproduktionstechnologien. (DH)

Konferenz“ in Vållinge in Schweden ein. Von den Veranstaltungen in Deutschland angeregt, wurde der Name des Netzwerks zu *Feminist International Network of Resistance to Reproductive and Genetic Engineering*[111] (FINRRAGE) geändert, um die Einbeziehung der Genetik in unserer Kritik besser deutlich zu machen, wie auch unseren philosophischen Standpunkt: Wir sind ein internationales Frauennetzwerk, dessen oberstes Ziel es ist, diese entmenschlichenden Technologien zu *stoppen*, statt sie zu regulieren, da wir glauben, dass sie alle zur Unterdrückung von Frauen beitragen und Gewalt gegen Frauen und andere nicht-menschliche Tiere und Pflanzen darstellen.

Den Ereignissen dieses Jahres folgte ein rasantes Wachstum von FINRRAGE-Gruppen; es gab Ortsgruppen in mehr als zwanzig Ländern, intensives Netzwerken zwischen den Mitgliedern und weitere Konferenzen in Spanien, Australien, Bangladesch und Brasilien, sowie 1988 eine zweite große Konferenz in Deutschland. Diese Konferenz erhielt wiederum enorme Unterstützung von einer breiten Öffentlichkeit in deutschsprachigen Ländern, die offensichtlich das enorme Missbrauchspotential dieser Technologien sehen konnte, das bei weitem die vermeintlich nützlichen Anwendungen übertrifft (siehe Bradish, Feyerabend und Winkler, 1989).[112]

---

111 Feministisches internationales Widerstands-Netzwerk gegen Gen- und Reproduktionstechnologien. (DH)

112 FINRRAGE-Mitglieder veröffentlichten anschließend international zahlreiche Bücher, wie z. B. Pat Spallone und Deborah Steinberg: *Made to Order* 1987, Jocelynne Scutt (ed.): *The Mother Machine* 1988/1989, Renate Klein: *The Exploitation of a Desire* 1989 und *Das Geschäft mit der Hoffnung. Erfahrungen mit der Fortpflanzungsmedizin. Frauen berichten* (Hg.) (sowohl im Original als auch die deutschsprachige Ausgabe 1989), Farida Akhter: *Depopulating Bangladesh: Essays on the Politics of Fertility* 1992, Robyn Rowland: *Living Laboratories: Women and Reproductive Technologies* 1992, Janice Raymond: *Die Fortpflanzungsmafia* (im Original *Women as Wombs 1994,* deutschsprachige Ausgabe: 1995) und Farida Akhter: *Resisting Norplant* 1995. Ab 1988 haben wir die Zeitschrift *Reproductive and Genetic Engineering: A Journal of International Feminist Analysis*, Pergamon Press herausgegeben (siehe http://www.finrrage.org, dort sind zahlreiche Artikel aus dieser Zeitschrift zu finden). Die Wichtigkeit dieser Artikel, die beide Seiten der Medaille betonen, – die *Kontrolle* der Fruchtbarkeit von armen Frauen durch gefährliche Verhütungsmittel, Abtreibung und Sterilisation und die *Behandlung von Unfruchtbarkeit* für die Reichen in westlichen Ländern mit IVF-Medikamenten – kann nicht genug betont werden. Im 21. Jahrhundert hat die schockierende Realität dieser Dualität nur noch zugenommen und bedarf einer dringend notwendigen Diskussion, vor allem im Zusammenhang mit Ländern in

Dass die bis heute stärkste Ablehnung der Reproduktionstechnologien aus Deutschland kommt, ist nicht erstaunlich. Heidrun Kaupen-Haas, die damalige Direktorin des *Instituts für Medizinische Soziologie* in Hamburg, hat die Kontinuität der Experimente im nationalsozialistischen Deutschland sorgfältig dokumentiert, sowohl die Sterilisation „unwerter" Frauen als auch die „Behandlungen" für Frauen, die als arische Brüterinnen missbraucht wurden. Wie Kaupen-Haas es formuliert:

> „Es ist daher wichtig zu betonen, dass die Vernichtung `unwerten` Lebens und die Förderung `erwünschten` Lebens immer untrennbare Teile dieser Technologien sind." (Kaupen-Haas, 1988, S. 127)

Die Industrie der Gen- und Reproduktionstechnologien als gefährliches Terrain für die Ausbeutung, Kommerzialisierung und Industrialisierung der Reproduktion von Frauen in der Gegenwart und in der Zukunft wurde ein feministisches Thema von großer Bedeutung, das auf nationalen und internationalen Konferenzen gleich nach den Diskussionen über sexuelle Gewalt besprochen wurde. Mietmutterschaft wurde ein regelmäßiges Thema, obwohl sich die Diskussionen bis Anfang der 1990er Jahre, als die Ausbeutung in sogenannten Entwicklungsländern wie Indien zunahm, mit einigen Ausnahmen wie Großbritannien und Australien, im Wesentlichen auf die Geschehnisse in der sich stark ausbreitenden Mietmutterschaft-Industrie in den USA beschränkten. Tatsächlich feierte der zweite Kongress in Deutschland 1988 den erfolgreichen Widerstand gegen Noel Keanes[113] Versuch, eine Mietmutterschaft-Agentur namens *United Family International* in Frankfurt a. M. aufzubauen. Keane hatte damit angefangen, Sperma-Spendern aus Frankreich, Italien, Israel, Griechenland und Australien US-amerikanische Frauen als Mietmütter über einen illustrierten Katalog anzubieten. Im Januar 1988 ordnete ein deutsches Gericht die sofortige Schließung von Keanes Unternehmen an. Frankreich hatte bereits

---

Subsahara-Afrika, die zum neuesten „Spielplatz" der Bevölkerungskontrolleure geworden sind, die die dortigen Frauen mit gefährlichen Empfängnisverhütungsmitteln und chemischen Abtreibungen versorgen. (siehe Klein *et al.* 2013, S. lxxxvi-lxxxviii)

113 Noel Keane war ein Rechtsanwalt aus Michigan, USA, der sowohl 1976 den allerersten Vertrag über eine Mietmutterschaft erstellte, als auch den Vertrag für „Baby M", Sara Whitehead, später Melissa Stern genannt, der dazu führte, dass die Mietmutter ihr Kind gegen ihren Willen an die Bestelleltern abgeben musste. Keane starb 1997. (DH)

1987 drei Mietmutterschaft-Agenturen geschlossen. Und leider gab es 1987 den (wahrscheinlich) ersten Tod einer Mietmutter in den USA, als Denise Mounce, 24, während einer von Mietmutterschaft-Makler *Gene Search, Inc.* arrangierten Schwangerschaft im achten Monat der Schwangerschaft starb (Corea und de Wit 1988, S. 190-191, siehe auch unten).

Beim nochmaligen Lesen über diese ersten Mietmutterschaft-Fälle in westlichen Ländern sticht die Habgier der Mietmutterschaft-Agenturen hervor, die vom Medieninteresse an „ihren" schwangeren Brüterinnen profitierten und hofften, damit mehr KundInnen zu gewinnen. Diese Habgier setzt sich bis heute fort; sie ist unvermindert und ständig steigend.

In Großbritannien wurde Kim Cotton, die die Schule mit 16 Jahren verlassen, jung geheiratet und früh zwei Kinder bekommen hatte, 1984 von wachsenden Schulden erdrückt. Als sie im Fernsehen sah, dass eine US-amerikanische Agentur britischen Frauen £ 6.500 anbot, wenn sie sich mit dem Sperma eines Mannes inseminieren lassen würden und bereit wären, ein Kind auszutragen, sah sie darin die Lösung ihrer finanziellen Probleme (siehe Cotton und Winn *For Love and Money* 1985). Auch wenn sie später ausrechnete, dass die £ 6.500 weniger als ein Pfund „Lohn" pro Stunde bedeuteten, was weniger war, als Putzfrauen bezahlt bekamen, war sie weiterhin zufrieden mit ihrer Entscheidung. Aber Kim Cottons relativ unkomplizierte Schwangerschaft lief aus dem Ruder, als die Agentur forderte, dass sie einen exklusiven Vertrag mit einer Zeitung abschließen sollte. Von dem zusätzlichen Geld verleitet, wurde sie als erste bezahlte Mietmutter in Großbritannien von den Medien verfolgt und ihr Leben wurde öffentliches Eigentum. Die Konsequenz war, dass ihre neugeborene Tochter alleine im Krankenhaus bleiben musste, nachdem sie in einer qualvollen, langen Geburt, die Kims Ehemann um ihr Leben fürchten ließ, zur Welt gekommen war, und unter die Vormundschaft des Staates gestellt wurde. Das Vormundschaftsgericht brauchte mehr als zwei Wochen, um zu entscheiden, dass die „Bestelleltern" einen guten Ruf hatten. Die Tochter wurde als „Baby Cotton" bekannt; sie wurde von ihrem ausländischen Bestellvater außer Landes geflogen, und Kim hat nie wieder von ihrem Schicksal gehört. Die Agentur teilte ihr dann mit, dass sie sie nicht bezahlen würde, da die Prozesskosten, um das Baby vor dem britischen Staat zu „retten", sich auf £ 11.000 beliefen! (Letztendlich musste der Bestellvater diese Summe bezahlen, und so kostete „sein" halb-genetisches Kind ihn am Ende £ 25.000.)

Bereits während Kims Schwangerschaft hatte das *Warnock Committee* (unter dem Vorsitz der Ethikerin Lady Mary Warnock) entschieden, dass kommerzielle Mietmutterschaft einschließlich Mietmutterschaft-Agenturen in Großbritannien verboten werden sollten. Dieses Gesetz, das 1985 erlassen wurde, ist bis heute gültig, aber die sogenannte altruistische Mietmutterschaft gibt es weiterhin, und leider blüht und gedeiht sie sogar.

Währenddessen hatten in den USA Mietmütter angefangen, sich gegen die Praxis des Baby-Verkaufs auszusprechen, die einen verheerenden Einfluss auf ihre Leben und das ihrer Familie hatte. Zusammen mit FINRRAGE-Mitgliedern gründeten der politische Aktivist Jeremy Rifkin, der Leiter der *Foundation of Economic Trends*, und sein Rechtsanwalt Andrew Kimbrell am 1. September 1987 die *National Coalition against Surrogacy*[114].

Eine der GründerInnen (zusammen mit Gena Corea) war Elizabeth Kane (ein Pseudonym, ihr wahrer Vorname ist Mary Beth), die 1980 die erste US-amerikanische bezahlte Mietmutter wurde. Kane, die sich selber als „nur ein Brutkasten" bezeichnete, als sie im Fernsehen von ihrem IVF-Arzt wie ein Show-Pony zur Werbung für Mietmutterschaft vorgeführt wurde, bedauerte es inzwischen sehr, dass sie ihren Sohn Justin weggegeben hatte. Ihr Buch *Birth Mother* (1988/1990) beschreibt ihre Geschichte, rekonstruiert aus ihren Tagebüchern, im Detail. Es wird sehr deutlich, dass selbst während der Zeit, in der sie eine willige Mietmutter war, alle diejenigen, die um sie herum waren, wie der IVF-Arzt Richard Levin, ein Mietmutterschaft-Anwalt und ein lokaler Pastor – und denen sie allen vertraute – ihr Vertrauen für ihren eigenen finanziellen Gewinn und Ruhm gnadenlos ausbeuteten.

Elizabeth/Mary Beth Kane versuchte, sich dem zu widersetzen – sie war nie eine „gefügige" Frau, die allem zustimmte. Aber sie verlor jedes Mal. Besonders schlimm wurde sie während der Geburt betrogen.

114 Nationaler Zusammenschluss gegen Mietmutterschaft. (DH)

Kane hatte ihrem Arzt verboten, während der Geburt Fotos oder Filmaufnahmen zu machen, aber als ihre Wehen anfingen, erschien ein Filmemacher im Geburtssaal. Elizabeth/Mary Beth Kane forderte ihn auf zu gehen, aber er blieb. Sie versuchte, ihren Arzt Richard Levin zu erreichen, aber er war verschwunden. Als die Wehen zu schmerzvoll wurden, stand der Filmemacher für sie nicht länger im Mittelpunkt. So wurde die Geburt gefilmt. Und es ist noch schockierender zu hören, dass der Film dann später Elizabeth/Mary Beth Kane und einem Live-Publikum bei der *Phil Donohue Show* vorgeführt wurde, ohne dass sie die Aufnahmen vorher gesehen hatte (S. 246).

All dies geschah, bevor Margaret Atwood 1985 ihren enorm erfolgreichen Roman *Der Report der Magd*[115] schrieb. Kane hätte in ihrem wirklichen Leben genauso gut „Desrichard" (Ofrichard) heißen können, wie in Atwoods Buch, in dem die Hauptperson „Desfred" (Offred) genannt wurde, so stark war die Kontrolle von Richard Levin über ihr Leben.[116]

Nach der Geburt wurde Kane wiederum enttäuscht, als sie, während sie noch im Krankenhaus war, ihren Sohn auf der Säuglingsabteilung besuchen wollte. Levin hatte ihr versprochen, dass sie ihn sehen könne, aber er hielt sich nicht daran – oder „vergaß" die Bitte an die Krankenschwestern weiterzuleiten, wie er sagte. Kane bestand darauf und setzte sich durch. Als sie erst auf der Neugeborenenabteilung anrief, um sicherzugehen, dass es eine gute Zeit für einen Besuch war, wurde ihr mitgeteilt, dass sie für sie bereit seien, aber ein paar Minuten später erhielt sie einen Anruf: „Es wurde ein Fehler gemacht. Wir dachten, dass Sie seine Mutter wären" (S. 237). Trotz ihrer unerträglichen Schmerzen beharrte Kane auf den Besuch und bekam letztendlich grünes Licht. Aber als sie sich fertig machte, um den Raum zu betreten, sah sie Justins „Vater", der ihren Sohn

---

115 Die deutschsprachige Ausgabe erschien 1987. (DH)

116 Margaret Atwood benutzte den Begriff „handmaid" (deutsch: Magd, DH) statt „Ersatzmutter" in ihrem 1985 erschienenen Buch (sie erwähnt „Leihmütter" in ihren „Historischen Anmerkungen" am Ende des Buches, S. 389). Es ist gut zu sehen, dass in der englischsprachigen Werbung für die Fernsehserie von 2017 (nach einer früheren Filmfassung und einer Oper) der Begriff „surrogate mother" benutzt wird (nicht so in der deutschsprachigen, DH). Die erste Staffel der US-amerikanischen Serie, nach einer Idee von Bruce Miller, die in Kanada gedreht wurde mit Elisabeth Moss in der Hauptrolle, hatte im April 2017 Premiere, die zweite Staffel 2018. Eine dritte Staffel ist für 2019 geplant.

in seinen Armen hielt, und seine neue „Mutter", die ihm dabei zusah. Sie erstarrte, drehte sich um und ging weg:

> „Ich versuchte nicht, die Tränen wegzuwischen, die auf meinem Gesicht herunterliefen. Eine Mischung aus Stolz und Erfüllung, Trauer und Liebe für das Kind, mit dem ich schwanger war und das ich genährt hatte, geboren hatte und geliebt, wirbelte in mir. Ich würde nie wieder die Gelegenheit haben, ihn festzuhalten."[117]

Genau das passierte und sie hat ihren Sohn nie wieder gesehen. Im Laufe der Jahre schickten seine „Eltern" ihr einige Fotos, auf denen er beim Sport und Luxusurlauben zu sehen war, die Kane – einer Frau aus der Arbeiterklasse – zeigen sollten, was für ein gutes Leben diese reichen Leute ihrem Sohn gaben.

1987 rief sie Justins „Vater" an, um zu fragen, ob sie ihren Sohn sehen könne, aber ihr wurde gesagt, das Kind sei

> „... eine Geschäftsangelegenheit. Ich habe mich an meinen Teil des Vertrags gehalten, Sie wurden bezahlt, warum wollen Sie die Vereinbarung ändern?"[118]

Kane reflektiert weiter:

> „Wie kann ich auch nur anfangen, Justin zu erklären, dass er für den Preis eines neuen Autos abgegeben wurde?[119] Was werde ich sagen, wenn er mich fragt, warum ich keinen Gerichtsprozess für ihn angestrengt habe? Werde ich je in der Lage sein, ihn davon zu überzeugen, dass er zu der Zeit, als ich in Worten ausdrücken konnte, dass ich ihn verloren hatte, bereits sechs Jahre alt war und ein Prozess seine emotionale Stabilität zerstört haben würde?"[120]

Nach einigen weiteren Monaten im Medienzirkus mit Richard Levin, um Mietmutterschaft zu loben und ihm neue KlientInnen zu gewinnen,

---

117 Kane, S. 242.

118 Kane, S. 265.

119 Elizabeth/Mary Beth Kane erhielt $ 11.500 von den „baby buyers" für ihren Sohn. Sie bat ihren Ehemann, es auf ein Bankkonto einzuzahlen und wollte sich nichts für dieses Geld kaufen. Es wurde erst nützlich, als sie dem US-amerikanischen Staat Steuern bezahlen musste, da sie 1980 ein höheres Einkommen als sonst hatte (Kane, S. 245-246). Genau wie bei der Prostitution führt dies dazu, dass Länder und Staaten, die Mietmutterschaft legalisiert haben, zu Zuhältern werden, die von den Baby-Käufen profitieren.

120 Kane, S. 265.

konnte Kane nicht mehr länger ein falsches Lächeln aufsetzen. Sie versank monatelang in schlimmen Depressionen, vernachlässigte ihre Kinder und ihre Ehe, was beinahe in einer Scheidung endete. Sie dachte oft an Selbstmord. Im Nachwort von *Birth Mother*[121] beschreibt Mary Beth Kane detailliert, wie sie langsam aus den Tiefen ihrer Verzweiflung herauskam, in denen sie sich gnadenlos selber vorwarf, „schwach" zu sein und nicht in der Lage, sich im Griff zu haben und mit ihrem Leben fortzufahren.

Was ihr bei ihrer Wiederherstellung half, war ein Artikel, der im Oktober 1986 im *People Magazine* veröffentlicht wurde.

Sie las über die Misere von Mary Beth Whitehead, die am 27. März 1986 Baby Sara geboren und über das *Infertility Center of New York*[122] (dessen Gründer und Direktor wiederum der Mietmutter-Anwalt Noel Keane war) einen Vertrag über $ 10.000 als Mietmutter für das reiche Paar William und Betsy Stern unterschrieben hatte.[123] Nach der Geburt gab sie Sara an die Sterns ab, aber sie konnte ihren Verlust nicht verkraften. Sie durfte ihr Kind sehen, wollte es zurückbekommen und gab es dann nicht zurück. Als fünf Polizisten in ihr Haus einfielen, gab sie Sara durch ein Fenster auf der Rückseite des Hauses an ihren Ehemann, der mit ihr nach Florida floh, wo Mary Beths Eltern lebten. Whitehead wurde in ihrem Nachthemd in Handschellen vor ihren schreienden Kindern und NachbarInnen abgeführt. Als sie freigelassen wurde, fuhr sie für 87 Tage zu ihrer Tochter nach Florida und versuchte verzweifelt, eine Anwältin oder einen Anwalt zu finden. Aber da sie und ihre Familie kein Geld hatten (ihr Ehemann arbeitete als Müllmann), wollte niemand sie vertreten. Die Polizei kam wieder und nahm Baby Sara mit, wobei sie Mary Beths Mutter, die an diesem Tag auf das Kind aufpasste, auf den Boden schlug. Wiederum

---

121 Im Nachwort der australischen Ausgabe von *Birth Mother* (1990, mit einem Vorwort von Robyn Rowland) beschreibt Mary Beth Kane ihre beiden Australienreisen. Bei einer von ihnen hatte sie 1989 eine öffentliche Diskussion mit Linda Kirkman, die inmitten eines Medienhypes 1988 Baby Alice in Australiens erster Schwester-für-Schwester-Mietmutterschaft geboren hatte. Ich kann mich gut daran erinnern, Mary Beth getroffen zu haben, und war sehr beeindruckt von ihrem festen Vorsatz, zu enthüllen, was Mietmutterschaft Frauen und ihren Familien antut.

122 New Yorker Fruchtbarkeitszentrum. (DH)

123 Betsy Stern, eine Kinderärztin, war nicht unfruchtbar, befürchtete aber, dass eine Schwangerschaft und Geburt ihre leichte Multiple Sklerose verschlimmern würden. (Arditti 1988, S. 51)

musste ihre zehnjährige Tochter Tuesday die Polizeigewalt mit ansehen.

Elizabeth/Mary Beth Kane erinnert sich daran, dass „eine brennende Wut sich langsam in mir ausbreitete, als ich über ihren Alptraum las". Sie schrieb Whitehead einen Brief:

> „Du hast dich also in dein Baby verliebt, Mary Beth, und niemand hat dir gesagt, dass das passieren würde? Nun, so ging es mir auch. So geht es uns allen."[124]

Ihr Brief wurde im *People Magazine* abgedruckt und der Fall Baby M – die Sterns nannten das Baby Melissa – geriet in die internationalen Schlagzeilen.

Am 31. März 1987 entschied Harvey Sorkow, Richter am *New Jersey Superior Court*, zugunsten des „leiblichen Vaters" William Stern und gegen die „Ersatz-Mutter" Mary Beth Whitehead (diese Begriffe wurden von Sorkow in seinem Urteil benutzt). Die Sterns erhielten das Sorgerecht für Baby M und Whitehead wurden die elterlichen Rechte entzogen. Sorkow bezeichnete Mietmutterschaft als ein „alternatives Mittel zur Reproduktion". Seine charakterliche Beurteilung von Whitehead war vernichtend, nicht nur ist sie arm und ungebildet,

> „sie kontrolliert ihre Kinder und ihren Ehemann sehr stark (...) und dominiert die Familie. Mr Whitehead hat deutlich eine untergeordnete Rolle. (...) Sie ist manipulativ, impulsiv und ausbeuterisch"[125].

Andererseits werden die Sterns als hochgebildete und angesehene Gesellschaftsmitglieder beschrieben, die in der Lage sein werden,

> „(...) sich Musikunterricht und Athletik zu leisten, (...) es ist davon auszugehen, dass `Baby M` ein College besuchen wird."[126]

Dreißig Jahre später kämpfen Mietmütter in den USA noch immer für ihr Recht, ihre Babys behalten zu können (wie von *Stop Surrogacy Now* entlarvt wird) und immer noch werden die gleichen Eigenschaften angeführt: Die Geburtsmutter hat eine geringe Schulbildung, sie sieht aus, als ob ihr mütterliche Fähigkeiten fehlen würden – während die Baby-KäuferInnen wohlhabende Pfeiler der Gesellschaft sind (mit einer Menge Geld,

---

124 Kane, S. 268.

125 Arditti, S. 55f.

126 Ebenda, S. 54.

mit der sie eine ganze Flotte Anwältinnen und Anwälte anheuern können).

Das Urteil war ein großer Gewinn für die VerteidigerInnen der „Freiheit der Zeugungsfähigkeit". Wie Richter Sorkow es ausdrückt:

> „Es muss gefolgert werden, dass wenn jemand das Recht hat, ein Kind koital zu zeugen, er auch ein Recht hat, sich ohne Koitus fortzupflanzen. (…) Dieses Gericht geht davon aus, dass die geschützten Formen sich auch auf den Gebrauch von Ersatz-Müttern beziehen."[127]

Glücklicherweise konnten – gefördert mit der Unterstützung für Whitehead von einer wachsenden Anzahl anderer Geburtsmütter wie Kane und Feministinnen wie Corea – finanzielle Mittel zur Unterstützung gefunden werden, um in dem Fall Berufung beim *New Jersey Supreme Court* einzulegen. Die *Foundation for Economic Trends* reichte einen 45-seitigen Amicus-Schriftsatz[128] ein, der von ihrem Rechtsanwalt Andrew Kimbrell geschrieben und von Jeremy Rifkin und 22 Feministinnen, viele von ihnen Mitglieder von FINRRAGE, unterzeichnet wurde. Dieses Schreiben kritisierte den einseitigen Blick von Richter Sorkow auf die ausschließliche „Freiheit der Zeugungsfähigkeit" für den Spermaspender, während er Whitehead radikal entpersönlichte als „einen Faktor der Empfängnis und Schwangerschaft, die dem Paar Stern fehlte"[129]:

> „Mary Beth Whitehead hat als biologische Mutter ein verfassungsrechtlich geschütztes Recht auf die Fürsorge, das Sorgerecht und die Gesellschaft ihres Kindes. (…) Keine Person hat das Recht, einen Vertrag einzuklagen, der einer anderen Person deren verfassungsrechtlich geschützte Rechte beraubt."[130]

Während sie auf den Ausgang des Berufungsverfahrens warteten, begannen die Mitglieder der *National Coalition against Surrogacy* am 1. September 1987 mit ihrer Arbeit. Ihr Ziel war es, nationale Unterstützung

---

[127] Ebenda, S. 55.

[128] Laut dem *Public Health Law Center* (Zentrum für Gesundheitsrecht, DH) sind Amicus-Schriftsätze „rechtliche Dokumente, die von nicht Prozessierenden, die ein starkes Interesse an der Sache haben, bei Berufungsverfahren eingereicht werden." Für weitere Informationen siehe http://www.publichealthlawcenter.org/documents/resources/amicus-curiae-briefs

[129] Arditti, S. 57.

[130] Arditti, S. 57.

für Mietmütter aufzubauen, sowie ein legales Netzwerk, das den Geburtsmüttern unentgeltliche Beratung zur Verfügung stellt, aber auch bei den Gesetzgebern in den US-amerikanischen Staaten dafür werben sollte, Mietmutterschaft und Mietmutterschafts-Verträge zu verbieten. Bei der ersten Pressekonferenz der *Coalition* sprachen die beiden früheren Mietmütter Alejandra Muñoz und Patricia Foster[131] ebenso wie Gena Corea, die diese berechtigten Fragen stellte, die leider heute immer noch genau so wichtig sind:

> „Ist es im besten Interesse von weiblichen Kindern, in eine Welt hineingeboren zu werden, in der es eine Klasse von `Brüterinnen` gibt? Wie schädlich ist dies für das Selbstbewusstsein von Mädchen? Wenn es schädlich ist, spielt es eine Rolle? (…) Wollen wir als Gesellschaft Reproduktion industrialisieren? Ist absolut alles Wasser auf den kapitalistischen Mühlen? Gibt es Grenzen bei dem, was gekauft und verkauft werden kann?“[132]

Elizabeth/Mary Beth Kane erinnert sich mit Stolz daran, wie sie und andere Geburtsmütter während der nächsten Jahre bei staatlichen und Kongressanhörungen aussagten und maßgeblich am Verbot der Mietmutterschaft in zehn US-Staaten beteiligt waren: Louisiana, Michigan, Florida, Indiana, Kentucky, Nebraska, Utah, Arizona, Washington State und North Dakota.[133] Zahlreiche weitere Geburtsmütter waren mutig genug, ihre Geschichten zu veröffentlichen. Aber während dieser Zeit starb auch die erste „Ersatz“-Mutter. Denise Mounce, eine Frau, die in Texas lebte, sich von einer frischen Scheidung erholte und Schulden hatte, wurde Mietmutter, da sie dringend Geld brauchte. Als sie sechs Monate schwanger war, entdeckte ihre Ärztin, dass sie eine Herzerkrankung hatte. Es wurde ihr gesagt, dass sie sich ein Gerät zur Überwachung ihres Herzrhythmus kaufen solle,

---

131 Die Geschichten von Alejandra Muñoz, Patricia Foster, Mary Beth Whitehead und Elizabeth Kane sind in meiner Anthologie *Das Geschäft mit der Hoffnung* von 1989 zu finden, S. 146-169. (Die Geschichte von Nancy Barass ist nur in der englischsprachigen Original-Ausgabe zu finden. (DH)) Sie sind auch heute noch genau so schmerzhaft wie zu der Zeit, als sie geschrieben wurden und sollten nicht vergessen werden, vor allem da sie sich skandalöserweise bis zum heutigen Tag auf der ganzen Welt wiederholen.

132 Arditti, S. 61.

133 Kane, S. 279.

aber sie hatte keine $ 250, um das zu tun. Weder der Baby-Makler noch die Bestelleltern boten ihre Hilfe an. Im achten Schwangerschaftsmonat wurde sie tot in ihrem Bett gefunden, „mit ihrem ungeborenen Sohn in ihr“.[134]

Am 3. Februar 1988 entschied der *New Jersey Supreme Court*, dass Verträge über kommerzielle Mietmutterschaft illegal seien. Das Gericht gab die Elternrechte an Mary Beth Whitehead zurück. Das Urteil besagte auch, dass Mietmutterschaft der Verkauf von Babys sei und die Lebensumstände von Frauen ausnütze.[135] Allerdings war es ein teuer erkaufter Sieg, denn der *Surpreme Court* beließ das Sorgerecht bei William Stern, und so wuchs Baby M im Haushalt der Sterns auf.[136]

Die feministische Autorin Phyllis Chesler, die für ihr Buch *Frauen – das verrückte Geschlecht* bekannt ist, hatte sich ebenfalls der *National Coalition against Surrogacy* angeschlossen. 1988 veröffentlichte sie Mary Beth Whiteheads Geschichte: *Sacred Bond. The Legacy of Baby M.* In ihrem Buch argumentiert Chesler, dass Mietmutterschaft eine Art von Kindesmissbrauch und Geschlechterdiskriminierung ist und dass Mietmütter Opfer des patriarchalen Systems sind, in dem die christlichen Werte des weiblichen Gehorsams, der Aufopferung und der Unterwerfung verankert sind.

Die Soziologin Barbara Katz Rothman, die Autorin von *Schwangerschaft auf Abruf. Vorgeburtliche Diagnose und die Zukunft der Mutterschaft* (Original *The Tentative Pregnancy: Prenatal Diagnosis and the Future of Motherhood* 1986, deutschsprachige Ausgabe 1989), in dem sie wichtige Fragen dazu stellt, wie vorgeburtliche Untersuchungen die Beziehung zwischen der Schwangeren und ihrem Baby beeinflussen, kommentiert diese schmerzhaften Mietmutterschaft-Geschichten aus den USA ganz einfach: „Es ist jetzt an der Zeit, solche Horrorvisionen zu beenden.“[137] Sie

---

134 Kane, S. 277.

135 Arditti, S. 64.

136 Es ist traurig, aber nicht überraschend, dass Melissa Stern 2004, als sie achtzehn Jahre alt wurde, Whiteheads Elternrechte kündigte, so dass Betsy Stern sie adoptieren konnte. Wie die Journalistin Bonnie Goldstein betont (Goldstein, 23. Juli 2009): „Welch Überraschung, sie bleibt bei den Eltern, bei denen sie aufgewachsen ist.”

137 Rothman 1989, S. 237.

führt weiter aus:

> „Wir stoppen es, indem wir das zugrunde liegende Prinzip der Mietmutterschafts-Verträge nicht akzeptieren, indem wir das Konzept des `Ersatzes` nicht akzeptieren. Eine `Ersatzmutter` ist ein Ersatz. In manchen menschlichen Beziehungen können wir keinen Ersatz akzeptieren. Jede schwangere Frau ist die Mutter des Kindes, das sie gebärt. (...) Wir werden die Idee nicht akzeptieren, dass wir eine hochschwangere Frau sehen und sagen, dass das Kind nicht ihr eigenes ist. Der Fötus ist Teil des Körpers der Frau, unabhängig von der Herkunft der Eizellen und des Spermas. Biologische Mutterschaft ist kein Service, keine Ware, sondern eine Beziehung." (1989, S. 237f)

Es ist bedauerlich, dass die Australierin Maggie Kirkman, die Eizellen„spenderin" für ihre Schwester Linda, die ihr Baby Alice am 23. Mai 1988 gebar, das Buch von Barbara Katz Rothman vermutlich nicht gelesen hatte – oder das von Elizabeth Kane –, bevor sie ihr eigenes Werk *My Sister's Child* (1989) schrieb. Auch wenn Linda, die Geburtsmutter, als Co-Autorin genannt wird, so trägt sie von den 351 Seiten nur 65 Seiten bei. (Beiden wurde von ihrem IVF-Arzt angeraten, ein Tagebuch zu führen.)

1985 traf Maggie Kirkman, eine gebildete Akademikerin und Psychologin aus der Mittelschicht, die an ihrer Doktorarbeit schrieb, ihren zukünftigen Ehemann Severn aus einer renommierten Melbourner Unternehmer-Familie. (Wir erfahren in ihrem Buch alles über ihre stürmische Liebesgeschichte.) Maggie war bereits vorher verheiratet gewesen und hatte versucht, Kinder zu bekommen, wurde aber nicht schwanger. 1978 musste sie sich aufgrund von Myomen einer Gebärmutterentfernung unterziehen. Da ihr Vater Arzt war, bestand er darauf, dass sie ihre Eierstöcke behielt. Wie sich herausstellte, war Severn unfruchtbar. Das fand er heraus, als er 1978 Sperma spenden wollte. Es war ein schwerer Schlag für sein Selbstbewusstsein, und er erzählte niemandem aus seiner Familie davon.

Severn schlug nach einigen Monaten Ehe 1985 eine Mietmutterschaft vor. Maggie beschreibt, wie ihr die Kinnlade herunterfiel, sie aber dann sofort an ihre kleine Schwester Linda dachte.[138]

Linda, acht Jahre jünger als Maggie, stimmt der Idee zu, als sie hört, dass Maggies Eizellen benutzt werden würden, also nicht ihre eigenen. Für Maggie ist es sehr wichtig, dass das Baby ihre Gene hat. Sie sprechen über praktische Dinge, wie die Einbeziehung der zahlreichen Mitglieder ihrer Familie, die sich alle sehr nahe stehen. Maggie schreibt, dass sie Linda kein Geld angeboten haben, aber dass sie natürlich alle Arztrechnungen und ebenfalls eine Putzfrau und die Kindertagesstätte für Lindas zwei Kinder bezahlen würden. Der „Ton“ der kommenden Ereignisse ist bereits in Maggies folgender Bemerkung festgelegt:

> „Wir sagten, dass wir uns freuen würden, Linda zu helfen, Umstandskleidung auszusuchen, die wir für sie kaufen würden. Ich habe mich immer danach gesehnt, schwanger zu werden, nicht nur danach Kinder zu haben, und ich finde Schwangere auf eine ergreifende Weise schön; es wäre mir eine Freude, Lindas Schwangerschaft mit *unserem* Baby mitzuerleben.“[139] (Hervorhebung RK)

Maggies „Freude” und „Hilfe”, die Linda während ihrer gesamten Schwangerschaft erdrücken, könnten auch als „Kontrolle“ und „Überwachung“ bezeichnet werden.

Aber erst einmal musste ein williger Geburtshelfer gefunden werden: 1985 war IVF-Mietmutterschaft äußerst selten auf der Welt, und es hatte in Australien noch nie eine gegeben. Außerdem hatte die Regierung von Victoria bereits ein Komitee einberufen, das ethische und legale Aspekte von IVF und ähnlichen Technologien untersuchen sollte. Laut Maggie ergriff Professor John Leeton, der die erste IVF-Klinik an der *Monash University* in Melbourne aufgebaut hatte, diese Gelegenheit mit Begeisterung. Als die Ethik-Kommission in seinem Krankenhaus seinen Antrag ablehnte, ging er zu einem anderen Krankenhaus, das keine Ethik-Kommission hatte. Die Bezahlung des Embryo-Brutkastens, der diesem Krankenhaus fehlte, wurde mit Freude von Maggie und Severn übernommen: „nur etwas über tausend Dollar“[140]. Sie pflanzen einen Baum für die Zwillinge (auf die sie hoffen) auf ihrem Grundstück und Maggie bricht in Tränen aus:

---

138 Kirkman and Kirkman, S. 42f.

139 Ebenda, S. 46.

140 Kirkman and Kirkman, S. 74.

„Ich bin offensichtlich gefühlsempfindlich.“[141] Sie schläft sehr wenig, zerbricht sich den Kopf über das Schicksal der überzähligen Embryonen (falls es welche geben sollte), bleibt am nächsten Tag im Verkehr stecken (ein sich wiederholendes Ereignis) und hat das Gefühl, dass ihr Gedächtnis „unter Spannung und Verwirrung versagt“.[142]

Es ist Maggie, die alle Treffen sowie die andern Familienmitglieder organisiert; sie rast allein oder mit Linda oder mit den Eltern während der Hauptverkehrszeit durch Melbourne, und man kann ihr Stressniveau mit jeder Seite, die man umblättert, wachsen hören. Linda sagt währenddessen nüchtern:

> „Ich tue gerne Dinge, um anderen Menschen zu helfen. Ich sehe häufig ein Bedürfnis, aber habe nicht immer die Gelegenheit, etwas zu tun.“[143]

Da Maggie zur Überprüfung ihrer Hormonwerte zweimal täglich eine Spritze in ihre Venen bekommen muss, um Blut abzunehmen, – sie benutzt jetzt das Fruchtbarkeitsmedikament *Clomid*[144] – wartet sie ängstlich darauf, dass der IVF-Arzt später am Tag vorbei kommt. Wenn er sich verspätet, bekommt Maggie Panikgefühle und braucht all ihre Entspannungsübungen, um ruhig zu bleiben. (Die Lesenden brauchen sie langsam auch, und wir sind erst bei einem Viertel des Buches angelangt.)

Als nächstes bekommt Maggie hMG (Menotropin) injiziert, das gleiche Mengen an follikelstimulierenden Hormonen (FSH) und luteinisierenden Hormonen (LH) enthält. Sie verweist auf Robyn Rowlands bekannte Kritik an diesen „Medikamentencocktails“, aber tut sie ab: „Ich glaube nicht, dass ich meine Gesundheit gefährde.“[145]

Die zweimal tägliche Blutabnahme wird auch für Linda stressig. Also wird das Blut jetzt abends von ihrem Vater, der Arzt ist,

---

141 Ebenda, S. 76.

142 Ebenda, S. 77.

143 Ebenda, S. 66.

144 1988 haben Robyn Rowland und ich Clomid und seine vielen Nebenwirkungen gründlich untersucht (Klein/Rowland 1988), darunter Herzrhythmusstörungen, Brustschmerzen, Ödeme, Bluthochdruck, Herzrasen und Sehstörungen. 1993 veröffentlichte die FDA einen Warnungshinweis (den höchsten) für dieses Fruchtbarkeitsmedikament, als es Hinweise auf Eierstockkrebs gab. Leider wird das Medikament auch heute immer noch Millionen Frauen verschrieben.

145 Kirkman and Kirkman, S. 83.

abgenommen, da alle für eine Zeit in das Haus der Eltern in Melbourne gezogen sind. Es folgen Kopfschmerzen aufgrund der Medikamente und Schmerzen an den Eierstöcken, aber dies sind gute Zeichen. Also hält die leidende Maggie die Ohren steif und ist erfreut darüber, dass beim Ultraschall zweimal zu sehen ist, dass ihre „alten“ Eier (sie ist knapp über 40) wachsen:

> „Unlogischerweise war ich stolz auf mich selber. (...) Wie eine Henne mit einem vollen Nest wollte ich gackern und mit meinen Flügeln schlagen.“[146]

Nach einer Injektion von humanem Choriongonadotropin (hCG) bei Maggie und Östrogen-Tabletten für Linda nachmittags um vier Uhr, ist der nächste Schritt eine Vollnarkose für die Eizellenentnahme. Maggie und Severn sind sehr enttäuscht, als nur zwei reife Eizellen entnommen werden. Da sie durch das Gas, das für die Eizellenentnahme in ihren Bauch gepumpt wird, was mehr als anderthalb Stunden dauerte, unter wunden Schultern leidet, kommentiert Maggie, dass „mein Gefühl, körperlich angeschlagen zu sein, sich auf meine Angst, ob denn eine Befruchtung stattfinden wird, auswirkt“.[147] Maggies Neigung, sich wie eine Drama Queen zu benehmen, scheint in ihrer Familie bekannt zu sein, da Cynthia, ihre andere Schwester, ironisch fragt: „Und ich vermute, dass du mehr gelitten hast, als je ein anderes menschliches Wesen“, sowie „Und ich vermute, dass du riesige Schmerzen leidest“.[148]

Nach einem langen und grässlichen Tag des Wartens bekommen sie am Abend die gute Nachricht, dass beide Eizellen befruchtet worden sind (der Samenspender ist ein Freund der Familie, der anonym bleibt) und sind total glücklich.

Der nächste Schritt ist der Embryonentransfer in Lindas Gebärmutter in Anwesenheit ihres Ehemannes Jim, wie auch Maggie und Severn. Die Erleichterung ist spürbar, als nach Panik und Haare raufen von Maggie eine Schwangerschaft bestätigt wird. Das erste Trimester vergeht ohne große Probleme, außer Maggies Frustration darüber, keine Kontrolle zu haben:

---

146 Ebenda, S. 90.

147 Ebenda, S. 96.

148 Ebenda, S. 97.

„Ich schniefte heute in mein Taschentuch, weil ich mir wünschen würde, ich wäre diejenige, die schwanger ist, weil es frustrierend ist, mit den Gefühlen von zwei Frauen zu leben statt nur einer und weil ich nicht viel tun kann, um Lindas zwölf Wochen lange `prämenstruelle Spannung` zu lindern, die immer auftritt, wenn sie schwanger ist.“[149]

Der Traum von Zwillingen ist ausgeträumt, als ein Ultraschall nur einen Embryo bestätigt:

„Sev und ich sind tief enttäuscht, obwohl wir wissen, dass wir dankbar sein sollten für das, was wir haben. Aber es fühlt sich noch immer an, als ob wir ein Kind verloren haben, während ich dies heute Abend schreibe. War es ein Sohn oder eine Tochter, die starb? Ist es ein Sohn oder eine Tochter, die oder der übrig blieb?“[150]

Es ist Linda, die darauf hinweist, dass es für sie einfacher ist, nur ein Kind auszutragen.

Ein Rechtsanwalt erklärt ihnen, dass es schwierig für sie sein wird, Lindas Baby zu adoptieren, da sie beide bereits über 40 sind, und Adoption innerhalb von Familien in Victoria nicht erlaubt ist „außer unter besonderen Umständen“, auf die sie jetzt halt vertrauen müssten.[151]

Maggie besucht eine Laktationsberaterin, da sie ihre Brüste stimulieren will, damit sie Muttermilch produzieren. Plötzlich fängt sie an, beim Schreiben im Tagebuch von „unser“ Baby zu „meinem“ Baby zu wechseln: „Der Gedanke, *mein* Baby festzuhalten, erfüllt mich mit der größtmöglichen Freude.“ Und „Als ich von dem Treffen wegging, stellte ich fest, dass ich mit *meinem* Baby sprach, als ob es in mir wäre.“[152] (Hervorhebung RK)

Das Verinnerlichen davon, dass Lindas Baby wirklich *ihr* Baby ist, geht weiter, als Maggie sich an einen Gedanken erinnert, der sie beängstigt, nämlich dass das Baby Down-Syndrom haben könnte oder andere genetische Abweichungen:

„Sollte ich das Risiko einer Fruchtwasseruntersuchung auf mich nehmen? Es ist zu spät für eine Abtreibung, aber sollte ich meine Ängste damit

---

149 Ebenda, S. 131f.

150 Ebenda, S. 137.

151 Ebenda, S. 129.

152 Ebenda, S. 139.

beruhigen, die Wahrheit zu wissen?“[153]

In ihrem einzigen Tagebucheintrag während des ersten Trimesters, benutzt auch Linda den Ausdruck „Maggies Baby”.[154] Sie fühlt sich oft krank, ist ihrem Mann gegenüber mürrisch und findet es schwierig, die reduzierten Stunden an ihrer Schule zu unterrichten, die sowieso nur bis zum Ende des Jahres gehen. Sie verschiebt ihr Universitätsstudium. Sie hat ihrem Mann und ihrer Tochter eine Reise zu seinen Eltern nach Schottland für fünf Wochen um Weihnachten herum finanziert, aber bei ihrer Abreise nimmt ihr allgemeines Unwohlsein zu. Aber wie sie schreibt:

> „Von anderen Menschen zu hören, wie großartig ich sei und dass ich etwas Tolles mache, führt dazu, dass ich mich viel besser fühlte“.[155]

Es ist interessant Lindas Kommentar zu Maggies Tagebuch zu lesen:

> „Maggies Tagebuch ist voll von ihren emotionalen Reaktionen auf die Schwangerschaft und unsere Beziehung. Mein Tagebuch sollte ebenfalls meine emotionalen Reaktionen auf die Schwangerschaft aufzeichnen, aber ich konnte nur an meine Müdigkeit denken. Ich war immer müde und manchmal schlecht gelaunt, aber das kam durch die Schwangerschaft, nicht weil ich eine Mietmutter war. Ich hatte den Eindruck, als ob ich jegliches Gefühl für das Kind unterdrückte, bevor es aufkam. Ich habe es aber nicht bewusst gemacht, falls das der Fall war.“[156]

Währenddessen geht Maggies total stressiges Leben weiter. Plötzlich wird sie die Bauleiterin ihres Hauses, das sie umbauen, da Severn zu seinem Vollzeitjob zurückkehrt. Sie verschiebt ihre Doktorarbeit für ein Jahr, da sie keine Zeit hat, sich darauf zu konzentrieren, während sie sich über „ihr“ Baby Sorgen macht und zig andere Dinge, die ihr durch den Kopf gehen. Und Linda wird täglich mürrischer. Wie Maggie am 20.

---

153 Ebenda, S. 148. Dreißig Jahre später werden vorgeburtliche Untersuchungen bei Mietmutterschaften als Voraussetzung gesehen, vor allem wenn die Eizellen„spenderin“ über 40 ist und die Schwangere über 30 Jahre alt ist. Und seit 2010 dürfen Abtreibungen in Victoria bis kurz vor dem Geburtsdatum eines Babys durchgeführt werden. Linda hatte das Glück, dass ihr sowohl eine Fruchtwasseruntersuchung als auch eine mögliche Abtreibung (im Falle einer genetischen Abweichung) erspart geblieben sind.

154 Ebenda, S. 157.

155 Ebenda, S. 160.

156 Ebenda, S. 161.

Dezember 1987 in ihr Tagebuch schreibt:

> „Linda sagte heute, dass sie genug davon habe, sich krank zu fühlen und sich wünschte, dass ich schwanger wäre. Sie weiß, dass ich ihren Wunsch teile. Wieviel einfacher doch alles wäre.“[157]

Im zweiten Trimester geht es weiter mit der Hektik um die Renovierung des Hauses und dem Organisieren von Familienfesten für die gestresste Maggie, wie auch mit der weiterhin müden und sich unwohl fühlenden schwangeren Linda. Da sowohl Linda als auch Maggie auf dem Land leben, sind endlose Autofahrten zu „unseren“ Arztterminen in Melbourne nötig. Neue Formulierungen entstehen beim Schreiben. Der Ausdruck „Gestations-Mutter“ wird zum ersten Mal von Maggie benutzt[158], danach ist die Rede von Linda und „ihrer Verantwortlichkeit als ein *Brutkasten*“[159] (Hervorhebung RK). Später vergleicht sich Maggie mit einer „biologischen Mutter“[160] und einer „Gestations-Mutter“[161].

Während Maggie weitere Rechtsgutachten einholt und geheime Verabredungen mit PolitikerInnen organisiert, zeigt sie ihre Mittelklasse-Empörung, als sie tobt: „Heute (25. Februar 1988) bin ich aufgeregt und wütend.“[162] „Warum muss mein Baby als das Kind von Linda und Jim registriert werden?“ Als sich dies als unvermeidlich herausstellt und sie erfährt, dass das Baby zur Adoption freigegeben werden muss, ist ihre Antwort:

> „Das ist nicht, was wir machen, und es fühlt sich falsch an. Aus unserer Sicht wird das Baby zu seiner Mutter kommen, nachdem es von seiner Tante ausgetragen wurde. Sie wird nicht von ihrer Mutter zur Adoption freigegeben.“[163]

Dissoziation schleicht sich auch in Lindas Schreiben ein. Sie schreibt, dass sie noch nicht so weit sei, Mutterschaftskleidung zu tragen:

> „Ich fühlte mich, als ob es eine Lüge wäre, schwanger auszusehen. *Ich*

---

157 Ebenda, S. 173.
158 Ebenda, S. 182.
159 Ebenda, S. 185.
160 Ebenda, S. 258.
161 Ebenda, S. 285.
162 Ebenda, S. 202.
163 Ebenda, S. 278.

bekomme kein Baby, Maggie bekommt es.“[164] (Hervorhebung RK)

Auch Lindas zwei Kinder sprechen darüber, dass ihre Mutter „Maggies Baby” bekommt.[165]

Im Verlauf der Schwangerschaft wird deutlich, dass eine Menge Leute ein Stück dieses „Testkuchens” abbekommen wollen. Professor Leeton schreibt für eine IVF-Konferenz in Singapore einen Aufsatz über das, was er zum ersten Mal in der Literatur „gestationale Mietmutterschaft” nennt; Monash IVF bietet eine Medienberaterin an (die Maggie und Linda ablehnen). Ihre Identität wurde (noch) nicht in den Medien öffentlich gemacht und Maggie möchte die Kontrolle darüber behalten, ihre „eigene“ Geschichte erzählen zu können. Ein Vertrag für ein Buch (unter strengster Geheimhaltung) wird mit *Penguin Australia* unterschrieben. Sie möchte, dass ihr Buch die „Formulierung von Gesetzen“ in Victoria beeinflusst.[166]

Das dritte Trimester bringt weitere stundenlange Autofahrten zu Arztterminen mit sich, den Kauf von Mutterschaftskleidung für Linda, in der sie „besonders schick“[167] aussieht und mehr Stress für Maggie, nicht zuletzt weil sie sich einem täglichen Drei-Stunden-System unterzieht, um ihre Milchproduktion in Gang zu bringen. Aber auch, weil sie „zu einem verwirrten, schluchzenden Haufen zusammenbricht”[168], als es (zeitweilig) so aussieht, als ob Linda sich für sechs Monate um ihr Baby kümmern müsse, bevor sich Maggie um die Adoption bewerben kann: „Scheinbar können sie mich nicht als die Mutter wahrnehmen.“[169]

Die bürokratischen Sorgen, die Maggies Leben schwer machen, verlieren an Wichtigkeit, als Linda anfängt zu bluten. Sie ist in der 29. Schwangerschaftswoche; ein Baby in dem Alter kann überleben, aber es wird zu früh geboren. Linda wird mit einem Rettungswagen in ein Krankenhaus in Melbourne gebracht (gefolgt von Maggie in ihrem Auto). Ihr wird geraten, für zwei Tage im Krankenhaus zu bleiben, um zu sehen, wie sich die vermutete Placenta praevia (bei der die Plazenta gegen den

---

164 Ebenda, S. 214.

165 Ebenda, S. 261.

166 Ebenda, S. 234.

167 Ebenda, S. 230.

168 Ebenda, S. 233.

169 Ebenda, S. 231.

Muttermund abrutscht) entwickelt.[170] Auf dem Ultraschall war das Geschlecht des Kindes zu sehen: Es ist ein Mädchen. Beim Verlassen des Krankenhauses muss Maggie an der Neugeborenenabteilung voller schreiender und schlafender Babys vorbei gehen:

> *„Ich habe mich meiner Tochter so nahe gefühlt, dass ich es kaum ertragen konnte, sie unter Fremden zu lassen.* Ihr starker Herzschlag und ihre offensichtliche Lebensfähigkeit machten mir Hoffnung und ich flehte sie an, sich an Lindas Körper zu klammern, weil sie da geschützt sei."[171] (Hervorhebung RK)

Maggies verzweifelte Worte zeigen, dass sie anfängt etwas zu glauben, das in keinster Weise zutrifft: Dieses wachsende Baby ist nicht ihr Kind. Aber sie zeigen auch, dass Maggie, bei aller Liebe, die sie behauptet, für ihre Schwester zu haben, diese als wenig mehr als einen Brutkasten sieht und sich Sorgen darüber macht, dass „ihr Kind" bei Fremden zurückbleibt. Es verstärkt die Argumente, die ich in Kapitel 5 ausgeführt habe, dass Mietmutterschaft nicht reguliert werden kann, sondern gestoppt werden muss: Gefühle, die während einer Schwangerschaft auftreten, sind völlig unvorhersehbar und können manchmal für einen oder mehrere der Menschen, die damit zu tun haben, zu großem Schaden führen. Meistens ist es die Mietmutter, die sich plötzlich ihrem Kind sehr nahe fühlt und nicht daran denken will, dass sie es weggeben muss. Aber wie Maggies Beispiel zeigt, kann auch die „Bestellmutter" während der Schwangerschaft sehr unter ihren Täuschungen leiden.

Zwei Tage später, am 5. April 1988, bestätigt ein Ultraschall, dass die Plazenta sich von der Gebärmutterwand gelöst hat und in die Nähe des Gebärmutterhalses gewandert ist. (Es ist eine Placenta praevia dritten Grades, der vierte ist der höchste Grad.) Außerdem zeigt sich, dass das Baby sehr klein ist, und es wird befürchtet, dass es nicht genug Nährstoffe von der sich ablösenden Plazenta bekommt. Während sie noch im Krankenhaus

---

170 1988 war noch nicht bekannt, dass eine Schwangerschaft mit einer Eizellen„spende" häufiger mit einer Placenta praevia endet (siehe Kapitel 2). Vielleicht würde Maggie sich heute „schuldiger" fühlen als 1988: „Es wäre falsch zu sagen, dass ich mich wegen dieser Entwicklung schuldig fühle. Placenta praevia kommt in einer von 150 Schwangerschaften vor und ist unabhängig von der Tatsache, dass es mein Baby ist, das Linda austrägt." (S. 242)

171 Ebenda, S. 240.

ist, findet ein Treffen mit einem Mitglied des *Department of Community Services Victoria* (CSV) statt, das die Frage der Adoption entscheiden wird. Linda sagt, dass sie ihm erklären will, dass „niemand mich zu etwas gedrängt hat, was ich nicht tun wollte" und Maggie kommentiert,

> „Linda hat mir gegenüber einen Vorteil, da sie *keinen Bezug zu dem Baby hat* und sich keine Sorgen um die Zukunft des Babys zu machen scheint".[172] (Hervorhebung RK)

Was sich hier zeigt, ist sowohl Dissoziation als auch der Stress der „Überinvestierung" in diese Schwangerschaft.

Aber es gibt weitere Sorgen: Auf dem Herzmonitor war zu sehen, dass das Baby tatsächlich nicht genügend Nährstoffe bekommt, und falls es am nächsten Tag nicht besser sei, wäre es nötig, einen Kaiserschnitt durchzuführen. Außerdem rief John Leeton sie mit der ärgerlichen Nachricht an, dass ihr Geheimnis aufgeflogen sei und dass er damit beschäftigt sei, Interviews zu geben. So kleben sie beide an diesem Abend vor dem Fernseher und hören, wie Leute über sie reden – aber ihre Namen sind immer noch nicht durchgesickert. Das scheint später am Tag zu passieren (tat es aber nicht), und mitten in der Nacht wird Linda in ein privates Krankenhaus gebracht, wo niemand die Geschichte ihres Babys kennt. Während sich Maggie an Linda als „weinerlich" und „unglücklich" erinnert, steht wiederum ihre eigene Sorge um das Wohlbefinden „ihres" Babys und ihr Herumrennen, um alles und alle zu organisieren, im Mittelpunkt.

Linda wird entlassen und bleibt im Haus ihrer Eltern in Melbourne in der Hoffnung, dass sie es noch weitere sieben Wochen durchhält, und dass das Baby dann in der 38. Woche mit einem Kaiserschnitt auf die Welt kommen kann. Maggie will die ganze Zeit bei ihr bleiben:

> „Ich bin jetzt acht Wochen lang ihre Betreuerin. Das ist eine große Verantwortung. Ich schlafe sogar in einem Doppelbett mit ihr. Linda sagt, dass es an der Zeit ist, dass ich nachts von dem Baby in den Rücken getreten werde."[173]

Die Zeit bis zur Geburt ist voller Gereiztheit, Grantigkeit und weiterer Empörung von Maggie über die PolitikerInnen, die nicht verstehen,

[172] Ebenda, S. 245.
[173] Ebenda, S. 253f.

was sie tun. Maggie klebt an ihrer Schwester, und es wird weiterhin versucht, die Milchproduktion bei Maggie in Gang zu bringen.

Linda ist völlig am Ende und dreht heulend durch. Sie insistiert darauf, in ihr eigenes Haus auf dem Land zurückzukehren. Maggie ist aufgrund der Sorgen über die Gesundheit „ihres" Babys über diese Entscheidung sehr unglücklich. Und tatsächlich muss Linda nach einer neuen starken Blutung mit einem Rettungswagen wieder in ein Krankenhaus in Melbourne gebracht werden. Linda will, dass das Baby herausgeholt werden soll, Maggie hofft auf eine weitere Woche. Maggie ist sehr gestresst und „überwältigt von Leiden und Angst"[174], Linda muss sie beruhigen. Die Tatsache, dass eine Placenta praevia für die Geburtsmutter genauso gefährlich ist wie für das Baby, wird nicht erwähnt.

Maggies Wunsch wird erfüllt, aber am 20. Mai wehrt sich Linda:

> „Ich hab die Nase voll. Ich halte es nicht mehr aus. Ich habe keine Geduld mehr."[175]

Alle, einschließlich des/der LeserIn, sind erleichtert, als Baby Alice mit gesunden 2,4 kg am 23. Mai 1988 endlich mit einem Kaiserschnitt geboren wird. Linda, die bereits ahnte, dass sich niemand mehr für sie interessieren wird, wenn alle auf das Baby losstürzten, hatte dafür gesorgt, dass ihr Ehemann an ihrer Seite war.

Aber das ist (leider) noch nicht das Ende der Geschichte, da die beiden Schwestern auch die nächsten Wochen zusammen verbrachten, während Linda die Muttermilch für ihre „Nichte" lieferte und Maggie „ihr Kind" Alice fütterte. Zwei Wochen nach der Geburt finden sie heraus, dass die Presse letztendlich tatsächlich ihre Namen entdeckt hat, und sie berufen eine sofortige Pressekonferenz ein, um ihre Seite der Geschichte zu erzählen. Linda fängt an:

> „Wir möchten erklären, dass ich mit der Hilfe von Victorias ausgezeichneter IVF-Technologie erfolgreich das Baby meiner Schwester ausgetragen habe. Meine Nichte Alice wurde am 23. Mai vier Wochen zu früh geboren und gedeiht prächtig."[176]

---

174 Ebenda, S. 264.

175 Ebenda, S. 276.

176 Ebenda, S. 336.

Dreißig Jahre nach dem Erscheinen in 1988 können aus einer detaillierten Lektüre von *My Sister's Child* wichtige Lehren gezogen werden.

Die erste ist, dass entschlossene, gutsituierte und gebildete Menschen, die nicht davon abzubringen sind, sich ein Baby mit zumindest der Hälfte ihrer eigenen Gene anzuschaffen, das in einem Land oder Staat tun können, in dem „altruistische" Mietmutterschaft erlaubt ist – oder wo es keine Gesetze gibt, wie es 1988 in Victoria der Fall war.

Die zweite Lehre ist, dass zwei intelligente Frauen die „weisen" Worte ihres medizinischen Sachverständigen, Professor John Leeton, verinnerlichten, dessen Benennung der Geburtsmutter als „Schwangerschafts-Träger" (gestational carrier) den Diskurs über Mietmutterschaft bis heute dominiert.

1989 pries John Leeton die Verdienste der IVF-Mietmutterschaft in einem Interview mit *New Idea*, einem Frauenmagazin, an:

> „... das Kind wird genetisch ganz von ihnen sein – ihre Eizellen, sein Sperma – und das Risiko, dass die Mietmutter nach der Schwangerschaft Gefühle für das Kind hat, ist geringer. (…) *Das ist der Punkt, den alle übersehen, der entscheidende Punkt.* "[177] (Hervorhebung RK)

Diejenigen in der Mietmutterschaft-Industrie, die Leetons Worten Glauben schenken, müssten sich einmal überlegen, was passieren würde, wenn die Hundertausende Eizellen„spenderinnen" auf der ganzen Welt sich erheben würden, um jedes Kind, das mit *ihren* Genen geboren wurde, für sich zu beanspruchen!

Die dritte Lehre ist, dass sogar Reichtum, Kontakte und Entschlossenheit nicht immer ausreichen, um die Regeln zu ändern: Maggie Kirkman und ihr Ehemann mussten vor den *Supreme Court*[178] ziehen, um das Kind ihrer Schwester zu adoptieren, und dies dauerte 14 Monate[179]. Und kostete vermutlich eine Menge Geld.

Viertens wurde die Mietmutterschaft der Kirkman-Schwestern stark von ihrer großen und sich sehr nahe stehenden Familie unterstützt, deren Mitglieder sie während und nach Lindas Schwangerschaft alle unterstützt und ihnen geholfen haben. Linda selber betrachtete Alices

[177] In: Monks 1989, S. 12f.

[178] Das Oberste Bundesgericht. (DH)

[179] Kirkman, S. 140.

Empfängnis als eine „Übung für die ganze Großfamilie."[180] Elizabeth/Mary Beth Kane, die nach Australien kam und mit Linda Kirkman am 20. Januar 1989 beim *Women's Studies Summer Institute* an der *Deakin University* debattierte, kommentierte:

> „Es ist möglich, dass Linda viel tiefere Verluste erleiden würde als den ihrer Tochter Alice, falls sie je die Einstellung zu ihrer Mietmutterschaft ändern sollte. Sie könnte ihre Position im Familienkreis verlieren. (…) Ich glaube, dass es für Linda viel einfacher ist, ihre heutige Persönlichkeit beizubehalten und beim Status Quo zu bleiben. Sie würde nichts gewinnen, wenn sie sich eines Tages ihre Gefühle eingesteht."[181]

Und genau so geschah es dann auch.

Alice ist jetzt eine junge Frau, die 30 Jahre alt ist. Sie versucht, aus den Medien zu bleiben. Meine Frage ist nach wie vor, ob die Schwestern wirklich ein so gleichwertiges Verhältnis hatten, wie Linda jetzt behauptet? Wer kann die vielen Medienauftritte und Geschichten in Hochglanzmagazinen der glamourösen Maggie in ihrem neuesten Designer-Outfit vergessen, die vor Stolz strahlt, während sie „ihr Kind" Alice hält? Oder die Schleife im Haar der kleinen Schwester Linda (auf dem Umschlag des Buches und in Konferenzen), die auf den Fotos etwas unbeholfen dasteht in einem selbstgestrickten Pullover? Wie die ganz „gewöhnliche" junge Frau, die geheiratet hat, aufs Land gezogen ist, als Lehrerin arbeitete und zwei Kinder hatte, die drei und fünf Jahre alt waren, als die Geschichte mit Baby Alice anfing.

Wir schreiben alle unsere Geschichten auf die Art und Weise, wie wir möchten, dass unsere LeserInnen ein bestimmtes Thema verstehen – mein Buch ist da keine Ausnahme. Das bedeutet, einige Fakten mehr als andere zu betonen. Maggie Kirkman tat dies, indem sie die öffentliche feministische Kritik in Victoria, die in den späten 1980er Jahren auf ihrem Höhepunkt war, kaum erwähnte. Wenn sie darauf einging, wies sie sie ab,

---

180 Hurley, S. 23.

181 Kane, S. 282. In ihrer Rede erwähnte Mary Beth Kane eine andere Schwester-für-Schwester Mietmutterschaft in den USA, bei der die Geburtsmutter Lori Jean ihr Kind nicht abgeben wollte, aber von ihrer Familie dazu gezwungen wurde, die sich danach von ihr distanzierte. Lori Jean hatte sich auf dieses Übereinkommen eingelassen, da sie glaubte, dass ihre Schwester sie dann für ihre Großzügigkeit mehr lieben würde (Hurley 1989, S. 23, Rowland 1992, S. 69).

weil sie, wie sie sagte, für „ihre“ Geschichte irrelevant war.

Das Mantra des „aber-in-unserem-Fall-ist-alles-ganz-anders“ ist eine weitere Lektion, die von jeder Mietmutterschaft gelernt werden kann, sowohl in der Vergangenheit als auch in der Gegenwart. Diejenigen, die mit den Verdiensten *ihres* speziellen Falles argumentieren, schlagen damit eine individualistische Rechtsauffassung vor, die nur in einem Land oder Bundesstaat, wo Mietmutterschaft in den neoliberalen Rahmen von „Regulierung“ gestellt ist, eine Chance auf Erfolg hat. Wie ich in diesem Buch aufzeige, bedeutet Mietmutterschaft, dass ein Baby seiner Geburtsmutter aus Liebe oder gegen Geld weggenommen wird, nachdem sie es in ihrem eigenen Körper hat wachsen lassen. Das ist eine Verletzung der körperlichen Integrität einer Frau, egal was für eine „Einwilligung“ oder „freie Wahl“ auch immer beschworen wird. Es gibt zu wenig gute Ergebnisse im Vergleich zu den tausenden Geschichten voll Kummer und Leid, als dass ich meine Meinung ändern würde.

Am 1. Juli 1988 wurden alle IVF-Mietmutterschaften im Bundesstaat Victoria für illegal erklärt, als der *Infertility (Medical Procedures) Act 1984* in Kraft trat. Die Kirkmans hatten Glück, dass Lindas Schwangerschaft und Alices Geburt vor dem 1. Juli 1988 stattfanden, da Victoria zu dieser Zeit noch kein Gesetz zu Mietmutterschaft hatte.

1995 wurde der *Infertility Treatment Act* noch strenger: Eine sogenannte Ersatz-Mutter musste unfruchtbar sein, wenn sie ein Kind für andere austragen wollte. Das war das Ende der Mietmutterschaft in Victoria! Die IVF-Industrie, die sich zu der Zeit größtenteils in Melbourne befand, betrauerte das Ende eines neuen lukrativen Marktes, aber musste sich an die Gesetze des Staates halten. Professor Leeton zeigte sich verärgert über die Gesetzesänderungen von 1995:

> „Diese lächerliche Situation verbietet IVF-Mietmutterschaft effektiv, was wahrscheinlich die Absicht war.“[182]

Leider wurde die sogenannte altruistische Mietmutterschaft am 1. Januar 2010 in Victoria wieder legalisiert, als der *Assisted Reproductive Technology Act 2008* in Kraft trat. Der *Act 2008* lässt zu, dass nach

[182] In: Milburn, 23. Mai 1998.

mindestens 28 Tagen nach der Geburt eine Ersatz-Elternschaft von den Bestelleltern beim *Country* oder *Supreme Court* beantragt werden kann (die Geburtsmutter muss einwilligen). Wenn dies vom Gericht zugelassen wird, kann eine neue Geburtsurkunde ausgestellt werden und die „neuen" Eltern können einen Namen für das Kind auswählen. Es bleibt den Bestelleltern überlassen, ob sie dem Kind von der Existenz seiner Geburtsmutter erzählen oder nicht.

Mit anderen Worten: So wird im 21. Jahrhundert eine echte lebendige Frau, die ein Kind neun Monate in ihrem Körper wachsen ließ und dann gebar, legal aus dem Weg geräumt.[183]

Natürlich hätte die heutige rechtliche Situation in Victoria das Leben für Maggie und Sev Kirkman sehr viel leichter gemacht, aber 1988 gab es noch keine Gesetze zu Mietmutterschaft, wohl aber zu Adoption, gegen die Maggie sich erfolglos wehrte. Ich war äußerst überrascht darüber, in einem Aufsatz, den Kirkman 2002 über Lindas Schwangerschaft und Geburt schrieb, einen Kommentar von ihrem Vater Jack zu lesen. In ihrem Buch und anderswo[184] behauptet Maggie, dass sie sich mit ihrer Unfruchtbarkeit nach der Gebärmutterentfernung abgefunden hatte, und dass es ihr neuer Ehemann Severn war, der ebenfalls unfruchtbar war, der die Idee der IVF-Mietmutterschaft zur Sprache brachte. Anschließend zitiert Maggie ihren Vater an Alices erstem Geburtstag, der

> „den wesentlichen Beitrag von Sevs unkonventionellem Denken"
>
> betonte und sich daran erinnert, dass er gesagt hatte:
>
> *„Alice ist das Kind von Sevs Gehirn und Fantasie."*[185] (Hervorhebung RK)

Da haben wir es schwarz auf weiß, wie ich bereits oben schrieb, letztendlich sind es *Männer*, die Babys machen, sogar wenn sie selber

---

183 Auch wenn die Angaben zur Geburtsmutter beim Standesamt aufgehoben und vom Kind eingesehen werden können, wenn es achtzehn Jahre alt wird, schafft es dennoch eine ähnliche Situation wie die von adoptierten Kindern. Manche Kinder, die aus einer Mietmutterschaft entstanden sind, werden verzweifelt nach ihrer Geburtsmutter suchen, mit allen Höhen und Tiefen die eine solche Suche zur Folge hat. Und wie sieht es mit der Eizellen„spenderin" aus, falls es eine gab?

184 Kirkman und Kirkman 1988, S. 42 und Kirkman 2002, S. 137.

185 Kirkman 2002, S. 142.

unfruchtbar sind.

Es sind echte Wahnvorstellungen, die uns hier vorgeführt werden: Erst gab es die Geburtsmutter, die sagte, dass ihr Kind nicht ihr Kind sei, sondern ihre Nichte. Dann hatten wir die Schwester, die nicht nur davon überzeugt war, dass das Baby ihr Kind sei, sondern dass es wirklich in ihrem Körper gewesen sei[186]. Und jetzt wird uns bestätigt, dass „Gehirn und Fantasie" des sozialen Vaters, der nicht einmal der Spermaspender war, dieses Kind geschaffen hat. Das ist durchgedrehter Postmodernismus oder Die Herrschaft des Vaters, auch bekannt als: Das Patriarchat lacht sich kaputt. Kein Wunder, dass sich die Haager Konferenz für Privatrecht (HCCH) heute auf Fragen der Abstammung konzentriert (siehe Kapitel 5): Die Vaterschaft eines Kindes aus einer Mietmutterschaft muss klipp und klar rechtlich festgelegt werden. Das ist das Allerwichtigste, alles andere wie Ausbeutung von Frauen und verletzte Menschenrechte des Kindes bleiben auf der Strecke.

Nach dem Kirkman-„Experiment" in den späten 1980er Jahren war Mietmutterschaft kein großes Thema mehr in den australischen Medien.[187]

Am 22.-23. Februar 1991 fand eine nationale Konferenz in Melbourne statt: „Mietmutterschaft in wessen Interesse?" SprecherInnen, von PolitikerInnen, BürokratInnen und Linda Kirkman bis hin zu Müttern, denen ihre Kinder weggenommen wurden, BioethikerInnen und bekannten Feministinnen, beendeten die Konferenz mit einem klaren NEIN zu allen Mietmutterschaften[188] (natürlich stimmte Linda Kirkman dem nicht zu). In ihrer Zusammenfassung formuliert Wendy Weeks, die Leiterin der Abteilung für Sozialarbeit an der Universität von Melbourne, es so:

> „Durch das Teilen unserer Erfahrungen und unseres Wissens sind wir zu der tiefen Überzeugung gekommen, dass Mietmutterschaften (egal ob

---

186 Kirkman und Kirkman 1988, S. 139

187 Im gleichen Jahr gab es eine weitere IVF-Mutterschaft in Australien. In Perth, Westaustralien, wurden am 18. Oktober 1988 Drillinge geboren, zwei Mädchen und ein Junge. Der IVF-Arzt war Dr. John Yovich. Verglichen mit der Kirkman-Affäre in Victoria, stand diese Geburt weit weniger in der Öffentlichkeit (*Canberra Times*, 20. Oktober 1988). 1986 hatte ein westaustralisches Komitee der Regierung empfohlen, dass Mietmutterschaft verboten bleiben solle, aber es wurde kein Gesetz verabschiedet.

188 Meggett, 1991.

kommerziell oder scheinbar altruistisch) unerwünscht, risikoreich, potentiell schädliche soziale Experimente und *`Fabrikate`* sind, die nicht institutionalisiert werden sollten."[189] (Hervorhebung RK)

Dennoch musste sich der *Family Court of Australia* 1997 zum ersten Mal mit einem Sorgerechts-Prozess nach einer Mietmutterschaft beschäftigen. Das war eine „traditionelle" Mietmutterschaft nach einer privaten Verabredung in Queensland, bei der zwei enge Freundinnen (beide verheiratet, ein Paar unfruchtbar) sich auf eine „altruistische" Mietmutterschaft geeinigt hatten. Letztendlich aber, nachdem Frau S. Baby Evelyn an Frau Q., die Frau des Bestellpaares, übergeben hatte, bereute sie ihre Entscheidung bitterlich. Das Familiengericht entschied, dass, obwohl Baby Evelyn seit einem Jahr mit Frau Q. und ihrem Ehemann gelebt hatte, sie bei ihrer Geburtsmutter Frau S. besser aufgehoben sei und zurückgegeben werden solle, was auch geschah.

In weiteren Entwicklungen berief die Bundesregierung das *National Bioethics Consultative Committee*[190] (NBCC) ein, das dem Parlament 1992 die gesamtstaatliche Legalisierung „altruistischer" Mietmutterschaft empfohlen hatte, aber unter strikten Voraussetzungen, wie zum Beispiel, dass der Geburtsmutter ein Zeitraum von einem Monat zugestanden werden solle, um sich „abzukühlen", bevor ihr Kind überschrieben würde. Die Vorschläge des Komitees wurden jedoch ignoriert und das NBCC wurde aufgelöst. Zwei seiner Mitglieder, die Naturwissenschafts-Dozentin Heather Dietrich und die Wissenschaftlerin Schwester Regis Dunne, hatten *Dissenting Reports to the Committee's Majority Report*[191] verfasst, worin Dunne ziemlich unverblümt schreibt:

> „Ich bin nicht davon überzeugt, dass die Legalisierung von Mietmutterschaft informelle private Absprachen verhindern wird, auch glaube ich nicht, dass staatliche Zulassungsstellen BewerberInnen erfolgreich überprüfen und gewährleisten können, dass kein Schaden angerichtet wird. *Der beste Weg, Schäden zu vermeiden, ist, sich gar nicht erst auf diese*

[189] Ebenda, S. 137.

[190] Nationale Kommission zur Beratung zu Bioethik. (DH)

[191] Abweichende Berichte zum Mehrheitsbericht der Kommission. (DH)

Praxis einzulassen.“[192] (Hervorhebung RK)

Dem kann ich nur zustimmen, und dies bleibt auch 2018 mein Standpunkt.

Inzwischen hatte Kanada 1989 eine *Royal Commission on Reproductive Technologies*[193] mit Patricia Baird als Vorsitzende eingerichtet. Nachdem 28 Millionen Dollar an Steuergeldern ausgegeben waren[194], gab die Kommission 1993 ihren Abschlussbericht *Proceed with Care*[195] heraus. Obwohl viele Feministinnen und FINRRAGE-Mitglieder Beiträge geliefert hatten, empfahl der Bericht *Regulierung*, also kein Verbot. Jedoch sollten kommerzielle Mietmutterschaft und der Kauf und Verkauf von Sperma, Eizellen und Embryonen verboten werden, wie es bereits die Ektogenese und Geschlechterselektion waren. Aber als 1994 der Gesetzentwurf, der auf den Ergebnissen der Kommission basierte, dem Parlament vorgelegt wurde, konnte nicht darüber abgestimmt werden, da sich das Parlament in Auflösung befand. Seither hat es eine Anzahl von Versuchen gegeben, die IVF-Industrie zu regulieren, aber es wurde nie eine umfassende Regelung erreicht.[196] Dennoch bleibt die kommerzielle Mietmutterschaft 2018 verboten, aber „altruistische“ Mietmutterschaft ist erlaubt. Es ist sogar so, dass Kanada ein attraktiver Ort für AustralierInnen geworden ist, die auf der Suche nach einer internationalen Mietmutterschaft in einem englischsprachigen „westlichen“ Land sind.

Auf der ganzen Welt wurden weitere feministische Konferenzen abgehalten und kritische Bücher herausgebracht, wie zum Beispiel *Sortir la maternité du laboratoire* 1988 in Québec, Kanada, und *L'ovaire-dose?* von Catherine Lesterpt und Gatienne Doat 1989 in Paris.

Der Höhepunkt der bisherigen Aktivitäten von FINRRAGE-Mitgliedern war die Konferenz 1989 in Bangladesch, deren Tagungsbericht als *The Declaration of Comilla* (Akhter *et al.*, 1989) bekannt wurde. Die 149 Teilnehmerinnen aus 34 Ländern trafen sich mehr als eine Woche lang

---

192 Meggett, S. 133.

193 Königliche Kommission zu Reproduktionstechnologien. (DH)

194 Munro, S. 332.

195 Vorwärts mit Vorsicht. (DH)

196 Norris und Tiedeman 2011.

in einer ländlichen Gegend. Die Konferenz wurde von Farida Akhter, einem FINRRAGE-Mitglied und Direktorin von UBINIG[197] koordiniert. Wir hatten uns für Bangladesch entschieden, weil wir wollten, dass Frauen aus westlichen Ländern sich mit ihren Schwestern aus ärmeren Nationen auf deren Land trafen, um ähnliche und unterschiedliche Probleme zu verstehen, mit denen wir konfrontiert sind. Im Sinne von FINRRAGE war es uns wichtig, Geburtenförderungsmaßnahmen wie IVF und Mietmutterschaft mit Bevölkerungskontrolle durch gefährliche Verhütungsmethoden, Geschlechterselektion und Sterilisation zu verbinden. Mietmutterschaft wurde diskutiert und abgelehnt (siehe auch Klein, 2008, S. 160-162). Paragraph 28 der *Declaration of Comilla* lautet wie folgt (Akhter *et al.*, 1989, S. x):[198]

> „Wir verurteilen jeglichen nationalen und internationalen Handel von Frauen, Eizellen, Embryos, menschlichen Organen, Körperteilen, Zellen und DNS, vor allem zum Zwecke der reproduktiven Prostitution, die Frauen als menschliche Brutkästen ausbeutet, vor allem arme Frauen und Frauen in armen Ländern. Wir protestieren auch entschieden gegen die Existenz von `Baby-Farmen` und kommerzielle Adoption, sowie Mietmutterschaft-Agenturen."

Die *Comilla-Konferenz* hat einen wichtigen Beitrag zur Stärkung der Solidarität zwischen Frauen aus verschiedenen Ländern der Welt geleistet, und wir fuhren alle sehr bereichert nach Hause und waren noch entschlossener, alles, was uns möglich war, zu tun, um diese

---

197 UBINIG (Politikforschung für Entwicklungsalternativen) ist eine gemeinschaftsbasierte und gemeinschaftsgeführte Forschungs- und Beratungsorganisation in Bangladesch, die Leben, Ökologie und Lebensstrategien von Gemeinschaften auf der Basis von Würde, Diversität und Lebensfreude verbindet: http://ubinig.org/index.php/home/index/english. Sie ist durch ihr Konzept des „Nayakrishi Andolon" international bekannt geworden. Das bedeutet eine „neue landwirtschaftliche Bewegung", die sich gegen die neoliberalen, ökonomischen und technischen Prozesse wehrt, die die Erde in karge Felder und industrielle Wüsten verwandelt. UBINING unterstützt tausende Bäuerinnen und Bauern in Dörfern in ganz Bangladesch, in denen pestizidfreie und biologische Nahrungsmittel angebaut werden, Frauen hüten das Saatgut und die Gemeinschaften wehren sich auch gegen soziale Missstände wie Mitgift und gefährliche Verhütungsmittel, die armen Frauen aufgezwungen werden.

198 *The Declaration of Comilla* (Akhter *et al.*, 1989) kann hier eingesehen werden: http://ubinig.org/index.php/campaigndetails/showAerticle/15/23/english.

entmenschlichenden Technologien zu stoppen.

Theresia Degener, eine deutsche Frau, deren Mutter *Thalidomid*[199] eingenommen hatte, erstaunte Menschen in Comilla, da sie ihre Taschen auf ihren Schultern trug und mit einer Gabel zwischen ihren Zehen aß (sie hat keine Arme). Degener, die inzwischen Jura-Professorin ist, veranschaulicht einen der wichtigsten Grundsätze von FINRRAGE: Jedes Leben ist lebenswert und vorgeburtliche Untersuchungen richten mehr Schäden an, als dass sie Nutzen bringen. Wie sie es ausdrückt:

> „… Behinderung ist eine andere Art zu leben und die Gesellschaft sollte genug Raum und Möglichkeiten schaffen, damit so ein Leben gut gelebt werden kann." (in: Akhter *et al.*, 1989, S. 165)

Ein weiteres Plus war, dass mehr als 80 Teilnehmerinnen aus asiatischen Ländern (Philippinen, Japan, Indien und Indonesien) ein „Asiatisches FINRRAGE Zentrum" aufbauten und sich 1990 zu einem regionalen FINRRAGE-UBINIG Treffen wieder trafen.

Der nächste internationale FINRRAGE-Kongress „Frauen, Fortpflanzung und Umwelt" fand vom 30. September bis 7. Oktober 1991 in Rio de Janeiro, Brasilien, statt. Es war zum Teil ein Vorbereitungstreffen für das NGO Forum 1994 in Kairo bei der *Internationalen Konferenz über Bevölkerung und Entwicklung* (*International Conference on Population and Environment*: ICPD), das die UBINIG/FINRRAGE Veranstaltung „Internationale öffentliche Anhörung über Verbrechen gegen Frauen in der Bevölkerungspolitik" anbot (Klein, 2008, S. 164). Ein Jahr vorher hatte UBINIG wiederum zu einem wichtigen internationalen Treffen gegen Bevölkerungspolitik eingeladen: das Symposium Perspektiven von (gewöhnlichen) Leuten zum Thema „Bevölkerung" (People's Perspectives on „Population").

Nach diesen Veranstaltungen ergaben sich neue internationale Herausforderungen, wie das Klonen des Schafes Dolly am 5. Juli 1996, das eine weitere Grenze für KritikerInnen der Gentechnik und dem Herumbasteln am Entstehen von Leben darstellte, sei es von Tieren oder von Menschen. Während der nächsten Dekade wurden von Regierungen auf der

---

199 *Thalidomid* ist der Wirkstoff, der Ende der 1950er bzw. Anfang der 1960er Jahre als Schlaf- und Beruhigungsmittel unter den Namen *Contergan* und *Softenon* verkauft wurde, und der zu schweren Schäden an Ungeborenen führte (Contergan-Skandal). (DH)

ganzen Welt Gesetze zur embryonalen Stammzellenforschung debattiert, die ohne gekaufte oder „gespendete“ Eizellen von Frauen gar nicht möglich ist. Wie ich bereits in Kapitel 2 gesagt habe, schlossen sich 2006 besorgte Feministinnen in dem internationalen Netzwerk *Hands Off Our Ovaries* (HOOO) zusammen, in dem wir erneut auf die ernsthaften Gefahren der Eizellen„spenden“ hinwiesen. Das *US Center for Bioethics and Culture* produzierte 2010 seinen außergewöhnlichen Dokumentarfilm *Eggsploitation* (siehe Kapitel 2), der kurz- und langfristige Gesundheitsprobleme aufzeigt, einschließlich Krebs bei Frauen, die Eizellen für unfruchtbare Paare oder Forschung zur Verfügung stellten. Die Dokumentation enthält auch Aussagen von medizinischen SpezialistInnen, die sich kritisch über diese Praxis äußern.

Die erste Dekade des 21. Jahrhunderts sah den schnellen Anstieg von Indien und anderen armen Ländern der sogenannten Dritten Welt als billige Mietmutterschaft-Zielorte für internationale Baby-KäuferInnen, die eine neue Gruppe von reichen Kunden umfasste: homosexuelle Männer. Viele Länder begannen sich Sorgen über diese explodierenden Märkte zu machen, die eindeutig zur Ausbeutung von Frauen und Kindern führte. Am 5. April 2011 wurde der Antrag des *Europäischen Parlaments* zu den Prioritäten und Grundzügen einer neuen EU-Politik zur Bekämpfung von Gewalt gegen Frauen angenommen, in dem zwei Punkte zu Mietmutterschaft (Leihmutterschaft genannt[200]) aufgenommen wurden:

> „20. fordert die Mitgliedstaaten auf, das ernste Problem der Leihmutterschaft anzuerkennen, die eine Ausbeutung des weiblichen Körpers und seiner reproduktiven Organe darstellt;
>
> 21. betont, dass sowohl Frauen als auch Kinder denselben Formen der Ausbeutung unterworfen sind und beide daher als „Rohstoffe“ auf dem internationalen Reproduktionsmarkt betrachtet werden können und dass durch neue Reproduktionsvereinbarungen wie die Leihmutterschaft der

---

200 Wie ich bereits in den Anmerkungen zur deutschen Ausgabe erwähnte, finde ich den Begriff „Leihmutter” falsch, da er zu sagen scheint, dass eine Frau bereit ist, ihren Körper „auszuleihen”. Mietmutterschaft hingegen sagt deutlich, dass der Impetus von den „Bestelleltern” kommt, die eine Frau mieten, um ein Kind für sie auszutragen. Kaufmutterschaft wäre ein noch besserer Begriff, aber dieses Wort gibt es (noch) nicht!

Handel mit Frauen und Kindern sowie illegale grenzüberschreitende Adoptionen zunehmen;“[201]

Am 16. Dezember 2015 nahm das *Europäische Parlament* einen Antrag zum Jahresbericht 2014 über Menschenrechte und Demokratie in der Welt und die Politik der Europäischen Union in diesem Bereich an, einschließlich des folgenden Paragraphen, der sich auf Mietmutterschaft bezieht:

> „115. verurteilt die Praxis der Ersatzmutterschaft, die die Menschenwürde der Frau herabsetzt, da ihr Körper und seine Fortpflanzungsfunktionen als Ware genutzt werden; ist der Auffassung, dass die Praxis der gestationellen Ersatzmutterschaft, die die reproduktive Ausbeutung und die Nutzung des menschlichen Körpers — insbesondere im Fall von schutzbedürftigen Frauen in Entwicklungsländern — für finanzielle oder andere Gewinne umfasst, untersagt werden und dringend im Rahmen der Menschenrechtsinstrumente behandelt werden sollte;“[202]

Es ist großartig zu sehen, dass das *Europäische Parlament* die entmenschlichenden Praktiken der grenzüberschreitenden Mietmutterschaft stoppen will. Und wie ich bereits in Kapitel 5 sagte, schickte eine Gruppe von größtenteils europäischen Frauenorganisationen, angeführt vom französischen *Le Collectif pour le Respect de la Personne* (CoRP), am 23. März 2015 ein wichtiges Dokument an die *Haager Konferenz für Internationales Privatrecht* (HCCH), in dem sie eine *Internationale Konvention zur Abschaffung der Mietmutterschaft* forderten (siehe Kapitel 5).

Am 1. Februar 2016 organisierten einige dieser Gruppen eine zweite Konferenz in Paris „Für die Abschaffung der Mietmutterschaft“ („Vers l’abolition de la GPA“, Gestation pour Autrui). Zu den Konferenz-Teilnehmerinnen gehörten französische Politikerinnen und europäische Autorinnen wie Kajsa Ekis Ekman aus Schweden, Julie Bindel aus

---

[201] https://eur-lex.europa.eu/legal-content/DE/TXT/HTML/?uri= CELEX:52011IP0127&qid=1529852208907&from=EN (DH)

[202] https://eur-lex.europa.eu/legal-content/EN/TXT/?qid=1529851591284&uri= CELEX:52015IP0470 (DH)

England, Eva Maria Bachinger aus Österreich[203] und Sheela Saravanan aus Deutschland/Indien. Die Organisatorinnen sahen die Konferenz als einen Schritt zu ihrem Ziel, Mietmutterschaft *grundsätzlich* abzuschaffen, wobei

> „Politikerinnen aus ganz Europa wie auch Feministinnen und Menschenrechts-Organisationen und Forscherinnen aus verschiedenen Bereichen [zusammen kamen, DH], um die ungerechte Praxis der Mietmutterschaft zu beleuchten und zu bekämpfen, die fundamentale Menschenrechte verletzt."

Die Konferenz schloss mit der Unterzeichnung der *International Convention for the Abolition of Surrogacy* ab, der *Internationalen Konvention für die Abschaffung der Mietmutterschaft* (siehe Kapitel 5).

Diese lobenswerte und imponierende Opposition gegen Mietmutterschaft in europäischen Ländern machte deutlich, dass KritikerInnen in anderen Teilen der Welt dringend eine neue *internationale* Organisation brauchten, die sich darauf konzentriert, sowohl Eizellen„spenden" als auch Mietmutterschaft zu stoppen.

Im Mai 2015 gründete eine Gruppe von 500 Frauen und Männern aus der ganzen Welt – inspiriert von Jennifer Lahls bewährter Führung und harter Arbeit – die Kampagne *Stop Surrogacy Now* (SSN, Stoppt Mietmutterschaft jetzt).[204] Seit seinen Anfängen im Mai 2015 hat SSN mehr als 8.000 UnterstützerInnen (Lahl, persönliche Kommunikation, Juli 2018). Zu den ErstunterzeichnerInnen gehörten viele der „alten" FINRRAGE-Feministinnen und andere Aktivistinnen der 1980er Jahre, aber ebenso Mietmütter, Kinder, die aus Mietmutterschaften geboren wurden und/oder Sperma- oder Eizellen„spenderInnen", MenschenrechtsaktivistInnen, Anwälte/Anwältinnen, ParlamentarierInnen, politische EntscheidungsträgerInnen, LGBT AktivistInnen, AkademikerInnen, AutorInnen, JournalistInnen, KinderrechtsaktivistInnen, Adoptions-KritikerInnen sowie Überlebende von Prostitution und Organisatorinnen gegen Gewalt gegen Frauen.

---

203 Eva Maria Bachingers ausgezeichnetes Buch *Kind auf Bestellung: ein Plädoyer für klare Grenzen* erschien 2015 in Österreich.

204 Das US Center for Bioethics and Culture (CBC, in dem SSN untergebracht ist) hat 2014 eine zweite Dokumentation produziert *Breeders: A Subclass of Women?* (*Brüterinnen: Eine Unterklasse von Frauen?*). Diese Dokumentation ist ein wichtiges Kampagnenmittel geworden. Seine Produzentin Jennifer Lahl hat 25 Jahre lang als Kinderkrankenschwester in der Intensivpflege gearbeitet.

Auch 21 Organisationen und Institutionen, viele davon aus Europa, unterschrieben die Gründungserklärung der SSN, unter ihnen die *Kvinnliga Läkares Förening* (der schwedische Ärztinnen-Verband), die *European Women's Lobby* (Belgien), *EMMA* (Deutschland), *The Women's Bioethics Alliance* (Australien), FINRRAGE (Ortsgruppe Australien), *Scandinavian Human Rights Lawyers* (SHRL), *Se Non Ora Quando – Libere* (Italien), *Make Mothers Matter* (MMM, Frankreich).

Unser Ziel ist es, einem großen weltweiten Publikum unsere Kritik an Mietmutterschaft und Eizellen„spende" bekannt zu machen, so dass kritisches Bewusstsein über die globale Mietmutterschaft-Industrie gefördert und diese entmenschlichende Praxis gestoppt wird. Hier ist die Erklärung von SSN (erhältlich in mehreren Sprachen auf der Webseite):

Stoppt Mietmutterschaft jetzt - Erklärung[205]

Wir sind Frauen und Männer unterschiedlicher ethnischer, religiöser, kultureller und sozio-ökonomischer Herkunft aus allen Weltregionen. Wir schließen uns zusammen, um unserer gemeinsamen Sorge für die Frauen und Kinder, die durch Mietmutterschaftsverträge ausgebeutet werden, deutlich Ausdruck zu verleihen.

Wir teilen und anerkennen die tiefe Sehnsucht vieler, Eltern werden zu wollen. Doch wie bei allen Sehnsüchten und Wünschen muss es auch hier Grenzen geben. Menschenrechte bieten uns wichtige Orientierungshinweise dafür, wo diese zu ziehen sind. Wir sind der Ansicht, dass Mietmutterschaft verboten werden sollte, da sie den Menschenrechten von Frauen und Kindern widerspricht.

Mietmutterschaft hängt sehr häufig mit der Ausbeutung ärmerer Frauen zusammen. In vielen Fällen sind es die Armen, die verkaufen müssen und die Reichen, die sich den Kauf leisten können. Dieser ungleiche Tausch mündet in eine, auf schlechter bis fehlender Information basierenden, Vereinbarung, in geringe Bezahlung, Zwangsverhältnisse sowie mangelhafte Gesundheitsvorsorge und birgt kurz- oder langfristig

205 http://www.stopsurrogacynow.com/the-statement/statement-german (DH)

große Gefahren für die Gesundheit der sogenannten Mietmütter in sich.

Der mit Mietmutterschaft verbundene medizinische Prozess ist für die Mietmutter, die junge Frau, die ihre Eier verkauft und die Kinder, die mit Hilfe von Reproduktionstechnologien zur Welt kommen, riskant. Die Risiken für Frauen sind ein Ovar-Hyper-Stimulations-Syndrom (OHSS), Ovarverkrümmung, Zysten in der Gebärmutter, chronische Beckenschmerzen, verfrühte Menopause, Verlust von Fruchtbarkeit, Krebs in den Reproduktionsorganen, Blutgerinnsel, Nierenversagen, Schlaganfall und in einigen Fällen Tod. Frauen, die mit den Eiern einer anderen Frau schwanger werden, haben ein erhöhtes Risiko für eine Präeklampsie (Schwangerschaftsintoxikation) und hohen Blutdruck.

Kinder, die mit Hilfe von Reproduktionstechnologien gezeugt werden, wie sie bei Mietmutterschaft üblicherweise verwendet werden, sind höheren Gesundheitsrisiken ausgesetzt. Diese inkludieren Frühgeburt, Totgeburt, geringes Geburtsgewicht, fötale Anomalien und höheren Blutdruck. Eine Mietmutterschaft unterdrückt absichtlich das sogenannte „Bonding“ (d. h. die Phase der Bindungsentwicklung zwischen Mutter und Fötus während der Schwangerschaft), – eine Bindungsentwicklung, die nachdrücklich von medizinischen Fachleuten empfohlen wird. Die biologische Verbindung zwischen der Mutter und dem Kind ist unbestreitbar sehr intim und hat, wenn diese verhindert wird, andauernde Auswirkung für beide. Wo Mietmutterschaft legal ist, wird dieser mögliche Schaden institutionalisiert.

Wir sind der Ansicht, dass die Praxis der kommerziellen Mietmutterschaft vom Handel mit Kindern nicht unterschieden werden kann. Selbst wenn sie nicht-kommerziell (d. h. unbezahlt oder „altruistisch“) ist, sollte jegliche Praxis, die Frauen und Kinder solchen Gefahren ausliefert, verboten werden.

Niemand, ob heterosexuell, homosexuell oder in freiwilligem Single-Dasein lebend, hat ein Recht auf ein Kind.

Entschlossen fordern wir die nationalstaatlichen Regierungen und die leitenden PolitikerInnen der Internationalen Gemeinschaft auf, zusammenzuarbeiten, um diese Praxis zu beenden und Mietmutterschaft j e t z t zu stoppen!

http://www.stopsurrogacynow.com

Während der letzten drei Jahre haben VertreterInnen von SSN bei Anhörungen in US-amerikanischen Staaten zum Thema Mietmutterschaft ausgesagt, wobei sie Mietmütter in ihren Rechtsansprüchen unterstützt haben, ihre Kinder zu behalten. Zudem haben sie wichtige Treffen, wie z. B. Konferenzen in New York, Rom und Madrid vorbereitet und daran teilgenommen.[206]

Zunehmend wenden sich auch Geburtsmütter an SSN, nicht nur aus den USA, sondern auch aus Kanada, Großbritannien und Australien, die während einer Mietmutterschaft (kommerziell oder „altruistisch“) schwere Schäden erlitten haben, die unzumutbaren finanziellen Belastungen ausgesetzt sind, oder die ihre Kinder zurück haben wollen. Es ist nicht einfach, da diese Frauen Anwälte/Anwältinnen brauchen und BeraterInnen, und das *US Center for Bioethics and Culture* ist eine Non-Profit-Organisation. Es ist aber klar, dass – ähnlich wie bei den Bedürfnissen der Überlebenden von Prostitution – das Leiden der Frauen und Kinder in dieser ausbeuterischen globalen Industrie groß ist. Ihre Bedürfnisse sind beträchtlich und ihre Zahlen nehmen zu. Einige ihrer Geschichten werden in einem neuen Buch *Broken Bonds: Surrogate Mothers Speak Out*, das 2019 erscheinen wird, zu lesen sein.[207]

SSN und vor allem Jennifer Lahl haben auch den „Mythos“ aufgedeckt, der von der KonsumentInnen-Lobby der Mietmutterschaft-BefürworterInnen in Australien und den IVF-Ärzten/Ärztinnen aus den USA (vor allem denjenigen aus Kalifornien) verbreitet wird, nämlich dass Mietmutterschaft in den USA gut geregelt sei und dass es keine Probleme geben würde. Genau wie in anderen Ländern kann die Gesundheit der Mietmütter und Eizellen„spenderinnen“ schwer geschädigt werden, manchmal für das ganze Leben. (Dies wird im Dokumentarfilm *Maggie's*

---

206 Die Liste der bisherigen SSN-Aktivitäten kann auf der Webseite von *Stop Surrogacy Now* unter „Resources" eingesehen werden: stopsurrogacynow.com. Diese umfasst auch eine gute Liste von Büchern und Artikeln, die sich kritisch mit Mietmutterschaft beschäftigen sowie einige Filme. Ein internationales Buch mit persönlichen Geschichten von Frauen, die sich als Mietmütter verpflichtet hatten, sei es „altruistisch“ oder kommerziell, wird 2019 veröffentlicht; Jennifer Lahl, Melinda Tankard Reist und Renate Klein (eds): *Broken Bonds*: *Surrogate Mothers Speak Out*. Am 15. und 16. März 2019 wird eine Konferenz zu dem Thema und eine Buchpräsentation von *Broken Bonds* in Melbourne stattfinden.

207 Ebenda.

Story dokumentiert, die über ihren Kampf gegen Brustkrebs in fortgeschrittenem Stadium (Stufe 4) nach einer Eizellen„spende" spricht, sowie in den beiden bereits erwähnten Filmen *Eggsploitation* und *Breeders*.)

Zu weiteren aktuell beunruhigenden Geschichten gehört diejenige vom Tod der Mietmutter Brooke Browne im Oktober 2015 aufgrund später Schwangerschaftskomplikationen (eine Plazentalösung; placental abruption), während sie Zwillinge für ein Paar aus Spanien austrug (die Babys starben auch); der sich hinziehende Prozess um das Sorgerecht der kalifornischen Mietmutter Melissa Cook, die sich weigerte, einen ihrer drei Föten abzutreiben (sie trug sie alle aus) und Brittneyrose Torres, die ebenfalls Drillinge austrug und aufgrund von Komplikationen während der Schwangerschaft für viele Wochen ins Krankenhaus musste (Lahl, 2016).

Leider sind diese erschütternden Geschichten nur ein kleiner Teil dessen, was wir wissen. Wir dürfen nicht vergessen, dass die Baby-KäuferInnen immer mehr Geld zur Verfügung haben werden als die Mietmütter, wenn es um Prozess- oder Behandlungskosten geht. Da die IVF-Industrie in den USA völlig unkontrolliert ist, gibt es keine staatlichen oder nationalen Gremien, die Statistiken über diese Fälle erstellen. Es steht keine medizinische, rechtliche oder andere Unterstützung von den Mietmutterschaft-Agenturen oder Baby-MaklerInnen zur Verfügung, die immer auf der Seite der zahlenden KundInnen stehen. Es ist daher eine *grobe* Täuschung, Mietmutterschaft in den USA als „gut reguliert" und „problemlos" zu bezeichnen.

Um wieder zu *Stop Surrogacy Now* zurückzukehren, möchte ich drei wichtige Veranstaltungen erwähnen:[208]

1. Am 14. März 2017 hat SSN einen Workshop als Teil der UN-Kommission zum Status von Frauen „Trading on the Female Body" abgehalten. Während der zweistündigen Veranstaltung gab es Referate von Jessica Kern, einer jungen Frau, die aus einer Mietmutterschafts-Vereinbarung geboren wurde, die sich selber als „Produkt" bezeichnet; der

---

[208] Für weitere Details über die Kampagne von SSN siehe http://www.stopsurrogacynow.com/conference-in-rome-surrogacy-a-real-dehumanization-of-mother-and-child/#sthash.J4doYYcV.Lq8B4Hh3.dpbs. Auch auf den Facebook-Seiten von FINRRAGE und SSN sind weitere Details über Kampagnen zu finden.

Mietmutter Kelly, die sich drei kommerziellen Mietmutterschaften unterzog, einschließlich der Geburt von Zwillingen für ein französisches homosexuelles Paar, als sie 20 war, und Zwillingen für ein spanisches heterosexuelles Paar (Mietmutterschaft ist in beiden Ländern illegal), und Kylie, die ihre Eizellen verkaufte und ernsthafte Gesundheitsprobleme bekam, einschließlich eines Schlaganfalls, der durch das ovarielle Hyperstimulationssyndrom (OHSS) verursacht wurde. Das führte zu dauerhaften Sehstörungen und Gedächtnisproblemen und vermutlich zu eingeschränkter Fruchtbarkeit. Zu den Teilnehmerinnen des Workshops gehörten die Mietmutterschaftsgegnerin und Journalistin des *Guardian* Julie Bindel, die Ethik-Professorin Janice Raymond und Pierrette Pape, Politik- und Kampagnen-Direktorin der *European Women's Lobby.*

Vor allem Kellys Geschichte ist eine von wiederholten groben Täuschungen und Ausbeutungen und wird 2018 in einem neuen Dokumentarfilm von Jennifer Lahl zu sehen sein.[209]

2. Bei ihrem internationalen Treffen in Rom am 23. März 2017 stellte die feministische Gruppe *Se Non Ora Quando? – Libere* (Wenn nicht jetzt wann? – Die freien Frauen), Erstunterzeichnerinnen von SSN, einen Antrag an die *Vereinten Nationen*, Abteilung für Verträge über Menschenrechte, um Mietmutterschaft im *Übereinkommen zur Beseitigung jeder Form von Diskriminierung der Frau* (*Convention on the Elimination of All Forms of Discrimination against Women*; CEDAW) anzusprechen:

> „Wir, die Unterzeichnerinnen, fordern die Gremien der *Vereinten Nationen*, die dafür zuständig sind, das *Übereinkommen zur Beseitigung jeder Form von Diskriminierung der Frau* (CEDAW) für Kinder- und Menschenrechte umzusetzen, auf, ein Verfahren zu entwickeln, das auf ein Verbot abzielt, die Praxis der Mietmutterschaft zu empfehlen, da sie unvereinbar mit dem Respekt vor den Menschenrechten und der Würde der Frau ist."
>
> Und weiter:
>
> „8. Daher ist es notwendig, die UN-Organisationen einzubeziehen, um

[209] Das zweistündige Video über die Veranstaltung der UN kann hier angesehen werden: https://www.youtube.com/watch?v=TLYMYbkyA7k&feature=youtu.be

Bedingungen zu schaffen, Mietmutterschaft auf internationaler Ebene zu verbieten. In dieser Hinsicht ist es dringend notwendig, im Rahmen von CEDAW eine Empfehlung gegen Mietmutterschaft zu akzeptieren, die auf dem Modell basiert, das angenommen wurde, um die Praktiken der weiblichen Genitalverstümmelung zu bekämpfen.“

In der Resolution, die bei dem Treffen vorgelesen wurde, weisen die Unterzeichnerinnen darauf hin, dass sie

> „nicht in die rhetorische Falle von individueller Freiheit und `dem wunderbaren Geschenk des Lebens` geraten wollen. Mietmutterschaft führt zu einer Entmenschlichung von Mutter und Kind, da sie bewusst einen Zustand von sich Opfern und Verlust herbeiführt. Die Sehnsucht, Eltern zu werden, kann nicht zu einem individuellen Recht für `die Kundin/den Kunden` werden, Kontrolle über den Körper einer Frau zu erlangen und als Folge das Leben des Kindes zu Privatbesitz zu machen.“

Es wird interessant sein zu sehen, wie die *Vereinten Nationen* auf diesen Antrag reagieren werden.

3. Am 26. April 2017 rief eine Gruppe von SSN-AktivistInnen zur Abschaffung der Mietmutterschaft in Spanien auf und zeigte den Dokumentarfilm *Breeders* (übersetzt ins Spanische als *Criadoras: Una Clase inferior de mujeres?*). Die Gruppe, die sich aus Jennifer Lahl, der früheren Mietmutter Kelly Martinez, Pierrette Pape von der *European Women's Lobby*, der britischen Journalistin Julie Bindel und dem britischen homosexuellen Aktivisten Gary Powell zusammensetzte, wandte sich an Parlamentsmitglieder, traf sich mit der neugegründeten spanischen Gruppe von MietmutterschaftsgegnerInnen *Red Estatal Contra El Alquiler de Vientres*, und betonte die Schäden der Mietmutterschaft. Kellys Geschichte, wie oben bereits erwähnt, war besonders erschütternd.

Was Kelly nicht wusste, war, dass die spanischen Bestelleltern zusätzliches Geld dafür bezahlt hatten, dass ihr ein XX (weiblicher) Embryo und ein XY (männlicher) Embryo eingesetzt wurden. Der weibliche Embryo entwickelte sich jedoch nicht und der männliche Embryo teilte sich spontan, so dass sie Zwillings-Jungen austrug. Die Baby-KäuferInnen waren sehr wütend, als sie nach einem Ultraschall von dieser Entwicklung erfuhren. Sie behandelten Kelly so schlecht, dass ihre Stress- und Blutdruckwerte gefährlich anstiegen, und sie ernsthaft an Präeklampsie erkrankte. Das spanische Paar holte die Babys nach dem Kaiserschnitt ab und Kelly hat seither nichts mehr von ihnen gehört. Sie haben auch ihre erheblichen medizinischen Rechnungen nicht bezahlt, da ihr Vertrag in den USA keine derartige Provision beinhaltete. Wie die SSN-Webseite es lapidar formuliert:

> „Kellys Geschichte, die keine Ausnahme in den USA ist, zeigt die Realität der Mietmutterschaft: Ein Geschäft bei dem die Konsumentenmentalität dazu führt, dass Frauen als Behälter und Kinder als Produkte angesehen werden."[210]

Der neue Film vom Center for Bioethics and Culture, der Kelly Martinez Geschichte erzählt, heißt „#BigFertility - It's all about the money" und wird im Herbst 2018 vorgestellt.

Am 12. Juni 2018 erklärte die Vize-Präsidentin, Carmen Calvo, der neugewählten sozialistischen Regierung in Spanien, dass ihr Land alle Arten von Mietmutterschaft weiterhin verbieten werde, weil „Mietmutterschaft die Körper der ärmsten Frauen ausbeutet"[211] – ein wunderbares Resultat, ohne Zweifel beeinflusst von den spanischen Gruppen, die gegen Mietmutterschaft kämpfen, und den verschiedenen SSN Aktivitäten in Spanien.

Gary Powell aus Großbritannien, ein Erstunterzeichner von SSN und ein langjähriger homosexueller Aktivist, der gegen Mietmutterschaft ist, traf sich mit einem spanischen Kollegen, der einen überzeugenden Artikel geschrieben hat, in dem er die wachsende Anzahl von schwulen Männern verurteilt, die davon überzeugt sind, dass sie ein Recht auf ein eigenes Kind haben: „Los Vientres de Alquilar: La cara mas brutal del `Gaypitalismo`" (Bäuche zu vermieten: Das brutalste Gesicht des `Gaypitalismus`).

---

210 „International Campaign in Spain to call for Abolition of Surrogacy" (Internationale Kampagne in Spanien ruft zur Abschaffung der Mietmutterschaft auf) http://www.stopsurrogacynow.com/international-campaigners-in-spain-to-call-for-abolition-of-surrogacy/#sthash.pOPie3D8.DcZ3OtuD.dpbs.

211 Deputy PM: „Surrogacy utilizes the bodies of the poorest women"; https://elpais.com/elpais/2018/06/11/inenglish/1528719786_889909.html

In seinem Artikel verurteilt Raul Solis die homosexuellen Männer, die durch Mietmutterschaft Frauen ausbeuten. Weiterhin kritisiert er, dass damit viele Jahre der Solidarität vergessen werden, während derer Homosexualität noch als Verbrechen galt und Lesben und heterosexuelle Feministinnen Schwule in ihren Kampagnen unterstützten (Solis, 25. März 2017). Der Artikel ist mit einer deutlichen Grafik illustriert: ein Barcode auf dem Bauch einer Schwangeren.

Wir alle sollten Raul Solis und Gary Powell zu ihrem Standpunkt gratulieren. Es ist zu hoffen, dass homosexuelle Männer auch in anderen Ländern öffentlich Stellung gegen Mietmutterschaft beziehen. Zu oft zögern heterosexuelle KritikerInnen, wenn sie etwas gegen die machtvolle Homosexuellen-Lobby, die Mietmutterschaft als ihr „Recht" einfordert, sagen wollen, da sie befürchten, dass sie dann als homophob angesehen werden. Es ist wichtig, sich daran zu erinnern, dass Mietmütter nicht von homo- *oder* heterosexuellen Männern ausgebeutet und als Ware benutzt werden: Sie werden von *Männern* ausgebeutet.

Und so geht der Widerstand weiter. Neue Kampagnen entstehen. 2017 wurde in Deutschland eine Kampagne gestartet, die Nein zur Leihmutterschaft sagt.[212] Im April 2018 geschah das Gleiche in Österreich mit „Stoppt Leihmutterschaft"[213] (maßgeblich beeinflusst von Eva Maria Bachinger und anderen Feministinnen), und in Mexiko wurde die Gruppe Femmva gegründet.

Und es werden neue Bücher veröffentlicht. In ihrem fundierten Exposé zur hässlichen Mietmutterwelt in Indien, das auf langjähriger ethnographischer Arbeit beruht, hält die indische Forscherin Sheela Saravanan ihrer Kollegin Amrita Pande einen Spiegel vor. Wo Pande „Arbeit" und „Wahlfreiheit" sieht, erkennt Saravanan Ausbeutung und Leiden von Frauen, die in Mietmutterschaften einwilligten, weil es ihre letzte Chance zu überleben war, und ihren Kindern eine bessere Zukunft zu ermöglichen.

Saravanan enthüllt weiter, dass Pande vorschlug, eine Gruppe von „Veteran Surrogates" zu Sprecherinnen für Mietmütter zu ernennen,

212 https://www.civilpetition.de/kampagne/nein-zur-leihmutterschaft/startseite

213 https://www.stoppt-leihmutterschaft.at/statement/

sodass Mietmütter für sich selbst sprechen könnten. Bei genauerer Hinsicht zeigt sich aber, dass diese „Veteran Surrogates“ inzwischen Agentinnen wurden, um „neue“ Frauen in die Mietmutterindustrie zu bringen – und dabei selber einen netten Profit machen. In Analogie zur Prostitution heißt das also, dass die „Madams“ – frühere Prostituierte – jetzt ihre Nachfolgerinnen rekrutieren. Wohl kaum eine ehrliche Repräsentation der Bedürfnisse unerfahrener Mietmütter, die neu in dieser ausbeutenden Industrie sind. (Saravanan, 2018, S. 163)

Erfreulicherweise erheben sich auch in Deutschland bereits neue Stimmen gegen Mietmutterschaft. So betont die Neurobiologin Caroline Werner in ihrem Aufsatz „Leihmutterschaft oder: Menschenhandel schöngeredet“[214] (2018), dass die Leihmutterschaft zutiefst unmoralisch ist und weist auf die gesellschaftliche Empathielosigkeit gegenüber Leihmüttern zugunsten von Käufern hin. Sie zeigt auch die Rolle der WHO auf:

> „So deklarierte die Weltgesundheitsorganisation WHO alleinlebende und homosexuelle Männer und Frauen als unfruchtbar und diese Unfruchtbarkeit als Krankheit bzw. Behinderung, was ihnen durch das Recht auf Reproduktion Unterstützung zusichert, auch wenn keine medizinische Ursache vorliegt, sondern die Unfruchtbarkeit lediglich ein/e fehlende/r Partner/in ist. Das Reproduktionsrecht, das körperliche Selbstbestimmung sicherstellen sollte, also dass sich niemand in den höchst privaten Bereich der Familienplanung eines Menschen einmischt und Fertilitätsbehandlungen zumindest teilweise von der Krankenkasse übernommen werden, wird hier pervertiert.“[215]

Ich kann nur hoffen, dass sich auch andere Feministinnen lautstark gegen die Einführung dieser üblen Industrie in Deutschland wehren, so dass sie im Kern erstickt werden kann.

Ich hoffe, dass ich in diesem Kapitel gezeigt habe, dass sowohl der vergangene als auch der aktuelle Widerstand gegen die globale Mietmutterschaft stark war und stark bleibt. Außer den erwähnten Kampagnen von *Stop Surrogacy Now* (SSN) gibt es seit Juni 2018 noch eine neue

---

[214] In: Mira Sigel u. a. (Hg.): *Störenfriedas. Feminismus radikal gedacht.*
[215] Ebenda, S. 407f.

internationale Gruppe: *Coalition pour l'Abolition de la Maternité de Substitution* (CAMS)/*Coalition for the Abolition of Surrogate Motherhood* (I-CAMS), die von französischen Feministinnen ins Leben gerufen wurde und mit SSN vernetzt ist.[216] Zudem haben Mexikos Feministinnen, die 2018 eine Gruppe gegen Mietmutterschaft gegründet haben (*Femmva*), sich im Juli 2018 ebenfalls SSN angeschlossen.[217]

Zweifelsohne werden wir in der Zukunft weitere Nachrichten von all diesen Gruppen bekommen, was unseren Widerstand verstärken wird, was wir dringend brauchen. Denn die Macht der Mietmutterschaft-BefürworterInnen ist groß. Nicht nur haben sie die Finanzen einer skrupellosen KundInnen suchenden Multi-Milliarden Fruchtbarkeits-Industrie hinter sich, sie operieren innerhalb einer neoliberalen Marktökonomie, in der die mit Barcodes versehenen Bäuche (und deren „Produkte“, die ihnen mit Kaiserschnitt entnommen werden) nach den sexausbeutenden Industrien der Pornografie, Prostitution und dem Strippen, zu einer neuen Front der Gewalt gegen Frauen geworden sind. Diese „Zuhälter“ werden von den Baby-KäuferInnen (homo oder hetero) unterstützt, die ihr *Verlangen* nach einem Kind erst in ein *Bedürfnis* und dann in ein *Recht* umgemünzt haben.

Neoliberale und Libertäre (Feministinnen miteingeschlossen) glauben wie immer fälschlicherweise, dass die Rettung in der Regulierung liegt. Und die breite Öffentlichkeit, die wenig über Mietmutterschaft weiß, schaut sich die süßen Babys und strahlenden Bestelleltern an und findet alles gut. Ich hoffe sehr, dass mein Buch zeigt, dass diese zuckersüßen Geschichten eine unmenschliche, traurige und gefährliche Kehrseite haben. Es ist gut zu wissen, dass *Stop Surrogacy Now* und andere AktivistInnen-Netzwerke weltweit immer stärker werden, um diese entmenschlichende Gewalt gegen Frauen und Kinder erst sichtbar zu machen und dann zu entkräften.

In den Schlussfolgerungen werde ich weitere direkte und indirekte

---

216 2018, Année de l’abolition de la GPA; http://www.abolition-gpa.org/2017/12/18/2018-annee-de-labolition-de-la-gpa/

217 Feministas Mexicanas contra Vientres de Alquiler (Femmva); https://www.facebook.com/pages/biz/community/Feministas-Mexicanas-contra-Vientres-de-Alquiler-Femmva-199941447252224/

Auswirkungen der Reprogenetik auf Frauen diskutieren und die Fortführung des weltweiten Widerstands gegen Mietmutterschaft aufzeigen.

Schlussfolgerungen

Was ich in diesem Buch diskutiert habe, ist wirklich nur die Spitze des Eisbergs. Auf jede Geburtsmutter oder Eizellen„spenderin“, die körperlich und/oder seelisch leidet, auf jede Partnerin eines heterosexuellen Paares, die sich wie eine totale Versagerin fühlt, wenn sie ein neugeborenes Baby in den Armen hält, das nicht ihres ist, auf jedes Kind, das durch eine Mietmutterschaft geboren und weggegeben wird und als Erwachsene/r auf die Suche nach seiner oder ihrer Geburtsmutter gehen muss, kommen tausend weitere auf der ganzen Welt, deren Geschichten wir nie hören werden. Jeder Prozess, in den eine Geburtsmutter verwickelt ist, egal ob sie das Sorgerecht für ihr Kind behalten will, oder die Schwangerschaftskosten erstattet bekommen möchte, die die Baby-KäuferInnen nicht bezahlt haben, ist mit enormem Stress und Elend verbunden (nur die Anwälte/Anwältinnen werden reich). Zudem liegt die Beweislast immer bei der Geburtsmutter oder der Eizellen„spenderin“, die ihre Forderungen „beweisen“ müssen, da Mietmutterschafts-Verträge (selbst wenn sie nicht einklagbar sind, wie bei „altruistischer“ Mietmutterschaft) – wie auch die existierenden Gesetze auf der ganzen Welt – immer die „Wunscheltern“ privilegieren.

Wir dürfen nie vergessen, dass die Geschichte der Mietmutterschaft die Geschichte einer kapitalistischen Milliarden-Industrie ist, die sich täglich vergrößert, und für die „Moral“ und „Ethik“ sehr wenig bedeuten, solange (viel) Geld verdient werden kann. Mit jedem Land oder jedem Staat, das/der seine Grenzen schließt, öffnet ein neues Zielland oder ein neuer Zielstaat seine Türen. Geh ins Internet und du wirst mit aalglatten Promotions-Videoclips überspült, die die „Mietmutter-Reise“ so einfach erscheinen lassen, so fröhlich und so voll von wunderbaren selbstlosen Mietmüttern und Eizellen„spenderinnen“. Diese Lektion hat die Mietmutter-Industrie natürlich von den IVF-Kliniken gelernt, die bereits seit langem potenzielle Kundinnen mit besonderen Angeboten anlocken.

> „Warum immer Thailand, Cairns ist dabei, ein Zentrum für Medizintourismus zu werden. Wenn Sie sich zu einer IVF-Behandlung entschließen, warum diese dann nicht mit einem Urlaub im tropischen Norden

verbinden?“,

war 2016 ein Werbeslogan einer Kette von IVF-Kliniken im australischen Queensland und dem Great Barrier Reef.[218]

Für diejenigen, denen Australien zu weit weg ist, hat *Kiran Fertility Services* Angebote sowohl in Kenia als auch in der Ukraine.[219] *Kiran Fertility Services* garantiert dir auch Eizellen„spenderinnen“ deiner Wahl: afrikanische, kaukasische oder asiatische. Oder du kannst deine eingefrorenen Embryonen direkt nach Kenia schicken, falls du welche hast.

Sollten wir noch eine Bestätigung dafür brauchen, dass Mietmutterschaft Baby-Verkauf und reproduktive Prostitution ist, brauchen wir uns nur die Webseite von *La Vita Nova*, einer Mietmutterschaft-Klinik in Kiew in der Ukraine, anzusehen. Auf einem Bild sitzt ein junges Paar mit einem Bündel Geldscheine in der Hand des Mannes gegenüber einer stehenden Frau, die dem Paar ihren nackten schwangeren Bauch zeigt.[220]

Eine andere der vielen Mietmutterschafts-Kliniken in der Ukraine ist die Firma *BioTexCom*, die auf ihrer Webseite damit prahlt, dass sie „die Liste der Zentren zur Unfruchtbarkeitsbehandlungen mit Hilfe assistierter Methoden der Reproduktionsmedizin anführe“. *BioTexCom* zeigt auf ihrer Webseite Bilder von der Teilnahme an den australischen *Families Through Surrogacy*-Konferenzen am 11. März 2017 in London und am 12. März 2017 in Dublin und fügt hinzu, dass das Unternehmen zahlreiche neue KlientInnen durch diese Konferenzen gewinnen konnte. Es brüstet sich auch damit, jetzt 5.000 Twitter-Follower zu haben.[221]

Wie ist es möglich, müssen diejenigen von uns, die in Australien leben, fragen, dass *Families Through Surrogacy* (unter der Leitung von Sam Everingham) nicht nur diese lukrativen jährlichen Konferenzen im Ausland veranstaltet, sondern auch die australischen Konferenzen mit Gast-SprecherInnen aus dem Ausland mit ihren Werbepaketen für Mietmutterschaft-Kliniken aus der ganzen Welt? Um zu wiederholen, was ich bereits zuvor schrieb: Kommerzielle Mietmutterschaft ist in ganz Australien verboten (außer im Northern Territory, wo es keine Gesetze dazu

218 https://www.fnqapartments.com/blog/details/Medical-Tourism-comes-to-Cairns-68

219 http://surrogacydoctor.blogspot.com.au/2017/04/kiran-fertility-services-launches.html

220 http://lavitanova.net/index.php/en/independent-search-for-a-surrogate-mother

221 http://biotexcom.com/biotexcom-families-surrogacy-conference-2017/

gibt). In Queensland, New South Wales und dem Australian Capital Territory ist es zudem *eine Straftat, für eine Mietmutterschaft ins Ausland zu fahren und sollte Gefängnis oder hohe Bußen nach sich ziehen* (nur leider wurden diese Strafen bis heute nie implementiert).

Ich bin der Meinung, dass diese Werbung für Reproduktions-Tourismus von KonsumentInnengruppen wie *Families Through Surrogacy* von der australischen Regierung verboten werden muss. *Families Through Surrogacy* ist es, die auf unmoralische Weise die Hoffnungen von Frauen am Leben hält, die oft nach zehn oder mehr IVF-Behandlungen geschlagen erscheinen, sich aber immer noch nach „ihrem eigenen Baby“ sehnen, egal ob „made in Australia“ oder im Ausland.

Families Through Surrogacy bietet ihren KlientInnen glückliche Mietmütter und gut aussehende Eizellen„spenderinnen” an, ohne in Betracht zu ziehen, dass Mietmutterschaft *in ihrem Kern* bereits eine Ausbeutung zweier Menschen darstellt, die schiefgehen kann und das auch tut. Zweifellos werden sie großzügig bezahlt für ihre „Überweisungen“ von Klientinnen an bevorzugte Kliniken in der ganzen Welt.

Und immer wieder gibt es neue Skandale, wie der 2016 in Kambodscha. Am 20. November 2016 wurde Tammy Davis-Charles, eine frühere australische Krankenschwester und Besitzerin von *Fertility Solutions*, einer Mietmutterschaft-Klinik in Phnom Penh, wegen Menschenhandel und der vermeintlichen Fälschung von Geburtsurkunden verhaftet. Im August 2017 wurde sie zu einer 18-monatigen Gefängnisstrafe verurteilt.[222] Zudem hat die Regierung Mietmutterschaft in Kambodscha verboten. Wiederum war es bemerkenswert, dass Sam Everingham von *Families Through Surrogacy* die Verhaftung (sowie die nachfolgenden Berichte) von Tammy Davis-Charles in der Medienberichterstattung kommentierte. Er schien äußerst genau über Details von *Fertility Solutions* informiert zu sein: Wie viele Babys von australischen Paaren hängen jetzt in der Schwebe (zwischen 30 und 40), wieviel haben die Bestelleltern bezahlt (zwischen $ 30.000 und $ 40.000); ebenso wies er darauf hin, dass „Ms

222 Die Richterin bezeichnete das Urteil als „mild“, da die Höchststrafe für dieses Vergehen bei zwei Jahren liegt. (DH)

Davis-Charles von vielen hochangesehen sei, weil sie ihnen half, Kinder von einer Mietmutter zu bekommen" (Barker, 21. November 2016). Everingham erfand auch einen neuen Begriff, indem er darauf hinwies, dass viele Paare „bereits *Embryonen in utero* haben.“ (Barker; Hervorhebung RK)

Ich vermute, dass er die realen armen Khmer-Frauen meint, deren Körper ihre Gebärmutter umgibt, und deren Leben nach der Verhaftung von Davis-Charles ins Chaos gestürzt wurde, da sie nicht länger bezahlt wurden. Frage: Wie kann es sein, dass *Families Through Surrogacy* solch detaillierte Kenntnisse über die Geschäfte von Tammy Davis-Charles hat? Everingham wird zitiert, dass

> „obwohl er solches Benehmen nicht dulde[223], viele Paare, die derzeit auf ein Baby aus einer Mietmutterschaft warten, zehntausende Dollar verlieren könnten, und die Chance auf ein Kind, wenn *Fertility Solutions* gezwungen würde, ihren Betrieb einzustellen“

(was dann auch geschah; Barker, 21. November 2016; siehe auch Barker, 23. Februar 2017).

Es ist tatsächlich höchste Zeit, dass es eine offizielle Untersuchung all dieser „Ratschläge“ gibt, die *Families Through Surrogacy* ihren KlientInnen bietet. Sind diese „Ratschläge“ wirklich nur diejenigen eines „Konsumenten-basierten gemeinnützigen Unternehmens“, das, wie die Webseite von *Families Through Surrogacy* proklamiert,

> „sich darauf richtet, Mietmütter, Wunscheltern und Familien, die durch Mietmütter entstanden sind, in einem Netzwerk zusammenzubringen, ihre Geschichten zu teilen und über die besten Möglichkeiten in Mietmutterschaft-Vereinbarungen informiert zu bleiben."?

Families Through Surrogacy hat 2017 nicht nur ihre jährliche zweitägige „globale" Konferenz am 3. und 4. Juni in Melbourne abgehalten; sondern auch eintägige Treffen in Melbourne, Perth, Sydney und Brisbane im Oktober. 2018 gingen diese Veranstaltungen weiter. Es würde mich nicht wundern, wenn deutsche, österreichische und Schweizer Städte bald in ihrem Repertoire auftauchen...[224]

---

[223] „gegen das Gesetz zu handeln“

[224] Laut ihrer Webseite waren für 2018 neben den australischen Seminaren bis jetzt Treffen in Stockholm, Malmö, Großbritannien und Irland geplant. (DH)

Die Geschäfte scheinen großartig zu laufen und die KundInnen zahlreich zu sein. Am 12. August 2017 waren sie auch in Stockholm in Schweden anzutreffen, einem Land, dessen Parlament darüber nachdenkt, *jegliche Form* von Mietmutterschaft zu verbieten (siehe Kapitel 5). Natürlich gibt es immer wieder ein neues Ziel, das angepriesen wird: Neben der Ukraine und Kanada war es im Oktober 2017 Oregon mit „Surro Connexions: Compassion, Hope and the Miracle of Life“ (Surro-Verbindungen: Mitgefühl, Hoffungen und das Wunder des Lebens). Googelt man „Surrogacy in Georgia“ (also Mietmutterschaft in Georgien) – ein neues vielversprechendes Zielland, wo die Geburtsmutter schon *vor* der Geburt des Kindes von der zahlenden Bestellmutter auf der Geburtsurkunde ersetzt wird – ist der erste Beitrag von niemand anderem als *Families Through Surrogacy*! Auch Griechenland mit dem *Mediterranean Fertility Institute* (Mediterranes Fruchtbarkeits-Institut) in Chania auf Kreta ist ein weiterer Ort, an dem Mietmutterschaft mit einem wunderbaren Urlaub verbunden werden kann. (In Griechenland ist nur altruistische Mietmutterschaft erlaubt und für homosexuelle und alleinstehende Männer verboten.)[225]

Die Erwähnung von Griechenland weist auf ein anderes riesiges und erschreckendes Problem hin. Griechenland ist schon lange Jahre ein armer Mitgliedsstaat der *Europäischen Union*, der mit hoher Erwerbslosigkeit kämpft. Dazu kommt ein großer Zuzug von Geflüchteten aus den politischen Krisengebieten im Irak, Kurdistan, Syrien und der Türkei. Wir wissen, dass in vielen Ländern, wie zum Beispiel in Deutschland, arme geflüchtete Frauen als Prostituierte in Bordellen landen. Werden wir bald Geschichten davon hören, dass sie als Eizellen„spenderinnen“ und Mietmütter angeworben werden, obwohl die meisten europäischen Länder alle Formen der Mietmutterschaft verbieten?

Irgendwann müssen wir einmal innehalten und nachdenken.

Wir werden von diesen „Vorder-Grund“-Nachrichten erstickt.

---

225 https://www.ivfgreece.com/about-us/our-team/133-shirley 226 Die US-amerikanische Philosophin Mary Daly benutzt die Begriffe „Vorder-Grund" und „Hinter-Grund" (in Anlehnung an Denise Connors) in ihrem inspirierenden Buch *Gyn/Ökologie: eine Meta-Ethik des radikalen Feminismus* (Original: Gyn/Ecology. The Metaethics of Radical Feminism 1978, Übersetzung: 1981, S. 22f). Dies sind sehr nützliche Begriffe bei der Diskussion komplexer Themen wie Reproduktionsmedizin und Mietmutterschaft.

Jeden Tag gibt es eine andere traurige Geschichte zu berichten: Eine andere Geburtsmutter wird verletzt oder stirbt, eine andere Eizellen„spenderin“ ist mit Krebs diagnostiziert. Es ist schwierig, auf dem Laufenden zu bleiben. Nur selten gibt es gute Neuigkeiten, wie zum Beispiel im Juni 2018, als die spanische Regierung es ablehnte, Mietmutterschaft zu legalisieren, und sich in Frankreich 40 Regierungsmitglieder gegen Mietmutterschaft aussprachen.

Obwohl es sehr wichtig ist, all die neuen Entwicklungen im Bereich der Eizellen„spenden“ und Mietmutterschaft im Blick zu behalten – was AktivistInnen von *Stop Surrogacy Now* auch auf der ganzen Welt tun – müssen wir unseren Blick auch auf den „Hinter-Grund“ richten: Warum kann diese katastrophale Ausbeutung von Frauen überhaupt stattfinden? Was ist es, das uns verschwiegen wird in den täglichen Botschaften aus der Retortenwelt?[226]

Als sich die IVF-Technologie in den 1980er Jahren verbreitete, fragten Feministinnen häufig nach dem „Hinter-Grund“: *warum* diese Technologien denn überhaupt entwickelt wurden. Die offizielle „Vorder-Grund“-Antwort war – und ist –, dass sie konzipiert wurden, um den Schmerz der Unfruchtbarkeit zu beenden, und verzweifelten Paaren zu Babys zu verhelfen. Die *zynische* „Vorder-Grund“-Antwort auf die Frage nach dem „warum“ ist, „um eine internationale Unfruchtbarkeits-Industrie aufzubauen und damit Milliarden zu verdienen“ (was auch wahr geworden ist). Wenn wir uns allerdings den „Hinter-Grund“ anschauen, gibt es andere, düstere, Gründe.

Wie ich bereits in Kapitel 2 und 6 beschrieb, werden die neuen Reproduktionstechnologien im wahrsten Sinne des Wortes dazu benutzt, lebende Frauen in Eizellen und Gebärmütter „zu zerstückeln“, sie mit invasiven Medikamentencocktails zu bombardieren und sie bei der

[226] Die US-amerikanische Philosophin Mary Daly benutzt die Begriffe „Vorder-Grund" und „Hinter-Grund" (in Anlehnung an Denise Connors) in ihrem inspirierenden Buch *Gyn/Ökologie: eine Meta-Ethik des radikalen Feminismus* (Original: Gyn/Ecology. The Metaethics of Radical Feminism 1978, Übersetzung: 1981, S. 22f). Dies sind sehr nützliche Begriffe bei der Diskussion komplexer Themen wie Reproduktionsmedizin und Mietmutterschaft.

Mietmutterschaft psychologisch zu manipulieren, so dass sie bzw. wir das Publikum, alle glauben, dass das Austragen eines Babys ohne eine genetische Verbindung dazu führt, dass die Geburtsmutter sich *nicht* mit ihm verbunden fühlt, und dass dieses Baby daher nicht ihr „wirkliches" Kind ist.

Eine solche „Zerstückelungs"-Ideologie (compartmentalisation) führt zum Konzept von *Retortenmüttern*. Das Ziel ist, „Gott zu spielen" (wie wir KritikerInnen der Reproduktionstechnologien der 1980er Jahren zu sagen pflegten), und die 6.000 Jahre patriarchaler Herrschaft über Frauen[227] weiterzuführen, wobei zwei Punkte zentral sind: Erstens können Männer nicht schwanger werden und Kinder gebären (notwendig, um die Gattung des Homo Sapiens weiterzuführen). Zweitens: Aufgrund dieser (Geburts-)„Macht" der Mädchen und Frauen können Männer als soziale Gruppe Frauen und unsere Körper nicht ausstehen – eine Mischung aus Neid und Verachtung.[228] Und wenn Frauen „versagen", d. h. wenn sie sich nicht fortpflanzen können, ist die Verachtung groß, wie sich an medizinischen Ausdrücken wie „frühzeitiges Versagen der Eierstöcke", „feindlicher Schleim", „unfähiger Muttermund", „alte Eizellen", „erkrankte Eileiter" zeigt. Denkt auch an die zunehmende Medikalisierung der Geburt und dass Frauen eingeprägt wird, dass wir keine Babys ohne den Rat von Ärzten/Ärztinnen bekommen können. Denkt an beleidigende Ausdrücke wie „ältere Primagravida[229]" und „Abtreibung aus Gewohnheit". Denkt an die tausenden unnötigen Kaiserschnitte.

---

227 Es gibt weitverbreitete Belege dafür, dass das Patriarchat vor etwa 6.000 Jahren entstanden ist. Für großartige Zeitleisten zur prä-patriarchalen Geschichte siehe Judy Fosters *Invisible Women of Prehistory: Three million years of peace, six thousand years of war* (2013). Siehe S. ix-xiii und die Zeitleisten am Anfang der Kapitel 11-16 in Teil III. Wenn ich sage, dass Männer als soziale Gruppe Frauen verachten, heißt das (zum Glück) nicht, dass alle individuellen Männer das tun. Zudem sind solche Ideen Konstrukte unserer patriarchalen Gesellschaft und können verändert werden.

228 Dies gilt natürlich nur für Frauen, die sich fortpflanzen „sollen". Arme, nicht-westliche, „ethnische" Frauen, die nicht zum Mainstream gehören, und Frauen mit Behinderungen, die sich nicht fortpflanzen sollen, werden mit gefährlichen, langfristig wirkenden hormonalen Verhütungsmitteln, erzwungener Sterilisation und Abtreibungen angegriffen: das Spiel der globalen pro-natalistischen (für Geburten) gegen die anti-nationale Ideologie (siehe Klein, 2008 and 2013).

229 Primagravida: eine Frau, die ihr erstes Kind bekommt. (DH)

Dazu kommt auch noch die Herabwürdigung und/oder das Verbot der Hebammenpraxis als „gefährlich" – früher wurden Hebammen und Heilerinnen als Hexen verbrannt. Außerdem gibt es immer noch eine (männliche) *Abscheu* vor – oder die Bestrafung von – Frauen, die menstruieren, ein Zeichen unserer Fruchtbarkeit. Dies kann zu religiösen Ausschlüssen führen oder zu Diskriminierung wie in Australien, wo 2018 Frauen und Mädchen noch immer eine 10 Prozent *Goods and Services Tax* (GST, Steuer auf Waren und Dienstleistungen, entspricht der Mehrwertsteuer in Deutschland[230]) auf Hygieneartikel bezahlen müssen. Als ob Tampons und Binden „Luxus"-Produkte wären, wo die Hälfte der Bevölkerung diese doch jeden Monat braucht! Die kontinuierliche Bestrafung von Müttern, wenn es um Lohnarbeit und „Karrieren" geht, und ihre unbezahlte Hausarbeit (die meisten Männer erledigen nach wie vor weniger als die Hälfte der Hausarbeit), sind Thema in zahlreichen feministischen Büchern der letzten 50 Jahre, ohne dass es große Fortschritte zu verbuchen gäbe. Ähnlich sieht es mit der permanenten Stigmatisierung von kinderlosen Frauen aus – der „offizielle" Grund, warum die Fruchtbarkeits-Industrie existiert. Nach wie vor werden Frauen, die keine Kinder haben (können), entweder verachtet, bedauert oder als „selbstsüchtige Karrierefrauen" beschimpft. Eine Frau, die kein eigenes Kind hat, gilt nach wie vor nicht als „richtige Frau". Leider internalisieren viele Frauen und ihre Familien diesen sozialen Zwang und beginnen ihre lange, teure, gefährliche und meistens erfolglose IVF-Reise.

Diese Beispiele gehören alle zum „Hinter-Grund", der im Patriarchat selten diskutiert wird außer von Feministinnen. Im letzten Jahrhundert hat die Wissenschaft auch immer wieder versucht, die Macht der Frauen, Leben zu schaffen, zu reduzieren und zwar durch die Schaffung einer künstlichen Gebärmutter. In Gena Coreas hervorragendem Buch *Muttermaschine* (Original: *The Mothermachine: Reproductive Technologies from Artificial Insemination to Artificial Wombs*, 1985, Übersetzung: 1986) sind zahlreiche Beispiele von Experimenten seit 1950 zu finden, um künstliche Gefäße zu schaffen, in die sich entwickelnde Föten gesteckt werden

230 Auch in Deutschland wehren sich Frauen inzwischen gegen diese Besteuerung http://bloodyluxurytax.de/index_de.html (DH)

könnten. Weiter unten beschreibe ich aktuelle Beispiele, die auf eine Zukunft hinweisen, in der das Patriarchat kontrolliert, welche „Gebärmutter" – echt oder künstlich – in welchem Teil der Welt ausgewählt wird, um Kinder zu bekommen, wie viele und von welcher „Qualität". Eugenik im großen Stil.

Der utilitaristische australische Philosoph Peter Singer (von dem bekannt ist, dass er Mietmutterschaft seit den 1980er Jahren unterstützt) war schon immer für künstliche Gebärmütter. In *The Reproduction Revolution: New Ways of Making Babies* schreiben er und Deane Wells 1984, dass künstliche Gebärmütter die Anzahl der Abtreibungen verringern würden: Ungewollt Schwangere könnten ihre Föten in diese Container packen und, wenn das „reife" Baby herausgenommen wird, könnte es zur Adoption an unfruchtbare Paare abgegeben werden. So einfach ist das. Und das Thema verschwindet nicht. 1995 zog Leslie Cannold, eine liberale US-amerikanische Feministin, die in Australien lebte und eine von Singers AnhängerInnen ist, mit *Women, Ectogenesis and Ethical Theory* nach.

Es war für mich allerdings eher überraschend (aber sollte es wahrscheinlich nicht sein), dass die liberale Feministin Evie Kendal diesem Thema 2015 ein ganzes Buch widmete: *Equal Opportunity and the Case for State Sponsored Ectogenesis*. Sie behauptet, dass eine künstliche Gebärmutter Frauen von der „unfairen Last" (d. h. nicht mit Männern geteilt), schwanger zu werden und ein Kind zur Welt zu bringen, befreit. Aber wie genau wird die „unfaire Last" beendet, wenn das Kind aus dem künstlichen Container genommen wird? Es ist ja wohl nicht so weit entwickelt, dass es direkt in die Schule gehen kann! Also wird die Kindererziehung weiterhin die „unfaire Last" der Frauen bleiben. Die ganze Idee ist absurd und frauenfeindlich.

Doch die Forschung geht weiter. 1988 produzierten Carlo Bulletti und seine KollegInnen was als erster Fall einer Ektogenese in der angesehenen US-amerikanischen Zeitschrift *Fertility and Sterility* beschrieben wurde, „Early human pregnancy in vitro utilizing an artificially perfused uterus[231]" (Bulletti *et al.*, 1988, S. 991-996). Die Gebärmutter war dabei

[231] Frühe menschliche Schwangerschaft im Reagenzglas unter Anwendung einer künstlich durchpumpten Gebärmutter. (DH)

nicht der angestrebte Plastik-Container, sondern eine lebende Gebärmutter, die einer Krebs-Patientin nach einer Hysterektomie herausgeschnitten wurde, und in die ein „übriggebliebener“ IVF-Embryo eingespritzt wurde. Die Gebärmutter war mit einem sogenannten Perfusions-Apparat verbunden, der die Plazenta simulierte und den Embryo mit Sauerstoff, Nährstoffen und Hormonen versorgte (und Abfallprodukte beseitigte), um eine frühe Schwangerschaft zu simulieren. Bulletti *et al.* berichteten, dass sich der Embryo 52 Stunden lang „normal” entwickelte. Das Experiment fand in der Abteilung für Reproduktions-Medizin am *Institut für Geburtshilfe und Gynäkologie* an der *Universität von Bologna* statt und war, wie die AutorInnen betonten, vom Untersuchungsausschuss des Ethikrates genehmigt worden.[232]

Auch wenn dieser Artikel für internationale Empörung sorgte und Carlo Bulletti seine Universitätsstelle verlor, fuhr er mit seiner Forschung zum Thema Ektogenese fort. 2011, noch immer in Italien, inzwischen an der *Abteilung für Physiopathologie der Reproduktion* am *Krankenhaus Cervesi* in Cattolica, veröffentlichte er mit italienischen und französischen KollegInnen einen Übersichtsartikel *„The artificial womb*“ (Die künstliche Gebärmutter) in den *Annals of the New York Academy of Sciences* – eine der ältesten wissenschaftlichen Zeitschriften der Welt, die zu den zehn meist zitierten Veröffentlichungen zählt (Bulletti *et al.*, 2011, S. 124-128). Wie zu erwarten war, schlagen Bulletti *et al.* unter Anwendung der „Vorder-Grund“-Sprache vor, dass eine künstliche Gebärmutter – und diesmal meinen sie keine echte Gebärmutter einer Frau, sondern einen Plastik-Container – nützlich sein werde, um Frühgeburten am Leben zu halten. Aber dann kommt doch noch dieser Satz:

---

232 Ich würde mir wünschen, dass ich die Farbbilder dieses Experiments hier abdrucken könnte, die das Zürcher *Tages Anzeiger Magazin* 1988 veröffentlicht hat. Eins davon zeigt die Gebärmutter, die mitten auf dem Tisch liegt, mit Infusionsschläuchen an beiden Seiten. Sie wird von einer über ihr hängenden Lampe in gelbem Licht gebadet. Das andere Bild, das noch abschreckender ist, ist das eines maskierten Arztes im OP-Kittel, der die Gebärmutter in der Hand hält und den Embryo einspritzt. Das Patriarchat wie es leibt und lebt! Ich hebe diese Bilder auf meinem Desktop auf und schaue sie mir von Zeit zu Zeit an, wenn ich eine Bestätigung brauche, dass meine feministischen Kolleginnen und ich nicht verrückt sind: Die patriarchale Bedrohung der Existenz von Frauen ist real und hört nicht auf.

„Wenn sie einmal perfektioniert ist, würde eine künstliche Gebärmutter die Möglichkeit bieten, die Entwicklung eines Fötus außerhalb des Körpers der Mutter fortzusetzen oder *zu initiieren*“ (S. 125, Hervorhebung RK).

Und so bleibt der Traum der Ektogenese, also der Zeugung und Reifung eines Embryos in einem künstlichen Uterus, lebendig. Frauen und unsere Körper sollen überflüssig gemacht werden.

1996 entfernten Yoshinori Kuwabara, ein Gynäkologe an der medizinischen Fakultät der *Juntendo Universität* in Tokyo, und sein Team einen 120 Tage alten Fötus einer Ziege mittels Kaiserschnitt aus dem Körper seiner Mutter (120 Tage sind etwa drei Viertel der vollen Schwangerschaftszeit einer Ziege). Die Ziegenmutter wurde umgebracht, nachdem ihr Fötus entfernt war. Der Fötus wurde in eine „Gebärmutter“ aus Gummi gesteckt, die mit Amnionflüssigkeit gefüllt war. Da die „Gebärmutter“ zu groß war und sich der Ziegen-Fötus zu viel bewegte, verabreichten die ForscherInnen Beruhigungsmittel. Das Ziegenjunge, das etwas mehr als einen Monat lebte, nachdem es aus dem Container „geboren“ wurde, litt weiter unter den Nachwirkungen der Sedative und konnte weder alleine stehen noch alleine atmen (Klass, 1996; Hadfield, 1996). Trotzdem war Arthur L. Caplan, Direktor des *Zentrums für Bioethik* an der *University of Pennsylvania* begeistert, als er diese grausame „Errungenschaft“ kommentierte:

> „In 60 Jahren (…) wird es die komplette künstliche Gebärmutter geben. Sie ist technologisch unvermeidlich. Die Nachfrage ist schwer vorherzusagen, aber ich würde sagen, sie wird erheblich sein.“ (Klass, 1996)

2056 könnten Mietmütter also durch künstliche Gebärmütter ersetzt werden? Mit vielen Modellen, die im Internet zur Verfügung stehen (falls das noch existiert) und als Do-it-yourself-Artikel an (reiche) Haushalte in der ganzen Welt verschickt werden?

Ich kann Arthur L. Caplans Begeisterung nicht teilen. Meiner Meinung nach hat der Körper einer schwangeren Frau, ihr Gehirn, Herzschlag und Atem (ganz zu schweigen von ihrer Seele) doch noch etwas mehr zu bieten als ein Container, an den Schläuche angeschlossen sind. (Und ich bin mir sicher, dass die faszinierende menschliche Plazenta noch lange nicht all ihre Geheimnisse preisgegeben hat.)

Aber solche Meinungen – vor allem, wenn sie von angesehenen BioethikerInnen wie Caplan stammen – wie auch die laufende Forschung im Bereich der Ektogenese, sorgen dafür, dass die Öffentlichkeit, die heute vielleicht noch zögert, langsam aber sicher darauf vorbereitet wird, eine künstliche Gebärmutter zu akzeptieren. Was ebenso normalisiert wird, ist die Existenz der heutigen verfügbaren „Gebärmutter-Praxis" mit „echten" Mietmüttern. Was soll denn problematisch an der Mietmutterschaft sein, wenn wir bereits über Plastik-Container zum Ausbrüten von Kindern nachdenken?

2017 wurden weitere Tiermütter bei der Suche nach Ektogenese auf dem wissenschaftlichen Altar geopfert. Dieses Mal waren es Schafe. Nach der Erfindung der „Biobags" von US-amerikanischen ForscherInnen[233] verbrachten sechs Lämmer (120 bis 125 Tage alt) den Rest ihrer fötalen Existenz in einem verschlossenen Plastikbeutel (die anderen überlebten den Kaiserschnitt nicht oder starben durch eine Sepsis). Auch hier wurde die Mutter getötet. Zur Zeit der Veröffentlichung der Forschungsergebnisse hatte ein einziges Lamm überlebt und ein Jahr lang ein scheinbar normales Leben geführt (25. April 2017 in: *Nature Communications*; Partridge *et al.*). Diesmal kündigten die ForscherInnen, die am Kinderhospital des US-amerikanischen *Philadelphia Research Institute* arbeiteten, ihre Errungenschaften in „Vorder-Grund"-Sprache als „ein extrauterines System, um das sehr verfrühte (extreme premature) Lamm physiologisch zu unterstützen" an. Sie benutzten das „E-Wort" also nicht. Als Ziel ihrer Forschung gaben sie an, Frühgeborene ab der 24. Woche besser unterstützen zu können, und hoffen, dass die ersten Versuche mit menschlichen Babys in zwei Jahren beginnen können.[234]

Die *Food and Drug Administration* berichtet, dass sie die Forschung von Emily Partridge *et al.* beschleunigt hat („fast-tracked",

---

233 „Lebensbeutel". (DH)

234 Der Artikel von Rania Spooner im *Sydney Morning Herald* (25. März 2017) enthält ein aufschlussreiches Video, das das Leiden von menschlichen Frühchen zeigt, und zeigt, wie die Forscherin Emily Partridge und ihre Kollegen hoffen, dass ihr „Biobag-Breakthrough" das Leben von solchen Babys verbessern kann. http://www.smh.com.au/national/health/science-of-the-lambs-researchers-perfect-artificial-womb-that-works-as-well-as-ewe-do-20170425-gvrw5v.html

Spooner, 2017). So brauchen wir vielleicht keine weiteren zwanzig Jahre auf „aufregende" Neuigkeiten über in Taschen oder Beuteln ausgebrütete Babys zu warten. Wir sollten auch nicht vergessen, dass mit Hilfe von hunderten und tausenden von übriggebliebenen IVF-Embryonen, die sich angesammelt haben, da sie der Wissenschaft seit den 1980er Jahren „geschenkt" werden, die „Hinter-Grund"-Forschung unbeachtet von der allgemeinen Öffentlichkeit in vielen Laboren auf der ganzen Welt weitergeht. Und unter dem Deckmantel der Verbesserung der (erbärmlich schlechten) IVF-Erfolgsraten trägt jede Frau, die sich einer IVF-Behandlung unterzieht, unwissentlich zu dieser Forschung bei, wenn sie experimentellen „Zusätzen" wie „assisted hatching" (Schlüpfhilfe), „Embryo-Klebstoff", „Behandlung von natürlichen Killerzellen", Testosteron-„Behandlungen", DHEA-Supplementierung (DHEA: Dehydroepiandrosteron) usw. zustimmt, die alle zusätzliches Geld kosten.[235]

Weitere genetische Untersuchungen, die gemacht werden, bevor eine Frau auch nur schwanger wird, bringen immer neue Krankheiten zum Vorschein, wie die Mitochondriopathie, die bei einem von 10.000 Kindern auftritt und je nach Schwere zu einem frühen Tod führen kann. Menschen, die mit dieser Krankheit diagnostiziert werden, wurde bis vor kurzem

---

235 Diese zusätzlichen Behandlungen wurden von Julia Leigh in ihren ehrlichen Memoiren *Avalanche* (Lawine, 2016) beschrieben. Nach zwei Jahren, zwei Intrauterinen Inseminationen (IUI) und sechs ICSI-Behandlungen gab es immer noch keine Schwangerschaft, geschweige denn ein Kind. (ICSI steht für Intrazytoplasmatische Spermieninjektion, bei der ein einzelnes Spermium direkt in eine Eizelle eingespritzt wird.) *Avalanche* benennt die zehntausende Dollar, die die 42-jährige Julia Leigh für diese Fruchtbarkeitsbehandlungen bezahlte, die Hämatome und Misshandlungen der Hormonangriffe auf ihren Körper, die dazu führten, dass einer ihrer Eierstöcke am Ende doppelt so groß war. Vor allem aber beschreibt die Autorin ehrlich, wie die Achterbahn, die IVF ist, ihr Leben beherrschte und ihre Welt auf ein einziges Ziel beschränkte: schwanger zu werden. Sie zeigt ebenfalls auf, wie leicht es ist, „süchtig" zu werden: Auch wenn sie fest entschlossen war, nach der letzten Behandlung aufzuhören, zieht Leigh den gefährlichen Rat ihrer IVF-Ärztin, es doch noch einmal zu versuchen, in Erwägung. Zum Glück tut sie das aber nicht und entschließt sich auch, dass sie keine Eizellen„spenden" benutzen würde und auch keine Mietmutter. Eine wütend machende und herzzerreißende Pflichtlektüre für jede Frau, die IVF erwägt. Wie Leigh schreibt (S. 44): „Ich hatte Angst davor, dass ich freiwillig an einer Behandlung teilnahm, die `auf der Schneide` stand, dass ich Teil eines großen Experiments war, eine leichtgläubige und verzweifelte ältere Frau …". Erst nachdem sie sich endgültig entschlossen hatte, aufzuhören, fragte sie ihre Ärztin, wie viele 44-jährige Frauen denn ein Baby im letzten Jahr aus ihrer Klinik mit nach Hause genommen hätten. Die Antwort: 2,8 %.

gesagt, dass IVF mit (teurer) Präimplantationsdiagnostik (PID) die einzige Möglichkeit für sie sei, ein gesundes Kind zu bekommen. Aber im Dezember 2016 gab die britische *Human Fertilisation and Embryology Authority* (HFEA, Behörde für menschliche Befruchtung und Embryologie) grünes Licht für „drei-Personen-Babys“[236], indem sie die Mitochondrien-Austauschtherapie (MRT) genehmigte. Bei der MRT werden defekte Mitochondrien im Eizellenplasma einer Frau durch gesunde Mitochondrien einer „Spender“eizelle ersetzt. Diese Keimbahn-Technologie ist sehr umstritten, da sie sich auf alle Zellen des zukünftigen Kindes auswirkt und dann an ihre oder seine Kinder weitervererbt wird. Es ist auch ungewiss, ob dieses Experiment überhaupt funktioniert, geschweige denn, ob es sicher ist. Ein Junge, der nach der illegalen Anwendung von MRT in Mexiko geboren wurde, ist noch nicht alt genug, um das ein oder andere nachweisen zu können (Sample, 15. Dezember 2016). Trotzdem soll die MRT bald auch in Australien eingeführt werden. Niemand spricht davon, dass für MRT zusätzliche Eizellen gebraucht werden. Welche Frauen werden die wohl „spenden”?

Oder nehmen wir das Fragile-X-Syndrom (FXS), das zu intellektuellen und Lernschwierigkeiten bei Kindern führt und Parkinson-ähnlichen Symptomen in den Trägern. Wenn es bei einer DNS-Untersuchung festgestellt wird, ist IVF mit PID der nächste Schritt.

Es gibt kaum einen Tag, an dem es keine neuen „Vorder-Grund“-Nachrichten über seltene genetische Abweichungen gibt und wir keine Fernsehbilder von unerträglichem Leiden sehen. Frauen, die sich überlegen, ein Kind zu bekommen, wird geraten, bereits *vor* der Schwangerschaft mit ihrem Partner (teure) Screening-Untersuchungen machen zu lassen. Und wenn sie ein „schlechtes“ Gen oder „schlechte“ Gene haben, geht es ab zur IVF. Dieser Trend beschleunigt und normalisiert sich und trägt zur *Ausbeutung der Angst* bei; die Idee, dass eine Schwangerschaft ohne *vorherige* medizinische Eingriffe, gefolgt von weiterem Screening *während* der Schwangerschaft, unmöglich zu einem gesunden Kind führen kann (Klein, 2019). Diese Schwarzmalerei führt dazu, dass Menschen

---

236 Großbritannien ist das erste Land weltweit, das diese Methode ausdrücklich erlaubt: http://www.spiegel.de/gesundheit/schwangerschaft/grossbritannien-erlaubt-babys-mit-erbgut-von-drei-eltern-a-1126051.html (DH)

vergessen, dass die meisten Krankheiten und Unfälle nach der Geburt passieren, und dass letztendlich nicht alles im Leben vorhersagbar und erkennbar ist. Zudem wird das Leben von Menschen mit einer Behinderung durch all diese Tests noch schwieriger gemacht, da ihnen jetzt ihre Existenz vorgeworfen werden kann („Warum wurde `das` denn nicht bei einem Test festgestellt?“).

Aber die patriarchale Welt der Reprogenetik erfindet immer wieder neue Experimente: Sie bewegt sich vorwärts und macht immer mehr Geld. 2017 wurde uns in einem typischen „Vorder-Grund“-Hype, den es seit den 1980er Jahren gibt, als begonnen wurde, die Gentherapie zu diskutieren, wieder einmal gesagt, dass WissenschaftlerInnen nun endlich kurz davorstehen, furchtbare Erbkrankheiten zu besiegen. Mukoviszidose stand in den 1980er Jahren an erster Stelle; Mukoviszidose steht heute immer noch an erster Stelle (gefolgt von Chorea Huntington und Alzheimer). Und tatsächlich ist während der letzten zehn Jahre eine neue Gentechnik zunehmend beliebter geworden. Es ist die CRISPR/Cas9-Methode[237], die DNS gezielt schneiden und verändern kann.[238] Anders gesagt wird die CRISPR/Cas9-Methode als eine schnelle und billige Wunder-Technologie in den Himmel gepriesen, die einzelne Gene austauschen oder ganze DNS-Stränge von Pflanzen, Tieren und Menschen mit einem scherenartigen Schnitt trennen und neu einfügen kann.

Da die CRISPR/Cas9-Methode auch bei menschlichen Keimbahntherapien benutzt werden kann (z. B. Austausch von Genen in Eizellen, Sperma und frühen Embryos, die dann an alle zukünftigen Generationen weitergegeben werden), gab der *International Summit on Human Gene Editing* (Internationales Gipfeltreffen zur menschlichen Genom-Editierung), der vom 1.-3. Dezember 2015 einberufen wurde, eine Erklärung ab, in der zur Vorsicht bei menschlichem Genom gemahnt und darauf

---

237 CRISPR steht für „clustered regularly interspaced short palindromic repeats”. Das ist ein Molekül, das aus RNS (Ribonukleinsäure) besteht; Cas9 steht für „CRISPR-associated protein 9” und ist ein Enzym. CRISPR RNS verbindet sich mit Cas9, das als molekulare Schere funktioniert.

238 Vom CRISPR–Cas9 Produkt-Lieferanten Clontech/TaKaRa so beschrieben; es bedeutet, dass ein Gen oder ganze Gen-Sequenzen herausgeschnitten und durch eine neue ersetzt werden können, die das fehlerhafte Gen nicht enthält. http://www.clontech.com/US/Products/Genome_Editing/CRISPR_Cas9/Resources/About_CRISPR_Cas9

hingewiesen wurde, dass es viele unbekannte Gefahren einschließlich der Risiken von ungenauer und unvollständiger Editierung aller Zellen gäbe, sowie

> „Schwierigkeiten, die nachteiligen Wirkungen vorauszusagen (…) die Tatsache, dass wenn sie einmal in die menschliche Bevölkerung eingebracht werden, genetische Änderungen schwierig zu entfernen sind (…) die Möglichkeit, dass ständige genetische `Verbesserungen` (…) soziale Ungleichheiten verschärft oder sogar durch Zwang angewandt werden könnten.“ (Olson, 2015, S. 9)

Nur eine Teilnehmerin an diesem Gipfeltreffen – die deutsche Theologin und Ethikerin Hille Haker von der *Loyola University* in Chicago – bat um ein zweijähriges Moratorium,

> „bis ein internationales Verbot für Genom-Editierung für Reproduktionszwecke von den Vereinten Nationen sichergestellt werden kann“ (S. 5).

Leider wurde sie überstimmt.

Die Therapie mit Genom-Editierung gilt in 29 Ländern als kriminelle Handlung – aber nicht in den USA. Zwei Gentherapie-Firmen (*Intellia Therapeutics* und *CRISPR Therapeutics*) erklärten dann sofort (d. h. bereits während des Gipfeltreffens), dass sie diese neue Technik *nicht* anwenden würden bei menschlichen Eizellen, Spermien oder Embryos.[239]

Leider hielten sich andere Forschungsgruppen nicht an solche freiwilligen ethischen Richtlinien. Bereits am 29. Juli 2017 lasen wir im *Sydney Morning Herald* und *The Age* in Australien (nachgedruckt aus der *Washington Post*): „Wissenschaftler haben zum ersten Mal die DNS eines menschlichen Embryos verändert“.[240] Vivek Wadhwa, ein Professor an der *Carnegie Mellon University of Engineering* im Silicon Valley, berichtete von einem Forschungsprojekt (USA und Korea), das an der *Oregon Health and Science University* in den USA durchgeführt worden war. Die DNS von 131 menschlichen Embryonen wurde mit der CRISPR/Cas9-Methode mit dem Ziel verändert, eine erbliche Herzerkrankung (hypertrophe

---

[239] Ethicists square off over editing genes in human embryos, https://www.reuters.com/article/us-gene-editing-summit-idUSKBN0TL02V20151202

[240] 'Scientists successfully edit DNA of human embryo for first time'; https://www.smh.com.au/healthcare/scientists-successfully-edit-dna-of-human-embryo-for-first-time-20170729-gxl8dp.html

Kardiomyopathie), die dafür bekannt ist, dass sie zu plötzlichen Todesfällen bei jungen Erwachsenen führen kann, zu beseitigen. Von diesen durch in vitro hergestellten menschlichen Embryos – erzeugt durch gesunde Eizellen„spenden", die mit Sperma von Männern, die an dieser Krankheit leiden, mit der ICSI-Technologie injiziert wurden – wurden 88 Prozent derjenigen, die sich bis zum 4.-8. Zellstadium eines Embryos (Blastomer) entwickelt hatten, als „erfolgreich" angesehen. 12 Prozent hingegen waren es nicht. Während ein Erfolg von 88 Prozent kein perfektes Ergebnis ist, wurde es als „besser" angesehen als die Daten der vorherigen genetisch veränderten Embryos in China 2015 und 2016.

Wie Wadhwa es formuliert:

> „Die Verführungskraft von CRISPR fängt an, die Rufe nach Vorsicht zu übertreffen" (29. Juli 2017).

Er fügte auch seine Besorgnis hinzu:

> „Ein früheres NASA-Mitglied in synthetischer Biologie verkauft jetzt bakterielle CRISPR-Sets für $ 150 in seinem Online-Shop. Es ist nicht schwierig, sich eine Zukunft vorzustellen, in der die großen Drogeriemärkte CRISPR-Sets anbieten, um solche Eingriffe ins Genom zu Hause durchzuführen."

Diese Gedanken beschwören Ängste aus den 1980er Jahren, als die Gentherapien begannen. 1987 kommentierte der bekannte Molekularbiologe und jüdische Holocaust-Überlebende Erwin Chargaff das Aufkommen von Retortenbabys und Gentechnik und warnte in *Nature* („Engineering a Molecular Nightmare", „Ein molekularer Alptraum wird konstruiert"):

> „Die Nachfrage [nach diesen Technologien] wird weniger überwältigend sein als der Wunsch der WissenschaftlerInnen, ihre neu entwickelten Techniken auszuprobieren. Die experimentell produzierten Babys werden eher ein Nebenprodukt sein."

Er sagte weiterhin die Entfesselung eines „molekularen Auschwitz, in dem wertvolle Enzyme, Hormone und anderes statt Goldzähnen herausgezogen werden" voraus:

> „wir können bereits den Anfang von Menschenzucht sehen, von industriellen Zuchtbetrieben" (1987, S. 199-200).

Dreißig Jahre später können wir dem unsere Sorgen über die

Keimbahn-Therapieexperimente mit CRISPR/Cas9 hinzufügen.

Zweifellos hat inzwischen das globale Rennen um die CRISPR-Gentechnik angefangen und wir haben im letzten Jahr gesehen, wie Forschungsteams international konkurrieren und wie tausende welkende „alte“ Gentherapie-, Stammzellenforschungs- und Klon-Firmen sich darüber freuten, wiederbelebt zu werden, während sie darauf warten, von diesen neuen Technologien zu profitieren. Tatsächlich teilten zwei der Autoren der Oregon-Studie mit, dass sie Aktionäre und Mitbegründer der südkoreanischen Gesellschaft *ToolGen* (Jin-Soo Kim, 1999 gegründet) und *Mitogenome Therapeutics*, Oregon, sind, die Shoukhrat Mitalipov 2013 gegründet hat. (Mitalipov wird auch als der „Vater” der Drei-Eltern-Babys – MRT – angesehen und ist der rechtliche Inhaber dieses geistigen Eigentums.)

Nur die Zeit wird zeigen, ob CRISPR den „aufregenden“ Experimenten der Gentherapie der 1990er Jahre folgen wird, die 1999 plötzlich gestoppt wurden, als der 18-jährige Jesse Gelsinger starb.[241] Sollten die

---

241 Der derzeitige Hype um CRISPR ähnelt der aggressiven Werbung in den 1980er Jahren, als die rekombinante DNS-Technologie (die auch „Klebstoff“ und „Schere“ gebrauchte) unzählige genetisch manipulierte Bakterien und Viren produzierte. Diese sollten die „Gen-Revolution“ auslösen und die misslungene „Grüne Revolution“ in der sogenannten Dritten Welt kompensieren. Eine Vielzahl transgener Tiere wurde einzig zu dem Zweck erschaffen, als lebende Laboratorien Medikamente für Menschen zu testen. Der 13. April 1988 war ein schlimmer Tag, an dem die *Harvard University* ein US-Patent erhielt, um eine Krebsmaus (OncoMouse oder Harvard Krebsmaus) zu erschaffen: eine genetisch veränderte Maus, die sehr anfällig für Brustkrebs ist, den sie dann an all ihre Nachkommen weitergibt (Klein, 1989b, S. 258). Ich erinnere mich sehr gut daran, weil ich den ganzen Tag geheult habe vor Wut über die maßlose Grausamkeit gegen Tiere. Aber auch aus Angst davor, was die Zukunft bringen wird. Experimente mit Gentherapien wurden ab 1989 gemacht. Die Begeisterung war während der 1990er Jahre groß, wenn auch ohne wirklichen Durchbruch, aber es gab zahlreiche neue globale Biotech Start-ups, die alle Geld verdienen wollten. Dann starb der 18-jährige Jesse Gelsinger am 17. September 1999 in Pennsylvania. Er hatte an Hyperammonämie gelitten, einer Stoffwechselstörung, von der einer von 40.000 Säuglingen betroffen ist. Gelsinger starb vier Tage nach einer Infusion mit korrigierenden OTC-Genen. Sein Tod war ein Schock für die ganze Biotechnologie-Welt und stoppte die Gen-Therapie in den USA für einige Jahre (Sibbald, 2001). Wie ein Bericht des *Hastings Center* zehn Jahre nach Gelsingers Tod kommentiert (Obasogie, 2009): „Gentherapie war die unausgereifte Stammzellenforschung der 1990er Jahre; es wurde davon ausgegangen, dass ihre Heilungsmöglichkeiten grenzenlos waren, und der Hype war unglaublich groß. Ihr Versprechen war sowohl therapeutisch als auch finanziell: Milliarden Dollar sollten durch die

CRISPR-Therapien „erfolgreich" sein (was mir eher unwahrscheinlich erscheint), enden wir dann letztendlich vielleicht mit „verbesserten" genmanipulierten Kindern, die die Reichen kaufen können? Wahrscheinlich haben wir eher mit einer Unzahl neuer Krankheiten zu rechnen, die durch „Fehler" in den gentechnischen Prozessen entstehen. Weiterhin sind Probleme mit der Vorhersage von nachteiligen Auswirkungen, die die genetischen Veränderungen in Wechselwirkung mit anderen Orten im Körper sowie der Umwelt und anderen lebenden Organismen bringen, sehr wahrscheinlich. Wir haben das natürlich bereits seit Jahrzehnten mit gentechnisch veränderten Pflanzen und Tieren erlebt und es hat zu vielen Fehlschlägen und gefährlichem „genetischen Roulette" geführt (siehe Hawthorne, 2002, S. 242-248 und Robin, 2010, S. 149-152).

Am 16. Juli 1918 wurde ein höchst kritischer Artikel zu CRISPR-Cas9 in der Zeitschrift *Nature Biotechnology* veröffentlicht.[242] Die drei AutorInnen Michael Kosicki, Kärt Tomberg und Allan Bradley hatten Untersuchungen an Stammzellen von Mäusen sowie einer menschlichen Zell-Linie über die Sicherheit und Zuverlässigkeit der CRISPR-Cas9-Methode durchgeführt (Kosicki, Tomberg und Bradley, 2018). Bisher wurden vor allem Studien direkt an der Scherenschnittstelle gemacht; diese Forschungsarbeit untersuchte jedoch Zellen, die weiter von Schnittstellen entfernt waren, auf CRISPR-Cas9-Auswirkungen. Und die waren nicht gut. Wie Allan Bradley es ausdrückte: „Das DNS-Chaos, das CRISPR entfesselt, wurde bis jetzt ernsthaft unterschätzt" (Begley, 16. Juli 2018). Eines der großen Probleme war, dass weit weg von der CRISPR-Schnittstelle mehr als 250 DNS-Basen fehlten und andere komplexe Veränderungen stattgefunden hatten. Diese Läsionen und Veränderungen der DNS, so glaubt das Forschungsteam, könnten zu ernsthaften Krankheiten für Leute

Heilung seltener Krankheiten wie Hyperammonämie und noch häufiger Krankheiten wie Krebs gemacht werden können, was dazu führte, dass viele Unternehmen Millionen in diese Technologie investierten." Auch nachdem Versuche mit Gentherapie langsam wieder aufgenommen wurden, gab es weitere Tote und Pannen, wie den Tod einer US-amerikanischen Frau 2018 nach einer Injektion mit einem experimentellen Arthrose-Gen. Das geschah 2002 nach einem früheren Rückschlag, als sich nach Einführung eines Retrovirus in einem Gentherapie-Versuch für X-SCID, eine Form der Immunschwächekrankheit SCID, Leukämie entwickelte (Evans *et al.*, 2008). Wir können nur hoffen, dass die Experimente mit CRISPR nicht ähnliche Tragödien zur Folge haben werden.

führen, die als Keimzellen oder Embryos mit CRISPR behandelt wurden.

Wie Sharon Begley berichtete, verloren zwanzig Minuten nach der Veröffentlichung der *Nature Biotechnology*-Resultate drei öffentlich auf der Börse gehandelte Firmen US$ 300 Millionen (*CRISPR Therapeutics*, *Editas Medicine* und *Intellia Therapeutics*). Andere Forscher bestätigten die Resultate von Kosicki allerdings anonym, da sie nicht wollten, dass ihre eigenen Firmen auch Geld verlieren würden.

Das sind ernsthafte Probleme.

Aber wie mir mein Google Alert für „Gene Therapy" schon eine Woche nach den schlechten Nachrichten zeigte, hatten sich die Wogen bereits geglättet. Und so wird es weitergehen. Neue Forschungsresultate, die versprechen, eine technische Lösung für diese Probleme gefunden zu haben, werden veröffentlicht. Das CRISPR-Roulette wird weiter gespielt – genauso wie es mit den Gentherapien der 1980er Jahre geschah. Zu viel Hype und zu viel Geld wurde bereits in die CRISPR-Cas9-Story investiert als dass sie plötzlich zum Stillstand kommen könnte. Zu viele aktive Forschungsprojekte laufen bereits zu diesem Thema.

Doch, wie wieder einmal niemand sagt, werden im CRISPRing-Wettlauf der internationalen ForscherInnen, um Keimbahnzellen und frühe Embryos zu verändern, *tausende* junge Frauen benötigt, um durch die gefährliche Eizellen-Reifung und das Extraktionsverfahren, das ich in Kapitel 2 beschrieben habe, gesunde Eizellen zu produzieren. Und wenn die Gene der in vitro hergestellten frühen Embryonen erst einmal mit CRISPR „Ausschalten" und „Anschalten" („knockouts" and „knockins") „bearbeitet" sind und die Technik als „sicher" proklamiert wird, ist es durchaus möglich, dass irgendwelche WissenschaftlerInnen, wo immer sie auch auf der Welt sein mögen, „Gott spielen" wollen und diese Embryos in lebendige Frauen implantieren, um zu sehen, was für „Super-Babys" sie zustande bringen können. (Vielleicht auch bereits ausgebrütet in Biotaschen?[243])

---

[243] Andere Forschungsgruppen sind dabei, Eizellen und Spermien aus menschlichen Hautzellen in einem Prozess namens Gametogenese zu produzieren (wie am 12. Januar 2017 berichtet wurde. Bisher konnte dies nur bei Mäusen erreicht werden; Sample, 2017). Mit all diesen Gameten, die vielleicht bald in Laboren zur Verfügung stehen, könnte eine unbegrenzte Anzahl Embryos hergestellt werden. Dieser Eizellen„himmel" (an Sperma kommt

Als Andrea Dworkin und Gena Corea in den 1980er Jahren vorhersagten, dass Mietmütter in „reproduktiven Bordellen“ in Ländern der sogenannten Dritten Welt gehalten werden würden, wurden sie ausgelacht und für ihre „Panikmache“ gescholten. Aber ihre Vorhersagen wurden wahr. Wie kann die nächste Welle armer Frauen in ungeregelten Ländern davor geschützt werden, dass ihnen CRISPR-Embryos eingesetzt werden?

An dieser Stelle führt uns der CRISPR-Ausflug wieder zurück zu der Eizellen„spende“- und der Mietmutterschaft-Geschichte, die ich in diesem Buch erzählt habe. Ich bin überzeugt davon, dass es von entscheidender Wichtigkeit ist, dass wir diese „Hinter-Grund“-Ereignisse im Blick behalten, d. h. die neusten biotechnischen Entwicklungen. Falls der CRISPR-Wahn sich ausweitet, werden tausende gesunde menschliche Eizellen benötigt werden, was bedeutet, dass tausende Eizellen„spenderinnen“ verletzt werden könnten.

Ähnlich sieht es aus bei den gleichzeitigen „Hinter-Grund“- und „Vorder-Grund“-Trends, nach einer sprunghaft ansteigenden Anzahl von

---

man immer leicht heran) würde Reprogenetik-ForscherInnen zweifellos sehr glücklich machen. Seit Jahrzehnten haben sie sich über den Mangel an Eizellen beklagt: „Ich wäre glücklich gewesen, wenn es einfacher gewesen wäre, an mehr menschliche Eizellen heranzukommen“, klagte Robert Edwards 1980, als er über „Träume von Eizellen“ sprach und über zahlreiche Frustrationen vor der Geburt von Louise Brown 1978, als er Eizellen von Kühen für seine Experimente benutzen musste (Corea, 1984, S. 42). Bereits 1987 sah es dann so aus, als ob der Traum von grenzenlosen Mengen von Eizellen sich bald erfüllen würde, als unreife Eizellen, den Eileitern von Kühen entnommen, in vitro gereift und zu „Retorten“-Kälbern wurden (Vines, 1987, S. 23). Die nächste Idee war, einen Keil mit Hunderten unreifer Eizellen aus den Eierstöcken einer Frau herauszuschneiden und diese in einem Labor wachsen zu lassen (Frauen haben ungefähr 400.000 Eizellen in ihren Eierstöcken, von denen nur etwa 350 bis 400 im Leben reifen; Klein 1989b, S. 275). 1988 erreichte das „Eizellenfieber” Australien und in „Vorder-Grund“-Sprache wurde uns von IVF-Ärzten/Ärztinnen gesagt, dass sich durch den unbegrenzten Zugang zu Eizellen die Erfolgsraten von IVF deutlich erhöhen würden. Es war Max Brinsmead, ein Reproduktions-Physiologe an der *Universität Newcastle*, der die Medien verrückt machte, als er vorschlug, dass es eine großartige Idee sei, unreife Eizellen aus den Eizellenleitern von *Föten* zu ernten: „Ein Fötus, der noch nicht einmal geboren ist, könnte letztendlich Kinder haben. (…) In der 14. Woche enthält er einen vollständigen Satz von 100 Millionen Eizellen. (…) Abgetriebene Föten oder nicht überlebende Neugeborene könnten theoretisch Eizellen`spenderinnen` werden.” (Miller, 1988). Meines Wissens nach wurde dieser Wahnsinn nie ausprobiert. Wir müssen abwarten und sehen, ob künstliche Gametogenese die Eizellen-Wünsche der WissenschaftlerInnen erfüllt oder ob sie wieder von der Bildfläche verschwindet, wie so viele andere dieser Technologien.

sehr seltenen Erbkrankheiten zu screenen, und so die Anzahl der Frauen zu erhöhen, die an IVF-Programme weiterverwiesen werden, wo sie sich Eizellen-Reifungen/Entnahmen unterziehen müssen, bevor ihre im Labor hergestellten Embryo(s) mit Präimplantationsdiagnostik (PID) gescreent werden. Wenn diese Schwangerschaften nicht zustande kommen (wie bei Julia Leigh in *Avalanche*), könnte der nächste Schritt eine Mietmutterschaft sein. Somit wird sich die Anzahl der benötigten Mietmütter erhöhen, wie auch die Anzahl der Untersuchungen, die sie von den genetisch vorgewarnten Bestelleltern über sich ergehen lassen müssen, einschließlich PID. Das könnte zu mehr Druck auf deutsche ParlamentarierInnen führen, das *Embryonenschutzgesetz* (ESchG) zu ändern, um zuerst die Eizellen„spende" in Deutschland zu erlauben und dann eventuell auch die Mietmutterschaft.

Was können wir also tun?

Zuallererst schlage ich vor, dass wir eine ernsthafte und weltweite öffentliche Debatte über die vielen Probleme und Gefahren brauchen, die Eizellen„spende" und Mietmutterschaft mit sich bringen. Ihr könnt mich als naiv bezeichnen, aber ich glaube hartnäckig weiterhin daran, dass die meisten Menschen, einschließlich derer, die sich sehnsüchtig ein genetisch eigenes Kind wünschen, anständige Menschen sind, die nicht wissentlich die Menschenrechte von Frauen, die mit Mietmutterschaft zu tun haben, verletzen wollen oder die der daraus resultierenden Kinder.

Wir müssen den „Hype" durchbrechen und den glücklichen Geschichten, die Mietmutterschafts-KonsumentInnen-Gruppen, IVF-Kliniken und die (sozialen) Medien verbreiten, widersprechen.

Wir müssen verstehen, dass es keine Homophobie ist, homosexuelle Männer *nicht* zu unterstützen, wenn sie behaupten, ein „Recht" darauf zu haben, zwei Frauen auszubeuten, so dass sie ihr „Baby" haben können.

Wir müssen andere homosexuelle Männer finden, die sich, wie Gary Powell aus Großbritannien und Raul Solis aus Spanien, gegen Mietmutterschaft aussprechen. In Australien sind zwei der bekanntesten Unterstützer der Mietmutterschaft homosexuelle Männer; wir brauchen andere, die sich zu Wort melden. Wir müssen die LGBTI-Community mit einbeziehen, so dass sie die fundamentalen Probleme der Mietmutterschaft verstehen und es nicht damit endet, dass sich diese Gruppen spalten, da die meisten Lesben Mietmutterschaft sowieso weder brauchen noch unterstützen.

Es war großartig, am 2. Juli 2018 einen Artikel von Julie Bindel und Gary Powell zu lesen – beide langjährige britische AktivistInnen für die Rechte von Lesben und Schwulen: „Gay Rights and Surrogacy Wrongs: Say 'No' to Wombs-for-Rent".[244] Bindel und Powell appellieren an homosexuelle Gruppen in der ganzen Welt, öffentlich gegen Mietmutterschaft Stellung zu beziehen und als stolze Lesben und Schwule diese ausbeuterische und grausame Praxis zu verurteilen, da sie nichts mit Rechten für (reiche) homosexuelle Männer zu tun hat. Es gibt kein Recht auf ein Kind und schon gar nicht, wenn Frauen dabei verletzt werden.

Hoffen wir, dass ihr Appell erfolgreich sein wird und mehr homosexuelle Männer den Mut haben, die bisherige Stille zu durchbrechen und öffentlich diese Praxis zu verurteilen. Mietmutterschaft ist nicht notwendig, um Kinder in ihren Leben zu haben. Genauso wie heterosexuelle Männer mit einem Fruchtbarkeitsproblem können auch homosexuelle Männer großartige Eltern werden bzw. sind es bereits, sei es als Pflegeväter oder wie sich das in Australien langsam durchsetzt seit 1989, mit *Permanent Care Orders*, die besser für die Kinder sind als Pflegeeltern oder Adoption (siehe Mackieson, 2015 und Mackieson *et al*., 2018)[245]. Oder ganz einfach, indem sie sich verpflichten, regelmäßig Zeit mit den Kindern ihrer FreundInnen oder Geschwister zu verbringen und sie sowohl in guten als auch schlechten Zeiten zu unterstützen. Und es gibt viele Jobs, bei denen professionell mit Kindern gearbeitet werden kann. Frage dich, ob es bei deiner

---

244 Nachzulesen auf der Webseite der Stop Surrogacy Now Kampagne; http://www.stopsurrogacynow.com/gay-rights-and-surrogacy-wrongs-say-no-to-wombs-for-rent/#sthash.F0ShOgbH.dpbs

245 Seit 1989 gibt es im Bundesstaat Victoria und jetzt auch im Northern Territory eine innovative Art von Vormundschaft – *Permanent Care Orders* – die besser ist für Kinder als Adoption oder Pflegeeltern (*foster care*). In etwa 50 Prozent aller Fälle sind es Familienangehörige bei denen Kinder leben, die ihren Geburtseltern weggenommen wurden. Anders als bei Adoption wird die Geburtsurkunde nicht geändert, und das Kind behält seinen ursprünglichen Namen. Die *Permanent Care Orders* bieten den Kindern Sicherheit bis zu ihrem 18. Geburtstag und können nur durch Antrag einer der Parteien bei der entsprechenden bundesstaatlichen Behörde geändert werden (s. Mackieson *et al.*, 2018). Andere Staaten, wie z. B. Kanada zeigen reges Interesse an *Permanent Care Orders*.

Sehnsucht nach Kindern um die *Freude* geht, Zeit mit Kindern zu verbringen, oder ob es um *Besitz* geht, d. h. ein Kind zu besitzen, das du gekauft hast (oder wenigstens erbeten hast).

Mietmutterschaft darf nicht länger als „cool“ angesehen werden, genauso wie junge Männer in Ländern mit dem sogenannten *Nordischen Modell*, das die Sexkäufer kriminalisiert und wodurch Prostitution jetzt als unmoralisch angesehen wird. Außerdem brauchen wir wieder eine Diskussion, wie wir sie in den 1980er und 1990er Jahren hatten, darüber, dass ein „kinderloses“ Leben kein Leben zweiter Klasse ist und auch kein egoistisches Dasein, sondern ein Leben, das viel zu bieten hat und nicht bedeutet, dass jemand Kinder „hasst“ und keine Kinder in seinem/ihrem Leben haben will (siehe Rowland, 1992, S. 251-256).

Um dies zu erreichen, müssen wir viele altmodische Vorurteile über die „Rolle“ von Frauen als Mütter und Männer als Ernährer, die allen feministischen Fortschritten zum Trotz überlebt haben, endgültig abschaffen.

Wir dürfen nicht vergessen, dass für diejenigen von uns, die ein Mittelstandsleben in einem westlichen Staat (oder als Teil der „Elite” eines armen Landes) führen, eine geburtenfördernde (pro-natalist) Ideologie nie verschwunden war. Dieser „Zwang zur Mutterschaft“ führt dazu, dass Frauen mit einem Fruchtbarkeitsproblem sich selber als „fehlerhaft“ und „anormal“ bezeichnen und von der Gesellschaft auch so angesehen werden. Dieses Gefühl des Versagens ist genau das, was IVF-Kliniken mit ihren Anzeigen voll von Baby-Glück ausbeuten, um Frauen in die Mühlen der teuren IVF-Behandlungen zu locken. Wenn du eine Indigene Frau und/oder Teil einer ethnischen oder armen Gruppe bist, die nicht zum Mainstream gehört und/oder mit einer Behinderung in westlichen Ländern lebst (oder tatsächlich als Bürgerin, die nicht zur Elite eines armen Landes gehört), ist IVF nichts für dich. Stattdessen bekommst du Hormoncocktails, Implantate und Nadeln für die anti-natalistische „Verhinderung einer Schwangerschaft“. Ich habe im Hinblick auf Mietmutterschaft noch nie von einer armen Frau irgendwo auf der Welt gehört, die als Käuferin eine Mietmutter arrangiert; sie ist immer die Verkäuferin mit all den Problemen und Gefahren, die das mit sich bringt.

Abgesehen von der Entmystifizierung dessen, was wirklich bei einer Mietmutterschaft passiert, würde ich mir wünschen, dass Regierungen in Ländern wie Australien, die daran denken, ein Modell-Gesetz für „vorbildliche altruistische" Mietmutterschaft auszuarbeiten, nochmals ernsthaft über die Idee nachdenken, dass „Regulierung" keine Antwort sein kann. Sie ist es nie. Im Gegenteil, wie ich in Kapitel 5 beschrieben habe, *zementiert* Regulierung Mietmutterschaft als „legitim". Und sie wird das Schubladendenken, in dem Frauen in Körperteile zerstückelt werden, legitimieren, ebenso wie die Abspaltungsmechanismen, um die dazugehörigen Grausamkeiten zu verkraften.

Wir müssen uns auch völlig im Klaren darüber sein, dass *jede* Regulierung von denjenigen untergraben wird, die sich nicht an die Gesetze halten wollen, weil es nicht in ihr Geschäftsmodell passt. Es wäre für eine Regierung viel besser, in eine öffentliche Aufklärungskampagne zu investieren, die die *Wurzel* der Mietmutterschaft als eine zutiefst unmoralische Praxis diskutiert, die Mietmütter, Eizellen„spenderinnen" und ihre Geburtskinder ausbeutet und zu einer Ware macht.

Und was das Wichtigste ist: Wir dürfen nie mit den Schultern zucken und sagen, „Na ja, Mietmutterschaft existiert nun einmal, regulieren wir sie, so dass sie moralisch vertretbar wird." Oder in deutschsprachigen Ländern: „Na, erlauben wir sie doch einfach mal." Frauen und ihre Kinder, die von der Mietmutterschaft-Industrie verletzt werden, verdienen etwas Besseres. Neoliberale (einschließlich Feministinnen) müssen sich ernsthaft fragen, ob sie die Mietmutter-Industrie weiterhin unterstützen wollen, obwohl sie jede UN-Konvention und andere internationale Übereinkommen bricht. Wie ich in Kapitel 5 beschrieben habe, haben wir jetzt außerdem ein phantastisches Modell, das wir unterstützen können: Die *Internationale Konvention zur universellen Abschaffung der Mietmutterschaft.* Und seit Juni 2018 gibt es nun auch noch eine neue internationale Gruppe *Coalition pour l'Abolition de la Maternité de Substitution* (CAMS) / *Koalition für die Abolition von Mietmutterschaft*.

Ich weiß, dass es in deutschsprachigen Ländern viele Gleichgesinnte gibt, und ich appelliere an euren Sinn für Gerechtigkeit, um euch uns anzuschließen und euer Äußerstes zu tun, diesen entmenschlichenden Handel gar nicht erst einzuführen, der Kinder schafft, die „gekauft und verkauft" werden. Das milliardenschwere kapitalistische Mietmutterschaft-

Geschäft beutet Frauen weltweit auf der Basis von Klasse, Rasse und Ethnizität aus und richtet sich aufgrund der verinnerlichten Eugenik gegen die Interessen von Behinderten. Frauen, die in Armut leben, werden besonders stark ausgebeutet. Das Beispiel Australien zeigt, dass auch in reichen „westlichen" Ländern Frauen als sogenannt „altruistische" Mietmütter ausgebeutet werden; in deutschsprachigen Ländern würde das genauso passieren.

Wie ich im ganzen Buch betont habe, ist die Mietmutterschaft-Industrie zutiefst problematisch in so vielerlei Hinsichten, dass es schwer zu verstehen ist, warum überhaupt jemand mit einem sozialen Gewissen sie unterstützen kann. In diesem Sinne hoffe ich sehr, dass deutschsprachige Länder und andere europäische Länder, wie Frankreich und Spanien, weiterhin bei ihrem Verbot von kommerzieller wie auch „altruistischer" Mietmutterschaft bleiben werden.

Bitte unterstützt unsere Kampagne, Mietmutterschaft jetzt sofort zu stoppen: *Stop Surrogacy Now*[246].

---

246 http://www.stopsurrogacynow.com/

Bibliografie

ABC Television: 'Made in Thailand'. *Four Corners*. Reporterinnen: Debbie Whitmont und Karen Michelmore. 22. September 2014. http://www.abc.net.au/4corners/stories/2014/09/22/4090232.htm

ABC News: 'Searching for C11 – Transcript'. *Australian Story*, 11. August 2014. http://www.abc.net.au/austory/content/2014/s4065081.htm

ABC News: 'What chance for international surrogacy laws?' 21. August 2014. http://www.abc.net.au/news/2014-08-21/van-whichelen-what-chance-for-international-surrogacy-laws/5683746

ABC News: 'Baby Gammy is Now Three'. 29. Juni 2017. http://www.abc.net.au/news/2017-06-29/baby-gammy-is-now-three/8662868

Achtelik, Kirsten: *Selbstbestimmte Norm. Feminismus, Pränataldiagnostik, Abtreibung*. Berlin, Verbrecher Verlag, 2015.

Akhter, Farida, Wilma van Berkel and Natasha Ahmed (eds.): *The Comilla Declaration*. Dhaka, FINRRAGE/UBINIG Proceedings, 1989.

Akhter, Farida: *Depopulating Bangladesh: Essays on the Politics of Fertility*. Dhaka, Narigrantha Prabartana, 1992.

Akhter, Farida: *Resisting Norplant*. Dhaka, Narigrantha Prabartana, 1995.

Allan, Sonia: 'Gammy case highlights risks of for-profit surrogacy market'. In: *The Sydney Morning Herald*, 5. August 2014. http://www.smh.com.au/comment/gammy-case-highlights-risks-of-forprofit-surrogacy-market-20140803-1003fr.html

Allan, Sonia: 'Submission No. 17 to the Inquiry into the Regulatory and Legislative Aspects of International and Domestic Surrogacy Arrangements, House of Representatives Standing Committee on Social Policy and Legal Affairs, Parliament of Australia'. 2016

Alvarez, Pilar: 'Deputy PM: Surrogacy utilizes the bodies of the poorest women'. 12 Juni 2018.
https://elpais.com/elpais/2018/06/11/inenglish/1528719786_889909.html
http://www.aph.gov.au/Parliamentary_Business/Committees/House/Social_Policy_and_Legal_Affairs/Inquiry_into_surrogacy/Submissions

Arditti, Rita, Renate Duelli Klein und Shelley Minden (Hg.): *Retortenmütter. Frauen in den Labors der Menschenzüchter.* Übersetzung: Ursula Wulfekamp und Adelheid Zöfel. Reinbek, Rowohlt Taschenbuch Verlag, 1985.

Arditti, Rita: 'A Summary of some recent developments on surrogacy in the United States'. In: *Reproductive and Genetic Engineering* Vol. 1, No. 1, 1988. S. 51-64.

Atwood, Margaret: *Der Report der Magd.* Übersetzung: Helga Pfetsch. Düsseldorf, Claassen, 1987.

Bachinger, Eva Maria: *Kind auf Bestellung: Ein Plädoyer für klare Grenzen.* Wien, Deuticke im Paul Zsolnay Verlag, 2015.

Barker, Anne: 'Desperate Australian couples unable to leave Cambodia with surrogate babies'. 23. Februar 2017. <http://www.abc.net.au/news/2017-02-23/australian-couples-with-surrogate-babies-stuck-in-cambodia/8294810>

Barker, Anne: 'Australian woman charged with running illegal surrogacy clinics in Cambodia'. 21. November 2016.
http://www.abc.net.au/news/2016-11-21/australian-woman-charged-over-illegal-surrogacy-clinic-cambodia/8042708

BBC News: 'Thai surrogate baby Gammy: Australian parents

contacted'. 7. August 2014. http://www.bbc.com/news/world-asia-28686114

Beekman, Madeleine: 'Do you share more genes with your mother or your father?' *The Conversation*, 20. November 2015. https://theconversation.com/do-you-share-more-genes-with-your-mother-or-your-father-50076

Begley, Sharon: 'Potential DNA Damage From CRISPR Seriously Underestimated'. *Scientific American*, 16. Juli 2018. https://www.scientificamerican.com/article/potential-dna-damage-from-crispr-seriously-underestimated-study-finds/

Bell, Diane and Renate Klein (eds.): (1996). *Radically Speaking: Feminism Reclaimed.* North Melbourne, Spinifex Press, 1996.

Bindel, Julie: *The Pimping of Prostitution: Abolishing the Sex Work Myth.* London, Palgrave Macmillan; Geelong and Mission Beach, Spinifex Press, 2017.

Bindel, Julie and Gary Powel: 'Gay Rights and Surrogacy Wrongs: Say "No" to Wombs-for-Rent'. 2. Juli 2018, http://www.stopsurrogacynow.com/gay-rights-and-surrogacy-wrongs-say-no-to-wombs-for-rent/#sthash.F0ShOgbH.dpbs

Bradish, Paula, Erika Feyerabend und Ute Winkler (Hg.): *Frauen gegen Gen– und Reproduktionstechnologien. Beiträge vom 2. bundesweiten Kongreß Frankfurt*, 28.-30.10.1988. München, Frauenoffensive, 1989.

Brennan, Bridget: 'Surrogacy reform needed to encourage "ethical" arrangements: Chief Justice'. *ABC AM*, 18. April 2015. http://www.abc.net.au/news/2015-04-18/surrogacy-reform-needed-to-encourage-ethical/6402844

Brodribb, Somer: *Nothing Mat(t)ers.* North Melbourne, Spinifex Press, 1992.

Bulletti, Carlo, Valerio M. Jasonni, Stefania Tabanelli, Lucca Gianaroli,

Patrizia M. Ciotti, Anna P. Ferraretti and Carlo Flamigni: 'Early human pregnancy *in vitro* utilizing an artificially perfused uterus'. In: *Fertility and Sterility*, Vol. 49, Issue 6, Juni 1988, S. 991-996.

Bulletti, Carlo, Antonio Palagiano, Caterina Pace, Angelica Cerni, Andrea Borini and Dominique de Ziegler: 'The Artificial Womb'. In: *Annals of the New York Academy of Science*, Vol. 1221, 2011, S. 124-128.

Canberra Times: 'IVF Triplets' Surrogate Birth in Perth'. 20 Oktober 1988. http://trove.nla.gov.au/newspaper/rendition/nla.news-article102016161.txt?print+true

Cannold, Leslie: 'Women, Ectogenesis and Ethical Theory'. In: *Journal of Applied Philosophy*, Vol. 12, No. 1, 1995, S. 55-64.

Cannold, Leslie: 'Women can still say no'. *On Line Opinion*, 2006. http://www.onlineopinion.com.au/view.asp?article=5197&page=0

Chargaff, Erwin: 'Engineering a Molecular Nightmare'. In: *Nature*, Vol. 327, Issue 6119, 1987, S. 199–200.

Chesler, Phyllis: *Frauen, das verrückte Geschlecht?* Übersetzung: Brigitte Stein. Reinbek, Rowohlt, 1974.

Chesler, Phyllis: *Mothers on Trial: The Battle for Children and Custody*. Seattle, Seal Press, 1987.

Chesler, Phyllis: *Sacred Bond: The Legacy of Baby M.* New York, Crown Publishing Group, 1988.

Commonwealth of Australia: 'The Prohibition of Human Cloning and the Regulation of Human Embryo Research Amendment Bill 2006 ', 2006. https://www.legislation.gov.au/Details/C2006A00172

Connor, Liz: 'IVF „gravy train“ giving couples false hope says senior medic Prof Robert Winston'. *The Irish News*, 11. Juli 2018. https://www.irishnews.com/lifestyle/2018/07/12/news/professor-robert-winston-couples-being-misled-about-the-dream-of-ivf-treatment-1378545/

Corea, Gena: 'Eierdiebe'. In: Rita Arditti, Renate Duelli Klein und Shelley Minden (Hg.): *Retortenmütter. Frauen in den Labors der Menschenzüchter.* Reinbek, Rowohlt Taschenbuch Verlag, 1985. S. 31-44.

Corea, Gena: *Muttermaschine: Reproduktionstechnologien - von der künstlichen Befruchtung zur künstlichen Gebärmutter.* Übersetzung: Pieke Biermann. Berlin, Rotbuch-Verlag, 1986.

Corea, Gena, Renate Duelli Klein, Jalna Hanmer, Helen B. Holmes, Betty Hoskins, Madhu Kishwar *et al.*: *Man-made Women: How New Reproductive Technologies Affect Women.* London, Hutchinson; Bloomington, Indiana University Press, 1985/1987.

Corea, Gena: 'Mère porteuse et liberté'. In: Catherine Lesterpt and Gatienne Doat (eds.): *L'ovaire-dose?* Actes du colloque organisé les 3 et 4 décembre 1988 par le MFPF (Mouvement français pour le planning familial). Paris, Syros/Alternatives, 1989, S. 259-275.

Corea, Gena and Cynthia de Wit: 'Current Developments'. In: *Reproductive and Genetic Engineering: Journal of International Feminist Analysis*, Vol. 1, No. 2, 1988, S. 183-203.

CoRP (Collectif pour le Respect de la Personne), Cadac (Coordination des associations pour le droit à l'avortement et à la contraception), CLF (Coordination lesbienne en France) *et al.*: 'The International Convention for the Abolition of Surrogacy'. 2015. https://collectifcorp.files.wordpress.com/2015/01/surrogacy_hcch_feminists_english.pdf

Cotton, Kim and Denise Winn: *For Love and Money.* London, Dorling Kindersley Publishers, 1985.

Creative Family Connections: http://www.creativefamilyconnections.com/us-surrogacy-law-map

Daly, Mary: *Gyn/Ökologie: eine Meta-Ethik des radikalen Feminismus*. Übersetzung: Erika Wisselinck. München, Frauenoffensive, 1981.

Darnovsky, Marcy and Diane Beeson: 'Global Surrogacy Practices'. Working Paper No. 601, *International Institute of Social Studies (ISS)*, Den Haag, Dezember 2014, https://repub.eur.nl/pub/77402

Dawe, Gavin S., Xiao Wei Tan and Zhi-Cheng Xiao: 'Cell Migration from Baby to Mother'. In: *Cell Adhesion and Migration*, Vol. 1, No. 3, January-March 2007.

Deccan Chronicle: 'Womb transplants for men; revolution in reproduction poses moral dilemma'. 3. Juli 2017. http://www.deccanchronicle.com/lifestyle/health-and-wellbeing/030717/wombs-for-men-revolution-in-reproduction-poses-moral-dilemma.html

Der Report der Magd. Fernseh-Serie von Bruce Miller. Nach dem gleichnamigen Roman von Margaret Atwood. Deutsche Ausstrahlung: EntertainTV 2017.

Derek, Julia: *Confessions of a Serial Egg Donor*. New York, Adrenaline Books, 2004.

De Saille, Stevienna: *Knowledge as Resistance: The Feminist International Network of Resistance to Reproductive and Genetic Engineering*. London, Palgrave Macmillan, 2018.

Die Grünen im Bundestag, AK Frauenpolitik und sozialwissenschaftliche Forschung und Praxis für Frauen: *Frauen gegen Gentechnik und Reproduktionstechnik.* Dokumentation zum Kongress vom 19–21.4.1985 in Bonn. Köln, Die Grünen, 1985.

Dworkin, Andrea: *Right-Wing Women: The Politics of Domesticated Females*. London, The Women's Press, 1983.

Ekman, Kajsa Ekis: *Being and Being Bought: Prostitution, Surrogacy and the Split Self.* North Melbourne, Spinifex Press, 2013.

Elenis, Evangelia, Agneta Skoog Svanberg, Alkistis Skalkidou and Gunilla Sydsjö: 'Adverse obstetric outcomes in pregnancies resulting from oocyte donation: a retrospective cohort case study in Sweden'. In: *BMC Pregnancy Childbirth*, 15, 247, 8. Oktober 2015. https://www.ncbi.nlm.nih.gov/pmc/articles/PMC4598963/

Europäisches Parlament: EU-Politik zur Bekämpfung von Gewalt gegen Frauen P7_TA(2011)0127. Entschließung des Europäischen Parlaments vom 5. April 2011 zu den Prioritäten und Grundzügen einer neuen EU-Politik zur Bekämpfung von Gewalt gegen Frauen (2010/2209(INI)) 2012/C 296 E/04. https://eur-lex.europa.eu/legal-content/DE/TXT/?uri=CELEX:52011IP0127

European Parliament: 'Motion on the Annual Report on Human Rights and Democracy in the World 2014 and the European Union's policy on the matter'. 16. Dezember 2015 http://www.europarl.europa.eu/sides/getDoc.do?pubRef=-//EP//TEXT+REPORT+A8-2015-0344+0+DOC+XML+V0//EN#title1

Evans, Christopher H., Steven C. Ghivizzani and Paul D. Robbins: 'Arthritis gene therapy's first death'. In: *Biomed Central,* Vol. 10, No. 110, 27. Mai 2008. https://arthritis-research.biomedcentral.com/articles/10.1186/ar2411

Everingham, Sam/Bernadette Tobin: 'Should commercial surrogacy be legal in Australia?' In: *Sydney Morning Herald*, 14. Mai 2015. http://www.smh.com.au/comment/should-commercial-surrogacy-be-legal-in-australia-20150514-gh1ead.html

Feneley, Rick: 'Chief Justice Diana Bryant confident commercial surrogacy will be legalised in Australia'. In: *Sydney Morning Herald*, 30. April 2015. http://www.smh.com.au/national/chief-justice-diana-bryant-confidentcommercial-surrogacy-will-be-legalised-in-australia-20150429-1mvzn1.html

FINRRAGE/UBINIG: *The Declaration of Comilla*, 1989. http://www.finrrage.org/wpcontent/uploads/2016/03/Comilla_Proceedings_1989.pdf

FINRRAGE: 'Submission No. 70 to the Inquiry into the Regulatory and Legislative Aspects of International and Domestic Surrogacy Arrangements, House of Representatives Standing Committee on Social Policy and Legal Affairs, Parliament of Australia', 2016. http://www.aph.gov.au/Parliamentary_Business/Committees/House/Social_Policy_and_Legal_Affairs/Inquiry_into_surrogacy/Submissions

Foster, Judy with Marlene Derlet: *Invisible Women of Prehistory: Three Million Years of Peace, Six Thousand Years of War.* North Melbourne, Spinifex Press, 2013.

Fraser, Jo: 'Submission No. 29 to the Inquiry into the Regulatory and Legislative Aspects of International and Domestic Surrogacy Arrangements, House of Representatives Standing Committee on Social Policy and Legal Affairs, Parliament of Australia', 2016. http://www.aph.gov.au/Parliamentary_Business/Committees/House/Social_Policy_and_Legal_Affairs/Inquiry_into_surrogacy/Submissions

Garr, John D.: *Feminine by Design: The God-Fashioned Woman.* Atlanta GA, Golden Key Press, 2012.

Gillard, Julia: 'National Apology for Forced Adoptions'. 21. März 2013. https://www.youtube.com/watch?v=5hVbokTpYeg

Goldstein, Bonnie: 'In surrogacy, a deal is not always a deal'. *Slate*, 23. Juli 2009. http://www.slate.com/articles/podcasts/amicus/2017/06/the_2016_supreme_court_term_in_review_on_amicus.html

Gopal, M. Sai: 'Is Hyderabad turning into a surrogacy hub?', 19. Juni

2017. https://telanganatoday.com/is-hyderabad-turning-into-surrogacy-hub

Gouvernment du Québec, Conseil du statut de la femme: *Sortir la maternité du laboratoire.* Actes du forum international sur les nouvelles technologies de la réproduction organisé par le Conseil du statut de la femme et tenu a Montréal les 29, 30 et 31 octobre 1987 a l'Université Concordia, Canada. 1988.

Hadfield, Peter: 'Japanese pioneers raise kid in rubber womb'. In: *New Scientist*, 29. September 1996, https://www.newscientist.com/article/mg13418180-400-japanese-pioneers-raise-kid-in-rubber-womb/

Hands Off Our Ovaries: 'Mission Statement', 2006. http://www.handsoffourovaries.com/manifesto.htm?

Hawley, Samantha: 'Australian charged with sexually abusing twins he fathered with Thai surrogate'. *ABC News*, 2. September 2014. http://www.abc.net.au/news/2014-09-01/australian-who-fathered-surrogate-twins-facing-abuse-charges/5710796

Hawthorne, Susan: *Wild Politics*: *Feminism, Globalisation*, *Bio/diversity.* North Melbourne, Spinifex Press, 2002.

Higgins, Claire: *Assisted Reproductive Technology Bill 2008*. Parliament of Victoria, Melbourne, 2008. http://trove.nla.gov.au/version/43419158

Holmes, Helen B. Betty Hoskins and Michael Gross (eds.): *The Custom-Made Child: Women-Centered Perspectives*. Clifton, New Jersey, The Humana Press Inc., 1981.

House of Representatives Standing Committee on Social Policy and Legal Affairs: *Surrogacy Matters: Inquiry into the Regulatory and Legislative Aspects of International and Domestic Surrogacy Arrangements.* Canberra, Commonwealth of Australia, April 2016. http://www.aph.gov.au/Parliamentary_Business/Committees/House/Social_Policy_and_Legal_Affairs/Inquiry_into_surrogacy/Report

Humbyrd, Casey: 'Fair trade international surrogacy'. In: *Developing World Bioethics*, Vol. 9, No. 3, 2009. https://www.ncbi.nlm.nih.gov/pubmed/19508290

Hurley, Jennifer: "Surrogate" Motherhood: Advocacy and Resistance, Linda Kirkman and Elizabeth Kane'. In: *Girls Own Annual*. Geelong, Deakin University, 1989. S. 22-23.

Ince, Susan: Wie werde ich Leihmutter? In: Rita Arditti, Renate Duelli Klein und Shelley Minden (Hg.): *Retortenmütter. Frauen in den Labors der Menschenzüchter.* Reinbek, Rowohlt Taschenbuch Verlag, 1985, S. 75-92.

International Board for Regression Therapy: 'Homepage', (n.d.). http://www.ibrt.orgtehead

Jewett, Christina: 'Women fear drug they used to halt puberty led to health problems'. *California Healthline,* 2. Februar 2017. http://californiahealthline.org/news/women-fear-drug-they-used-to-halt-puberty-led-to-health-problems/?utm_campaign=CHL%3A+Daily+Edition&utm_source=hs_email&utm_medium=email&utm_content=41855826&_hsenc=p2ANqtz-_zWvmRa1NxYrvwMmqnhCU1R2dtqpRmA83E9-7lKoofvLct-mgSgCnVnP1lqY1XDxk47IjqBUK7M37824YkdX0rMLkELRQ&_hsmi=41855826

Kane, Elisabeth: *Birth Mother: The Story of America's First Legal Surrogate Mother*. San Diego, Harcourt; Sun Books; Macmillan, South Melbourne, Sun Books/Macmillan (with a Foreword by Robyn Rowland), 1988/1990.

Kaupen-Haas, Heidrun: 'Experimental Obstetrics and National Socialism: The conceptual basis of reproductive technology today'. In: *Reproductive and Genetic Engineering: Journal of International Feminist Analysis*, Vol. 1, No. 2, 1988. S. 127-132.

Kendal, Evie: *Equal Opportunity and the Case for State Sponsored Ectogenesis*. London, Palgrave Macmillan, 2015.

Kirkman, Maggie and Linda Kirkman: *My Sister's Child.* Melbourne, Penguin, 1988.

Kirkman, Maggie: 'Sister-to-Sister Surrogacy 13 years on: A narrative of parenthood'. In: *Journal of Reproduction and Infant Psychology*, Vol. 20, No. 3, 2002. S. 135-147.

Klass, Perri: 'The Artificial Womb is Born'. In: *The New York Times Magazine*, 29. September 1996. http://www.nytimes.com/1996/09/29/magazine/the-artificial-womb-is-born.html

Klein, Renate: *The Exploitation of a Desire: Women's Experiences with in vitro fertilisation.* Geelong, Deakin University, 1989 a.

Klein, Renate/Robyn Rowland: 'Women as test-sites for fertility drugs. Clomiphene citrate and hormonal cocktails.' In: *Reproductive and Genetic Engineering* Vol. 1, No. 3, 1988. S. 251-274.

Klein, Renate D.: Das Geschäft mit der Hoffnung. Erfahrungen mit der Fortpflanzungsmedizin. Frauen berichten. Übersetzung: Ursula Bischoff. Berlin, Orlanda Frauenverlag, 1989 b.

Klein, Renate, Janice G. Raymond and Lynette J Dumble: *RU 486: Misconceptions, Myths and Morals*. North Melbourne, Spinifex Press, 1991/2013.

Klein, Renate: '(Dead) Bodies Floating in Cyberspace: Post-modernism and the Dismemberment of Women'. In: Diane Bell and Renate Klein (eds.): *Radically Speaking: Feminism Reclaimed.* North Melbourne, Spinifex Press, 1996, S. 346-358.

Klein, Renate: 'Rhetoric of Choice clouds dangers of harvesting women's eggs for cloning'. *On Line Opinion*, 2006.

http://www.handsoffourovaries.com/manifesto.htm

Klein, Renate: 'From Test-tube Women to Women without Bodies'. In: *Women's Studies International Forum*, Vol. 31, 2008, S. 157–175.

Klein, Renate: 'Surrogacy in Australia: New Legal Developments'. In: *Bioethics Research Notes*, Vol. 23, No. 2, Juni 2011, S. 23-26. http://www.cam.org.au/News-and-Events/News-and-Events/Melbourne-News/Article/14966/Reproductive-slavery - .Vl00q3ui1_w

Klein, Renate: 'Baby Gammy has shown the need for debate on surrogacy'. In: *The Sydney Morning Herald*, 20. August 2014. http://www.smh.com.au/comment/baby-gammy-has-shown-the-need-for-debate-on-surrogacy-20140819-105pfx.html

Klein, Renate: 'Reflections on Roundtable on Surrogacy' Standing Committee on Social Policy and Legal Affairs, March 5 2015a, Parliament House, Canberra.

Klein, Renate: 'Can Surrogacy Be Ethical?' 18. Mai 2015b. http://www.abc.net.au/religion/articles/2015/05/18/4237872.htm

Klein, Renate: 'The Exploitation of Fear: How Wunschkinder have to be perfect'. In Sheela Saravana (ed.): *Wunschkinder/Vansh.* Heidelberg, South Asia Institute, Universität Heidelberg, angekündigte Veröffentlichung 2019.

Kosicki, Michael, Kärt Tomberg and Allan Bradley: 'Repair of double-strand breaks induced by CRISPR-Cas9 leads to large deletions and complex re-arrangements'. In: *Nature Biotechnology*, Vol. 36, 16. Juli 2018. S. 765-771. https://www.nature.com/articles/nbt.4192

Krüll, Marianne: *Die Geburt ist nicht der Anfang. Die ersten Kapitel unseres Lebens – neu erzählt.* Stuttgart, Klett-Cotta, 2009.

Lahl, Jennifer, Melinda Tankard Reist and Renate Klein (eds.): *Broken*

Bonds: Surrogate Mothers Speak Out. Geelong and Mission Beach, Spinifex Press, 2019.

Lahl, Jennifer: 'Telling the Truth about Surrogacy in the United States'. Pleasant Hill, California, The Center for Bioethics and Culture Network, Mai 2016. http://www.cbc-network.org

Leigh, Julia: *Avalanche: A Love Story.* Melbourne, Hamish Hamilton, 2016.

Lesterpt, Catherine and Gatienne Doat (eds.): *L'ovaire-dose? : Les nouvelles methods de procréation. Actes du colloque organisé les 3 et 4 décembre 1988 par le Mouvement français pour le planning familial.* Paris, Syros-Alternatives, 1989.

Lynch, Catherine: 'Submission No. 13 on behalf of the Australian Adoptee Rights Action Group, to the Inquiry into the Regulatory and Legislative Aspects of International and Domestic Surrogacy Arrangements, House of Representatives Standing Committee on Social Policy and Legal Affairs, Parliament of Australia.', 2016.
http://www.aph.gov.au/Parliamentary_Business/Committees/House/Social_Policy_and_Legal_Affairs/Inquiry_into_surrogacy/Submissions

Mackieson, Penny: *Adoption Deception: A Personal and Professional Journey.* North Melbourne, Spinifex Press, 2015.

Mackieson, Penny, Aron Shlonsky and Marie Connolly: 'Informing Permanent Care Discourses: A Thematic Analysis of Parliamentary Debates in Victoria'. *British Journal of Social Work* , 2018. S. 1–20.
https://doi.org/10.1093/bjsw/bcy012

Marre, Diana and Beatriz San Román (eds.): International Forum on Intercountry Adoption and Global Surrogacy, AFIN, No. 77, Barcelona, 2015.
https://ddd.uab.cat/pub/afin/afinENG/afin_a2015m11n77iENG.pdf

Marsh, Beezy: 'IVF can lower chance of pregnancy'. In: *The Telegraph* (GB), 3. Dezember 2006.

Masoudian, P., A. Nasr, J. de Nanassy, K. Fung-Kee-Fung, S. A. Bainbridge and D. El Demellawy: 'Oocyte donation pregnancies and the risk of preeclampsia or gestational hypertension: a systematic review and metaanalysis'. In: *American Journal of Obstetrics and Gynecology*, Vol. 214, No. 3, März 2016, S. 328-39. https://www.ncbi.nlm.nih.gov/pubmed/26627731

Medew, Julia: 'Surrogacy's painful path to parenthood'; In: *Sydney Morning Herald*, 23. März 2013. http://www.smh.com.au/national/surrogacys-painful-path-to-parenthood-20130322-2glhn.html

Meggett, Marie (ed.): 'Surrogacy – In Whose Interest?' Proceedings of National Conference on Surrogacy. West Melbourne, Mission of St. James and St John, 1991.

Mies, Maria: 'Why Do We Need All This? A Call Against Genetic Engineering and Reproductive Technology'. In: *Women's Studies International Forum*, Vol. 8, No. 6, 1985, S. 553-560.

Mies, Maria: *Patriarchat und Kapital. Frauen in der internationalen Arbeitsteilung* Übersetzung: Stefan Schmidlin. Zürich, Rotpunktverlag, 1988.

Mies, Maria: *Selbstbestimmung – Das Ende einer Utopie?* In: Paula Bradish, Erika Feyerabend und Ute Winkler (Hg.): *Frauen gegen Gen- und Reproduktionstechnologien.* München, Frauenoffensive, 1989, S. 111-124.

Miller, Calvin: 'When a foetus is a mother'. In: *Australian Doctor*, 27. Mai 1988.

Millican, Lynne: 'Hidden Clinical Trial Data About Lupron'. *Impact Ethics,* 2. Mai 2014. https://impactethics.ca/2014/05/02/hidden-clinical-trial-data-about-lupron/

Millican, Lynne: 2017. lupronvictimshub/lawsuits.html

Monks, John: 'I'll have your Surrogate Baby'. In: *New Idea*, 15. September 1989, S. 12-13.

Morgan, Robin: *Demon Lover: The Roots of Terrorism.* New York, W.W. Norton and Co./Washington Square Press/Simon and Schuster, 1989/2001.

Munro, Kathryn: 'Technogyny: The Transformation of Reproduction'. PhD Thesis, Deakin University, Victoria, 1997.

Murdoch, Lindsay: 'Australian nurse Tammy Davis-Charles arrested in Cambodian surrogacy crackdown'. In: *The Sydney Morning Herald,* 20. November 2016. http://www.smh.com.au/world/australian-nurse-tammy-charles-caught-up-in-cambodian-surrogacy-crackdown-20161120-gstd23.html

Nicolau, Yona, Austin Purkeypile, T. Allen Merritt, Mitchell Goldstein and Bryan Oshiro: 'Outcomes of surrogate pregnancies in California and hospital economics of surrogate maternity and newborn care'. In: *World Journal of Obstetrics and Gynecology*, Vol. 4, Issue 4, 10. November, 2015, S. 1-6.

Norma, Caroline and Melinda Tankard Reist (eds.): *Prostitution Narratives: Stories of Survival in the Sex Trade.* North Melbourne, Spinifex Press, 2016.

Norris, Sonya and Marlisa Tiedemann: 'Legal Status at the Federal Level of Assisted Human Reproduction in Canada', 2011. https://lop.parl.ca/Content/LOP/ResearchPublications/2011-82-e.htm?cat=government:

Obasogie, Osagie K.: 'Ten Years Later: Jesse Gelsinger's Death and Human Subject Protection'. *The Hastings Center*, 22. Oktober 2009. http://www.thehastingscenter.org/ten-years-later-jesse-gelsingers-death-and-human-subjects-protection/

Olson, Stephen: 'International Summit on Human Gene Editing: A Global Discussion', Dezember 2015. https://www.ncbi.nlm.nih.gov/books/NBK343651/

Page, Stephen: 'Family Court of Australia court registers US pre-birth surrogacy order', 18. Dezember 2016. http://surrogacyandadoption.blogspot.com.au/search?updated-max=2017-01-29T15:34:00%2B10:00&max-results=7&start=21&by-date=false

Pande, Amrita: *Wombs in Labor: Transnational Commercial Surrogacy in India*. New York, Columbia University Press, 2014.

Pande, Amrita: 'Global Reproductive Inequalities, Neo-Eugenics and Commercial Surrogacy in India'. In: *Current Sociology*, 2015, S. 1-15.

Pande, Amrita: 'Surrogates are Workers, not Wombs'. In: *The Hindu*, 29. August 2016. http://www.thehindu.com/opinion/op-ed/Surrogates-are-workers-not-wombs/article14594820.ece

Pande, Amrita: 'Transnational commercial surrogacy in India: to ban or not to ban'. In: Miranda Davies (ed.): *Babies for Sale? Transnational Surrogacy, Human Rights and the Politics of Reproduction*. London, Zed Books, 2017, S. 328-343.

Partridge, Emily A., Marcus G. Davey, Matthew A. Hornick *et al.*: 'An extra-uterine system to physiologically support the extreme premature lamb'. In: *Nature Communications*, 25. April 2017. http://www.nature.com/articles/ncomms15112

Pearlman, Jonathan: 'Australia unveils new plan to confiscate paedophiles' passports in bid to crack down on predatory tourism'. In: *The Telegraph*, 30. Mai 2107. http://www.telegraph.co.uk/news/2017/05/30/australia-unveils-new-plan-confiscate-paedophiles-passports/

Porter, Meryn: 'The pregnancy complication that quadruples a woman's risk of heart disease'. *Essential Baby,* 2018. http://www.essential-baby.com.au/pregnancy/pregnancy-health/the-pregnancy-complication-that-quadruples-a-womans-risk-of-heart-disease-20180605-h10ywc?btis#ixzz5Im-ZRwQP5

Powell, Gary: 'Why I Support #StopSurrogacyNow'. StopSurrogacyNow., 2015. http://www.stopsurrogacynow.com/why-i-support-stopsurrogacynow/#sthash.qx9MuHns.dpbs

Radio National: 'e-Baby: the surrogate story', 2014. http://www.abc.net.au/radionational/programs/drawingroom/e-baby/6273604

Rajan, Sanoj: 'International surrogacy arrangements and statelessness'. I*n: The World's Stateless Children.* Oisterwijk, Institute on Statelessness and Inclusion/Wolf Legal Publishers, Januar 2017, S. 374-384. http://www.institutesi.org/worldsstateless17.pdf

Ralston, Nick: 'Named: the Australian paedophile jailed for 40 years'. *Sydney Morning Herald*, 30. Juni 2013. http://www.smh.com.au/national/named-the-australian-paedophile-jailed-for-40-years-20130630-2p5da.html

Rao, Mohan: 'Banning commercial surrogacy is the only way forward'. *GovernanceNow*, September 2016, S. 38-39.

Raymond, Janice G.: *Die Fortpflanzungsmafia.* Übersetzung: Susanne Kappeler. München, Frauenoffensive, 1987.

Raymond, Janice G.: *Not a Choice, Not a Job: Exposing the Myths about Prostitution and the Global Sex Trade*. North Melbourne, Spinifex Press, 2013.

Reist, Melinda Tankard (ed.): *Defiant Birth: Women who Resist Medical Eugenics.* Spinifex Press, North Melbourne, 2006.

Responsible Surrogacy: 'Information regarding the ethical aspects of the process', (n.d.). http://www.r-surrogacy.org/en/

Ridley, Jane: 'Child of surrogacy campaigns to outlaw the practice'. In: *New York Post*, 16. Juni 2014. http://nypost.com/2014/06/16/children-of-surrogacy-campaign-to-outlaw-the-practice/

Robin, Marie-Monique: *The World According to Monsanto: Pollution, Politics and Power.* Translation: George Holoch. North Melbourne, Spinifex Press, 2010.

Rothman, Barbara Katz: *Schwangerschaft auf Abruf. Vorgeburtliche Diagnose und die Zukunft der Mutterschaft*. Übersetzung: Juliette Liesenfeld. Marburg, Metropolis, 1989.

Rothman, Barbara Katz: *Recreating Motherhood: Ideology and Technology in a Patriarchal Society*. New York and London, W.W. Norton and Co, 1989.

Rowland, Robyn: *Living Laboratories: Women and Reproductive Technologies.* Sydney, Pan Macmillan/Sun Books; North Melbourne, Spinifex Press; Bloomington, Indiana University Press, 1992.

Safi, Michael: 'Baby Gammy's twin can stay with Australian couple despite father's child sex offences'. In: *The Guardian*, 14. April 2016. https://www.theguardian.com/lifeandstyle/2016/apr/14/baby-gammys-twin-sister-stays-with-western-australian-couple-court-orders

Sample, Ian: 'First UK baby with DNA from three people could be born next year'. In: *The Guardian*, 15. Dezember 2016. https://www.theguardian.com/science/2016/dec/15/three-parent-embryos-regulator-gives-green-light-to-uk-clinics

Sample, Ian: 'New fertility procedure may lead to "embryo farming," warn researchers'. In: *The Guardian*, 12. Januar 2017. https://www.theguardian.com/science/2017/jan/11/new-fertility-procedure-may-lead-to-embryo-farming-warn-researchers-in-vitro-gametogenesis

Sangari, Kumkum: *Solid:Liquid. A (Trans)national Reproductive Formation*. Delhi, Tulika Books, 2015.

Saravanan, Sheela: *A Transnational Feminist View of Surrogacy Biomarkets in India.* Singapore, Springer Nature Pte. Ltd., 2018.

Saravanan, Sheela: 'Surrogacy and Gender Justice'. In: *GovernanceNow*, 2016, S. 40-42.

Schneider, Jennifer, Jennifer Lahl and Wendy Kramer: 'Long-term breast cancer risk following ovarian stimulation in young egg donors: a call for follow-up, research and informed consent'. *RBM Online*, 2017. http://www.rbmojournal.com/article/S1472-6483(17)30048-2/pdf

Se Non Ora Quando – Libere: 'United Nations Resolution against Surrogate Motherhood', 23. März 2017. http://www.stopsurrogacynow.com/wp-content/uploads/2017/04/OnuResolution_-Se-non-ora-quando-Libere-FIRME.pdf

Selby, Martha: 'Narratives of Conception, Gestation, and Labour in Sanskrit Ayurvedic Texts'. In: *Asian Medicine*, Vol. 1, No. 2, Juli 2005, S. 254-75.

Sibbald, Barbara: 'Death but one unintended consequence of gene-therapy trial'. In: *Canadian Medical Association Journal* (CMAJ), Vol. 164, No. 11, 29. Mai 2001, S. 1612. http://www.collectionscanada.gc.ca/eppp-archive/100/201/300/cdn_medical_association/cmaj/vol-164/issue-11/1612.asp

Singer, Jill: 'Moralists cry out on Surrogacy'. 17. März 2009. http://www.news.com.au/opinion/moralists-cry-out-on-surrogacy/news-story/dae44e9bb686b530158b2a27b57ab04c

Singer, Peter and Deane Wells: *The Reproduction Revolution: New*

Ways of Making Babies. Oxford and Melbourne, Oxford University, 1984.

Sloan, Kathy: 'Trading on the Female Body: Surrogacy, Exploitation and Collusion by the US Government'. 24. April 2017. http://www.thepublicdiscourse.com/2017/04/19109/

Solis, Raul: 'Los Vientres de Alquilar: La cara mas brutal del "Gaypitalismo"'. *Paralelo 36 Andalucia*, 25. März 2017. https://www.paralelo36andalucia.com/los-vientres-de-alquiler-la-cara-mas-brutal-del-gaypitalismo/

Son of a Surrogate website. Brian C. (kein Nachname genannt): 'The Son of a Surrogate'. http://sonofasurrogate.tripod.com

Smith, Kyle: 'Pregnancy Got You Down? No Problem, Outsource Your Babymaking to India'. In: *Forbes Magazine*, 3. Oktober 2013.

Spooner, Rania: 'Science of the Lambs: Researchers perfect artificial womb that works as well as ewe do'. In: *The Sydney Morning Herald*, 25. April 2017. http://www.smh.com.au/national/health/science-of-the-lambs-researchers-perfect-artificial-womb-that-works-as-well-as-ewe-do-20170425-gvrw5v.html

Steenhuysen, Julie: 'Ethicists square off over editing genes in human embryos'. 2017. https://www.reuters.com/article/us-gene-editing-summit-idUSKBN0TL02V20151202

Stop Surrogacy Now: 'International Campaign in Spain to call for Abolition of Surrogacy'. 26. April 2017. http://www.stopsurrogacynow.com/international-campaigners-in-spain-to-call-for-abolition-of surrogacy/#sthash.pOPie3D8.DcZ3OtuD.dpbs

Sugden, Joanna and Aditi Malhotra: 'Foreign Couples in Limbo After India Restricts Surrogacy Services', 6. November 2015. https://www.wsj.com/articles/foreign-couples-in-limbo-after-india-restricts-surrogacy-services-1447698601

Sullivan, Mary: *Making Sex Work: A Failed Experiment with Legalised Prostitution.* North Melbourne, Spinifex Press, 2007.

Sutcliffe, A. G, C. L. Williams, M. E. Jones, A. J. Swerdlow, M. C. Davies, I. Jacobs and B. J. Botting: 'Ovarian tumor risk in women after Assisted Reproductive Therapy (ART); 2.2 million person years of observation in Great Britain'. In: *Fertility and Sterility,* Vol. 104, Issue 3, e37, September 2015. http://www.fertstert.org/article/S0015-0282(15)00614-7/fulltext

Swedish Government: *Olika vägar till föräldraskap*. Stockholm, English Summary, 2016, S. 47-72. http://www.regeringen.se/contentassets/e761299bb1a1405380e7e608a47b3656/olika-vagar-till-foraldraskap-sou-201611

Swiss Info: 'A child is not a commodity, says top Swiss court'. 2015. http://www.swissinfo.ch/eng/surrogate-law_a-child-is-not-a-commodity--says-top-swiss-court/41575816

The Center for Bioethics and Culture Network: 'Eggsploitation'. Dokumentarfilm unter der Regie von Jennifer Lahl. Pleasant Hill, California, 2010-2013. www.eggsploitation.com

The Center for Bioethics and Culture Network: 'Breeders: A Subclass of Women?' Dokumentarfilm unter der Regie von Jennifer Lahl. Pleasant Hill, California, 2014. http://breeders.cbc-network.org

The Center for Bioethics and Culture Network: 'Eggsploitation: Maggie's Story'. Dokumentarfilm unter der Regie von Jennifer Lahl. Pleasant Hill, California, 2015. http://www.cbc-network.org/maggie/

The Economist: Editorial: 'Carrying a child for someone else should be celebrated - and paid'. 13. Mai 2017. http://www.economist.com/news/leaders/21721914-restrictive-rules-are-neither-surrogates-interests-nor-babys-carrying-child

The Economist: 'As demand for surrogacy soars, more countries are trying to ban it'. 13. Mai 2017. http://www.economist.com/news/international/21721926-many-feminists-and-religious-leaders-regard-it-exploitation-demand-surrogacy

The Hague Conference on Private International Law: 'Report of the February 2016 meeting of the experts' group on parentage/surrogacy'. 2016. https://assets.hcch.net/docs/f92c95b5-4364-4461-bb04-2382e3c0d50d.pdf

The Hague Conference on Private International Law: 'Report of the experts' group on the parentage/surrogacy project (meeting of 31 January - 3 February 2017)'. 2017. https://assets.hcch.net/docs/ed997a8d-bdcb-48eb-9672-6d0535249d0e.pdf

The Telegraph (UK): 'India bans gay foreign couples from surrogacy'. 2013. http://www.telegraph.co.uk/news/worldnews/asia/india/9811222/India-bans-gay-foreign-couples-from-surrogacy.html

Tobin, Bernadette: 'Surrogacy laws may be a bridge too far for Australia'. 20. April 2015. http://www.theage.com.au/comment/surrogacy-laws-may-be-a-bridge-too-far-for-australia-20150420-1mosw7.html

Tyler, Meagan: 'The Myths about Prostitution, Trafficking and the Nordic Model'. In: Caroline Norma and Melinda Tankard Reist (eds.): *Prostitution Narratives: Stories of Survival in the Sex Trade.* North Melbourne, Spinifex Press, 2016.

Vines, Gail: 'Calves a la carte'. In: *New Scientist*, 3. Dezember 1987, S. 23.

Vo, Thin and Daniel B. Hardy: 'Molecular mechanisms underlying the fetal programming of adult diseases'. In: *Journal of Cell Communication and Signalling*, Vol. 6, No. 3, August 2012, S. 139-153. http://www.ncbi.nlm.nih.gov/pmc/articles/PMC3421023/

Wade, Matt: 'Surrogacy, drug trials and commercialising human bodies'. In: *The Age*, 17. August 2014. http://www.theage.com.au/comment/surrogacy-drug-trials-and-commercialising-human-bodies-20140815-104pae.html

Wadhwa, Vivek: 'Scientists successfully edit DNA of human embryo for first time'. 29. Juli 2017. http://www.theage.com.au/national/health/scientists-successfully-edit-dna-of-human-embryo-for-first-time-20170728-gxl8dp.html

Waring, Marilyn: *Counting for Nothing*: *What Men Value and What Women are Worth*. Wellington, Bridget Williams Books, 1988.

Werner, Caroline: *Leihmutterschaft oder: Menschenhandel schöngeredet*. In: Mira Sigel, Manuela Schon, Ariane Panther, Caroline Werner und Huschke Mau (Hg.): *Störenfriedas. Feminismus radikal gedacht*. Norderstedt, BoD, 2018.

Doppeldenk
Eine feministische Herausforderung an die Transgenderideologie
Janice Raymond
Translated by Claudia Heinze, Barbara Guth und Renate Klein

Die Medikalisierung von geschlechtsspezifischer Unzufriedenheit, die Janice Raymond in ihrem visionären Buch *The Transsexual Empire* (1979) beschrieb, hat sich exponentiell vergrössert. Transgenderideologie manifestiert sich im industriellen Komplex von Big Pharma, Big Banks und Big Research Centres von denen viele Universitäten angeschlossen sind. *Doppeldenk* entlarvt diese gefährliche und frauenfeindliche ideologie.

Paperback ISBN: 978-1-9259507-6-2
eBuch ISBN: 978-1-9259507-4-8

Das Ende des Patriarchats
Radikaler Feminismus für Männer
Robert Jensen
Translated by Doris Hermanns

Die Schlüsselfrage dieses Buches ist: War brauchen wir, um stabile und gerechte menschliche Gemeinschaften zu schaffen, die ein gutes Leben im Austausch mit und Respekt vor der Erde ermöglichen? Robert Jensens Antwort ist Feminismus und Patriarchatskritik.

Das Ende des Patriarchats zeigt auf, wie eine radikalfeministische Theorie und Praxis uns helfen kann, das Ziel einer gerechten und lebenswerten Gesellschaft zu erreichen.

Paperback ISBN: 978-1-9259501-4-4
eBuch ISBN: 978-1-9259501-5-1